烟台地情系列丛书

烟台邮事

─YAN TAI YOU SHI─

中共烟台市委党史研究院
烟台市地方史志研究院 编

中国海洋大学 出版社
CHINA OCEAN UNIVERSITY PRESS
·青岛·

图书在版编目（CIP）数据

烟台邮事 / 中共烟台市委党史研究院，烟台市地方
史志研究院编. -- 青岛 ：中国海洋大学出版社，
2023.11
　ISBN 978-7-5670-3743-4

　Ⅰ．①烟… Ⅱ．①中… ②烟… Ⅲ．①邮政－经济史
－烟台 Ⅳ．①F632.752.3

中国国家版本馆CIP数据核字(2023)第229268号

出版发行	中国海洋大学出版社
社　　　址	青岛市香港东路23号　　　邮政编码　266071
出 版 人	刘文菁
网　　　址	http://pub.ouc.edu.cn
责任编辑	矫恒鹏　　　　　　　电　　话　0532-85902349
电子信箱	2586345806@qq.com
印　　制	烟台格洛立亚广告传媒有限公司
版　　次	2023年11月第1版
印　　次	2023年11月第1次印刷
成品尺寸	185 mm × 260 mm
印　　张	23.75
字　　数	379千
印　　数	1—2000
定　　价	148.00元
订购电话	0532-82032573（传真）

发现印装质量问题，请致电15194350604，由印刷厂负责调换。

序言

明洪武三十一年（1398），为加强海防，防御倭寇侵扰，在今芝罘地设立奇山守御千户所，临海北山设狼烟墩台，该山遂称烟台山，烟台因此得名。

邮字繁体字由"邑""垂"组成，最早见于战国简牍文字，"邑"指城市，"垂"指边陲，意即在城市与边陲之间传递信息。狼烟墩台是信息传递的一种方式，烟台沿海目前仍然存在许多墩台遗址。《孟子·公孙丑上》有云："孔子曰：'德之流行，速于置邮而传命。'"从这个意义上讲，烟台也是一座因"邮"而得名的城市。

古代信息传递除了狼烟墩台，还有驿站等。明代，登州府辖域内设有驿站、急递铺等近 200 处，但这些只是传递官方信息和文书，民间信息递送多依靠商人、脚夫、水客等。随着经济和社会发展，清道光年间，烟台境内出现了服务于民间通信的民信局。

1861 年，烟台开埠，成为中国北方最早开埠的三个口岸之一。国门洞开，外国商人、传教士纷至沓来，先后有 17 个国家在烟台市区开设领事馆。1862 年，东海关成立。1866 年，东海关邮务办事处设立，为各国使领馆和海关公私邮件提供服务，烟台逐渐成为北方重要的邮政枢纽。随着国际国内交流的日益频繁，东海关邮务办事处无法满足需要，各国纷纷在烟台市区开设邮局。1876年，日本率先在烟台设立邮局，随后德、俄、法、英等国邮局陆续设立。1878年，烟台海关邮政开办。同年7月，大龙邮票发行，烟台成为五个首发地之一，烟台东海关税务司署旧址也成为目前中国仅存的大龙邮票首发地遗迹。同年，由海关总税务司署牵头运作的华洋书信馆在烟台开办，专门收寄华人邮件，但不到三年便关闭。1893年，由洋人开办的烟台书信馆开始营业，并发行邮票、明信片等邮资票品。1898年，和记洋行开办烟台与威海卫之间的专差邮路，先后使用两种（套）威海卫专差邮票。1896年3月20日，光绪皇帝御批"依议"，批准开办大清国家邮政。1897年2月20日，大清邮政局在烟台正式营业。清末，烟台山下的海岸街，长不过几百米的街道两旁，设有大清邮局、俄国邮局、日本邮局、法国邮局、德国邮局，堪称国内绝无仅有的"邮局一条街"。几乎中国近代所有邮政形式在烟台都存在过，烟台是重要的国内、国际邮件中转地。邮政是一个国家主权的象征，在中国领土上开设外国邮局，侵犯了中国的邮权和主权。1922年，按照华盛顿太平洋国际会议决议，烟台境内的外国邮局被撤销。

1942年5月10日，胶东区战时邮务管理局在牙前县迎驾山村（今属海阳市）成立。胶东战邮局成立后，胶东区党政机关的交通、《大众报》社的报刊发行等统一合并到战邮局管理。同时，胶东区党委和行政主任公署分别指示所属下级抓紧组建同级邮局。到7月，胶东战邮局下设东海、北海、南海、西海等4个专区局和15个县级局。战邮局的首要任务是为战争需要传送党政军文件和发行党报、书刊等宣传品，同时办理军民信函、包裹、汇款寄递等业务。因当时胶东抗日根据地的设计印刷条件较好，山东战邮总局多次委托胶东印刷邮票分发全省使用，所以留下了大量的珍罕邮票。淮海战役支前队伍中，活跃着一支支胶东支前邮局队伍，为支前民工与家人的通信联系和物品寄送提供保障。战争年代，胶东各级邮局克服难以想象的困难，及时传送公文、投送报刊、收寄信件，在传递党的指示、服务军需民用、保障战争胜利等方面发挥了重要作用，留下了独有的胶东战邮邮品。这段红色"胶东战邮"史在山东战邮史上具有特殊地位，也是中国邮史的重要组成部分。

中华人民共和国成立后，各项社会事业得到了迅猛发展，本着"人民邮电为人民"的方针，烟台的邮电业务取得了骄人的成就。

烟台是一座与"信""邮"紧密相关的城市，因"信"得名，是中国近代邮政发祥地之一，"胶东战邮"史闻名全国。《烟台邮事》一书，通过一件件邮品再现了发生在烟台大地上的故事，向我们展示了或屈辱、或悲壮、或辉煌的历史，勾勒了烟台经济社会发展演变的过程，正所谓"邮史即历史"。希望广大读者能从《烟台邮事》一书中，了解一些历史知识，感悟已逝岁月的跌宕起伏，珍惜今天来之不易的幸福生活，增强奋进新时代新征程的责任感和使命感。

中共烟台市委党史研究院　　院长　李丕志
烟台市地方史志研究院

目　录

一、胶东战邮

二、烟台邮存

三、邮史探微

四、邮事忆旧

1944 年"东海区战邮"裸寄的
《日寇特务工作文件》

一位在烟台齐鲁古玩城摆摊的年轻书商，一次收进了三本胶东抗战时期的旧书，其中有一本《日寇特务工作文件（宪兵实务教案）》（图1），由山东军区政治部印。"译印说明"这样写道："此文件《宪兵实务教案》，系北平敌宪兵司令部发出，专为训练大小宪兵特务对共之用。其中积垒（累）了数年来对我调查研究与破坏我党我军的活动经验，由侦查谍报行为到检举审讯及逆用等一全套的毒辣手段。特译印供主要干部参考以便加强对敌斗争中了解敌特情况。为了更真实地认识其活动，对于其中污蔑曲解我党我军的

图 1

反动文字，我们亦未加删改，希阅者注意及此。一九四四年六月。"

此书长约 16.5 厘米、宽约 11.8 厘米，不算封面、封底，共 100 页。采用普通草纸对折印刷，纸张颜色也是有黄、有白，色差很大，可见在当时艰苦的环境下，即便一本小书，也要不同的纸张拼凑才能印就。封面和封底的书皮用纸，与内页用纸一样，并未使用厚实一些的纸张，估计也是条件所限。在用了一段时间之后，封面、书页已有些卷曲，为了更好地保护书籍，存阅者另外装订了较厚实的书皮，所以，虽历经近 80 年，该书仍保存完好。由于该书的特殊性质，加之阅读范围受限，仅"供主要干部参考"，印量不大。

据该书商称，三本书花了几千元。他通过网络搜索，查知此书目前国内仅

发现三本，一本收藏于中国国家博物馆，中国人民解放军档案馆也藏有一本，一本收藏于山西的某抗战纪念馆。此书当年印量不多，留存至今的应该很稀少，是否如他所说只有两本，待考。书商当作珍稀本的抗战书籍出让，索价已是其收价的十几倍了。

图 2

笔者爱好集邮，为何却对该书感兴趣呢？谜底其实在书的封底。翻开后加的书皮，在原书封底，一枚加盖"胶东"火炬图邮票赫然贴在上面，邮票上加盖紫色"东海区 /33.10.4./ 战 K 邮"邮戳，邮票右下角有一枚无框红色"公文"戳，有按照中式书信格式钢笔竖写的收寄名址："牟平公安局 / 衣竹林同志 收 / 东海公安局"。这是一本按照公文邮寄的书籍（图 2）。

这位书商虽然不懂集邮，但对于胶东战邮及邮票也知其珍贵性。交谈中得知他卖过多本胶东战邮专家王景文老师的书籍，说起笔者的《烟台邮话》一书，他说有一整包 20 本，卖出多本，最贵的卖过 100 多元一本。笔者问他哪里搞到一包，他笑而不答。通过交谈，拉近了距离，经过讨价还价，笔者将此书收入囊中。

该书所贴火炬图邮票，是 1943 年 1 月胶东战邮管理局发行的加盖"胶东"小字票，5 分即为当时公文资费。当时书籍交寄时，一般捆在一起，收寄名址写在最上面那本书上，邮票自然也贴在这本书上。该书没有中转戳和达到戳，可能加盖在一捆书的最下面那本上。封底另有"材料费拾元"字样。

当时胶东行署划分为东、西、南、北四个海区，牟平县属东海区，该书正是由东海区公安局寄给所属牟平县公安局。加盖的"东海区 /33.10.4./ 战 K 邮"邮戳，即 1944 年 10 月 4 日。该书出版于 1944 年 6 月，由于是省军区发行，逐级下发到县在三个月以后了。邮戳中的"K"代表区，"K"是拉丁化新文字"Ky（区）"的首个字母，胶东战邮戳的"G"是"Giao（胶）"首字，代表胶东区战邮管理局，"X"则代表"Xian（县）"，是县级战邮局专用。

牟平县公安局成立于 1941 年 5 月，收信人衣竹林时任局长。衣竹林，山东栖霞县人，早年参加革命，历任自卫团长、大队政委兼团长等职，1942 年 8 月任牟平县公安局局长，后任专区公安局科长，1948 年 6—9 月任潍坊特别市坊子公安分局局长，1948 年 11 月任济南市公安局五分局局长，新中国成立后历任山东省公安厅某处处长、公安部某处副处长、青海省公安厅副厅长等职。

该书作为一件公文交寄的胶东战邮邮品非常珍贵。书中除了详尽的各种间谍特务教案外，还有相当篇幅介绍了利用邮件及邮政检查手段，获取情报及对人员策反等内容。由于该书比较罕见，较难接触到，故将有关内容简要摘录于下，对于集邮人研究抗战时期邮史有所裨益。

该书共分六编，在其"第二编　对共谍报"之"第四章　对共谍报的实施"中，即有"根据检查网、邮件、文书、黑信、风闻等亦能发现谍者"一项。接下来在"往敌区派遣之要领"中有"利用敌地区的土民邮差也甚有效"一节。在其谍报员所需侦查内容中包含有"通信交通路线"一项。

在敌特联系方式上有"秘密通信"一项。关于"秘密通讯文书"一节，具体解释为："此法为在治安地区内直接回合不相当时才利用，但彼我都实行邮检，而且在传令人（邮差）送时，又恐遇见检问者，故绝对不能使用生文（即明写文之意），可以用化学的方法或用隐语通信为宜。对非治安区谍者可用表面上有骨肉关系的平常信文，或者按谍者之职业商用文信等而伪装内容为宜，然而此法并不甚完整，因其暗号（虽）很难发现，但能被疑，故平常不大使用。"

在设置谍报网之"设定目标"一款，根据重要性依次分"甲乙丙丁戊己庚辛"八项，其中甲类为"各级行政机关"，"邮政局"被列入"乙类交通通信机关"。在接下来的"依据文书的谍报"一款，特别强调"共产分子的信等要加注意"，"中共之上级组织（地区委以上）大致有用无线电者，但其下级组织及我方势力圈外之联络则用邮政，故宪兵实施邮检时，对此关系分子之通信文件之发现要有周到的注意。彼等之往复通信概用秘密通信法（在科学鉴识中述之）为常例，故平常须养成此项知识"。接下来一款为"依据邮政检阅的谍报。在实施邮政检阅时，由多数之邮物中以偶然的预料方法是不适当的，须有计划的进行，实施者须对管内外的要注意目标人物人名等，预先有记忆的准备，依此为重点

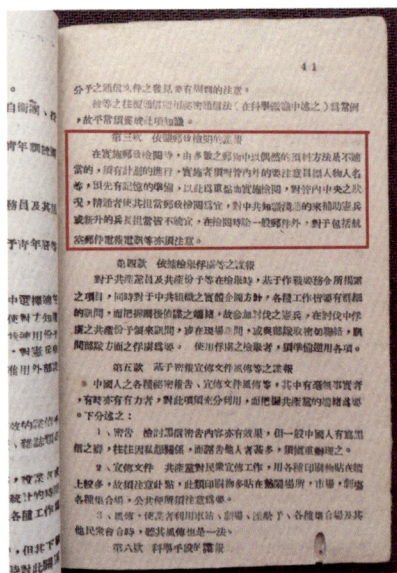

图 3

而实施检阅，对管内中央之状况，精通者使其担当邮政检阅为宜，对中共知识浅薄的来补助宪兵或新升的兵长担当皆不适宜，在检阅时除一般邮件外，对于包括航空邮件电报电讯等亦须注意"（图 3）。在"科学手段的谍报"一款特别列出"检阅邮件时，亦可用科学方法，而迅速获得秘密通信"。

此外，在"诱致工作"一章，还罗列了利用邮件检阅（邮检）发现的线索，或者已知的恋爱、亲属、上下级等关系，通过信件诱捕、策反中方的方法与策略。

可见日寇在利用特务活动打击抗日军民方面，充分利用特务间谍，发现交通通信线路，采取邮检、密写信件、伪造信件等手段，发现中方线索与情报，摧毁、诱捕和策反抗日力量，计划周密、手段毒辣，可谓无所不用其极。

胶东战邮邮品涉及党政机关和部队的为多，公安题材的则十分少见，本件的发现弥补了胶东抗战邮史的空白。

一名胶东战邮员的抗日军人家属优待证

抗战时期，为了保障抗日军人家属生活、提高抗属社会地位、稳定抗日军人情绪、加强抗日力量，山东省战工会和胶东行署在1940年前就制定了《优抚抗日军人家属暂行条例》，并多次进行修订。胶东地区的抗日军人家属优待证一般由胶东区行政公署统一印制，各县政府审核签发。也有各区和县自行印制的，但格式基本与胶东区行政公署保持一致，各时期具体说明文字有所不同。

胶东战邮人员，作为抗日军人同样享受抗属待遇。下面要介绍的这名胶东战邮人员，名字叫郝国山，工作后改名李云峰，栖东县五区（今栖霞市臧家庄镇）北埠村人。从其本人填写的履历及有关证件中可知，他1941年8月参加抗日工作，1942年任栖东县分区委组织委员，1943年至1947年分别在栖东县和黄县战邮局任职，1947年10—12月在胶东区党委西栖秘站任收发员，1948年1—6月任龙口邮局副局长，1948年7月开始先后任华东邮电总局青济干线周村站站长、青州站站长，山东鲁中南兖临干线兖州站站长。新中国成立后，进入南京华东邮政学校/南京邮电学校（现南京邮电大学）学习，毕业后，任安徽省阜阳专区颍上县邮电局局长（图1）。

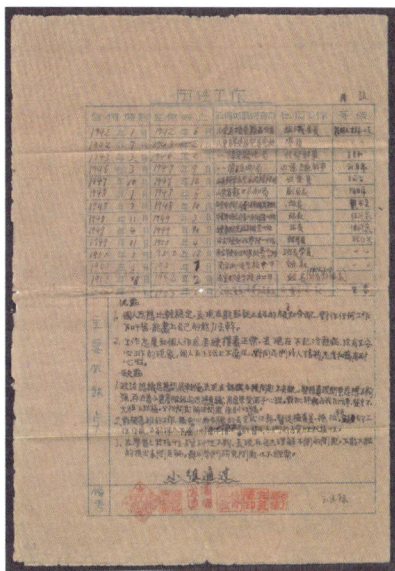

图1

下面是郝国山（李云峰）的几个抗日军人家属优待证。

1. "胶东抗日军人优待证"（图2）。此证单张双面印，优待等级为"一等"，颁证机关为"胶东区行政主任公署"，背面印有抗日军人姓名、年龄、住址、

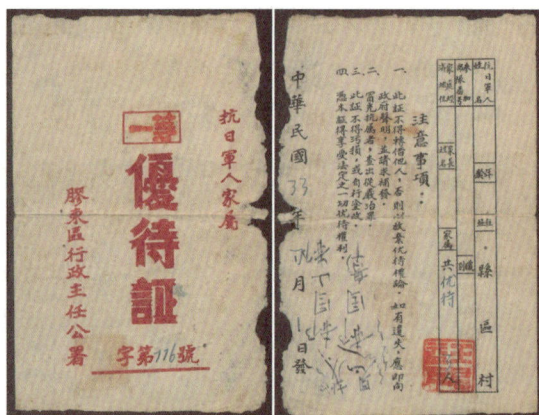

图 2

参加部队番号、职别及家庭地址、家长姓名、家属等栏目，并印有注意事项四条，颁证时间填写为民国三十三年（1944）7月1日，右下角盖有"王君益印"红色印章，王君益时为栖东县代理县长。

此证没有按表格所示填写具体内容，在"家属"一栏填写"优待3人"，另写有"郝恩茂、郝国山、郝国彰"三人名字，应为其本人及家庭成员。此证虽未填写工作单位，但根据履历可知，他时任栖东县战邮局干事。

2. "领取优救粮款登记证"（图3）。此证由两部分组成，封皮为姓名等内容，外加注意事项，另附领取优救粮款登记表三张（图4）。顾名思义，此证为享受抗属优待领取粮食或钱款的登记表，应与上证（图2）配套使用，

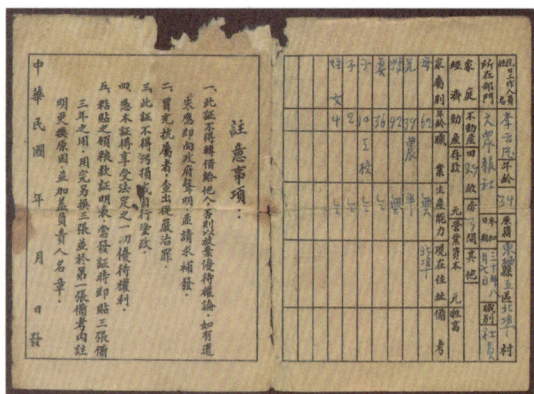

图 3

从填写字迹、墨水颜色分析，两证为同一人笔迹。此证的抗日工作人员姓名、年龄、原籍、所在部门、参加工作时间、家庭经济情况及成员等栏目填写详细，这可能也是上证没有详细填写的原因。

此证姓名填写为李云风，其所在部门填写为"大众报社"。登记表记载"33年（1944）八月一日"，领取上半年优待粮"苞米180斤"。

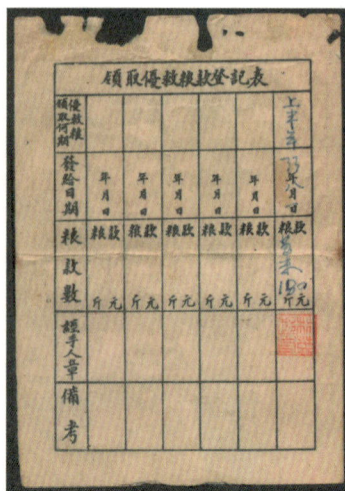

图 4

3."抗日军人家属优待证"（图5）。颁证机关为"山东省胶东区行政公署"，优待级别为"甲种"。在抗日军人姓名一栏填写郝国山，现名李玉夆。战争年代为了不给家里添麻烦，参战人员一般都会起一个新的名字，而家里不了解实情，常常根据发音断写名字。前面的李云风也是这个原因。隶属部队番号一栏填

图5

写为"邮局"，填发时间为"民国三十四年（1945）十二月二十八日"。此证内页附有"优待救济登记表"一张。

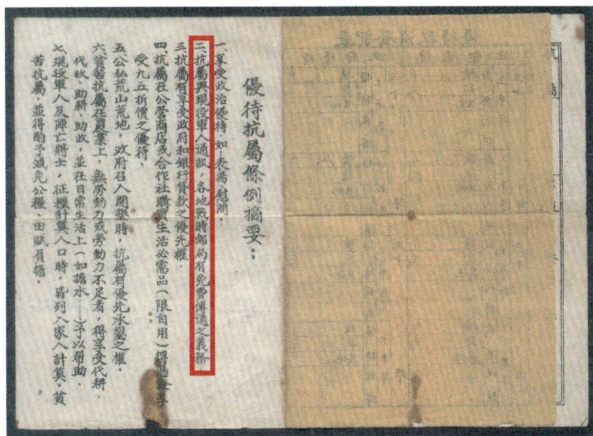

图6

此证在最后一页录有"优待抗属条例摘要"，共九条，其中的第二条就是"抗属与现役军人通讯，各地战邮局有免费传递之义务"。（图6）

从填写的工作单位来看，分别有"区分委组织委员""大众报社""邮局""秘站"等，反映出胶东战邮"邮、交、发"三合一的组织体系。1942年胶东战邮局成立后，为了加强管理，节省人力物力，发挥更有效的作用，根据山东军区及中共山东分局的指示，胶东区党委把各级党委交通科（股）、各级战邮局、大众报社等发行部门，合成三位一体的战时邮务组织，肩负着党政军民的通信任务和党报书刊的发行工作。

以上几枚胶东战邮人员的抗属优待证，留存下来的十分少见，具有十分重要的文物和邮史价值。它反映了战邮人员，与前线杀敌的将士一样，其家属同样享受抗日军人家属待遇。抗战时期，有近百名胶东战邮人员献出了宝贵的生命。

抗战时期的胶东军区海军支队实寄封

　　这是一枚抗战时期的胶东军邮实寄封，长约8厘米、宽约6厘米，只有火柴盒大小，比胶东战邮局规定的长3寸、宽2寸尺寸还要小。信封是用普通草纸糊制的，存有原信，信纸与信封是同一种草纸。虽历经近80年，仍保存完好。

　　信封正面收信名址写"交荣成县龙山区东窑村　翟飞家信"，寄信地址写"由军区海军支队"，封面左上角盖一枚红色"优抗函件"戳记（图1）。封背有三枚邮戳，分别为黑色"胶东/34.6.25/军?/G邮"，黑色"胶东/34.6.25/战G邮"，蓝色"荣成/34.6.27/战X邮"，"34"即1945年（图2）。

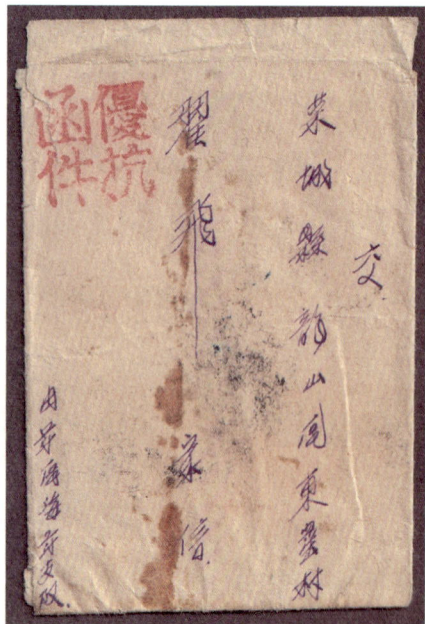

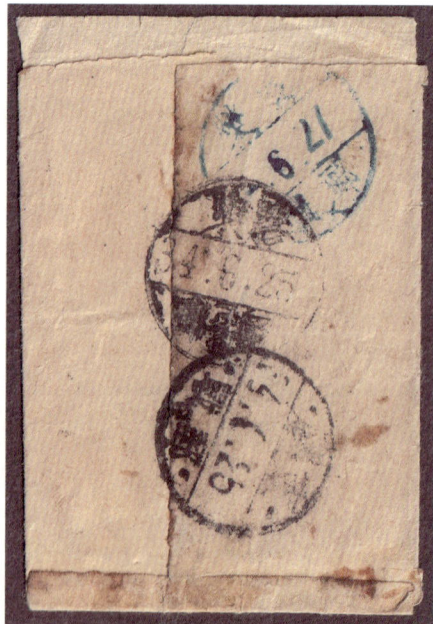

图1 　　　　　　　　　　　　　　　　图2

　　信件内容如下：祖父大人：近日因工作繁忙，因此未能写信禀祖，特此叙明，望大人勿念为盼。近来接见我舅来信甚多，听说咱家的生活比往年见好，另方面听说我舅、邻居照料亦很周全。这里可享弟学习颇有进步，孙对工作更为积极，不辞劳苦，为人民负责。现在孙又写信叫舅来此工作，家中看有什么事情，可交舅一便代转为盼。这里衣服用具都很富足，希大人不要捎来其他物资。自从两月以前，敌人扫荡而至今日，听说咱这里特务活动甚重，组织活动、造谣生事都有，因此，希大人千万别上了当，不要听他们的谎言。专此 夏安。孙学山禀。阴历 五月十二日（1945年6月21日）（图3）

这是孙子翟学山寄给祖父的一封家信，收信人写作"翟飞家信"，这里"翟飞"并非其祖父名字，应为翟学山在部队的名字。当时参军后，因为特殊的战争环境，为了保护自身和家人，一般再起一个名字。另外，按照传统书信习惯，晚辈一般不会直呼长辈姓名。

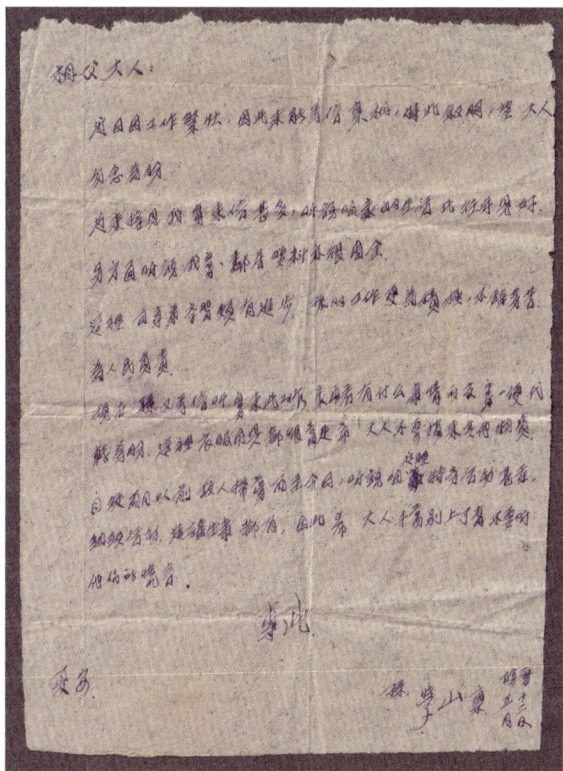

此外，书信书写字迹工整、语句通顺，几乎没有错别字和病句，可见写信人翟学山文化水平较高。

这既是一枚少见的抗战时期同时盖"优抗函件""胶东军邮""胶东战邮"戳记的军邮封，还是一枚罕见的解放区第一支海军部队实寄封。

图3

解放区第一支海军部队

威海刘公岛扼渤海咽喉，素有"东隅屏藩"之称，明代开始为防倭寇，即为海防重地。1888年北洋水师成立，以刘公岛为基地。甲午战争北洋水师全军覆没，刘公岛被日军占领三年。之后，又被英国强租32年，直至1930年收回。1938年3月7日，日军占领威海卫，进驻刘公岛。

1940年，南京汪伪政权成立"海军部"，下辖华南、华中、华北三个海军要港司令部。其中，华北要港司令部设在刘公岛，下辖威海、烟台、连云港三个基地队司令部，日军在要港司令部内设辅导部，实际掌控军政大权。

刘公岛的伪海军练兵营，专门在岛上训练新兵。至1944年6月，共训练9批新兵，每期人数200名左右。第一期练兵，为投降的即墨地主武装和连云港俘虏的国军游击队士兵。1939年8月，第二批训练新兵200余人。这些新兵主要来源于烟（台）威（海）地区失学、失业青年，少数来源于烟台伪军士兵和青岛失学、失业青年。

由于胶东共产党、八路军影响越来越大，烟威地区青年逐渐看清日伪的反动嘴脸，从第五期开始，在胶东一带很难招到新兵，他们便把目标转向平津沦陷区，采取欺骗宣传等手段，将许多失学、失业青年骗到刘公岛。

这些海军士兵，在岛上经常受到伪军官们的层层盘剥和日军的辱骂毒打，他们把四面环海的刘公岛比作"水牢"。

这批士兵文化水平普遍较高，有一定的家国情怀，多是受生活所迫或被敌伪欺骗来岛当兵。

而此时，经过烟威地区抗日军民的艰苦斗争，根据地范围越来越大。至1943年，烟威地区抗战进入战略反攻阶段。到1944年9月，胶东区东海分区的牟海、文登、荣成等县先后解放，威海卫周围据点被全部拔除。这些胜利的消息，通过不同渠道传到了岛上。

为了摆脱汪伪控制、不做亡国奴、抗日救国，经过周密计划，1944年11月5日，在练兵营卫兵队长郑道济的率领下，部队、家属、海员共计600余人毅然起义。他们捣毁了岛上的日伪军事设施，击毙日军17人、伪军官10余人。11月10日，分驻龙须岛的伪海军派遣队67人，也在队长丛树生的领导下起义。两岛起义人员，愿意参加八路军，接受共产党领导，共同抗日。11月13日，延安新华社播发了两岛起义的消息。山东军区司令员兼政委罗荣桓曾就起义人员处理做出重要指示，要求："保留海军人才，这对将来我军海军建设有重要意义，要教育他们为建设新海军着想。"

1944年11月22日，东海军分区在文登县西铺集召开命名大会，正式命名起义部队为"山东胶东军区海军支队"，这是山东解放区首支海军部队。

"优抗函件""胶东军邮""胶东战邮" 三戳同现一封

一、"优抗函件"

山东战邮"优抗函件"戳记的具体行用时间没有查到相关文献，但在1944年8月的山东战邮会议上，山东战邮总局局长赵志刚所做《两年来山东战邮工作概况及今后任务》的报告中，有这样一段话："一年来……我们也响应了拥军号召，总局曾公布了'优抗函件'的免费寄递办法……"

1945年7月20日成文的《三年来胶东战邮概况》中，关于"从一九四三年通邮之后，即公布了关于拥军优抚工作的规定"中，就有"优抗函件"戳记的使用规定："凡现役军人及抗日军人的家属之间，互寄或寄给其他亲友的平信，部队经盖各该部队的图章，抗属盖村政府印或持有优抗证者，足以证明确是抗属或抗日军人者，一概免费寄递，邮局即加盖'优抗函件'印。"

可见，山东战邮总局在1943年已经要求开始使用"优抗函件"戳记。但从现存邮品来看，胶东区自1945年才开始使用这个戳记，目前能见到最早使用时间是1945年6月13日。

抗战胜利后，"优抗函件"的名称已不再适用。有文件记载，1946年3月，"优抗函件"戳记停止使用，胶东战邮局统一收回后集中销毁。目前见到最晚使用日期是1946年2月25日。

该封"优抗函件"使用日期为1945年6月25日，为较早使用，可见封上"优抗函件"戳记文字棱角分明、十分清晰，应为使用时间不长的新戳。

二、"胶东军邮"

1944年9月山东战邮总局公布的《战时邮务章程》中，在"第九章 军邮"中有如下规定："第三十九条：军分区以上之军事机关，一律建立随军邮站，置站长一人，交通员一人。第四十条：以团为单位配置随军邮务员，负收发及交通责任。第四十一条：军邮组织为部队建制之一，受部队统一领导，在工作上受战邮之指导。"

胶东军邮戳记的具体启用时间，没有找到相关文献记录，但在老战邮回忆录中，可以查到一些蛛丝马迹。

老战邮员彭宾在《我在胶东战邮工作的岁月》一文，关于"胶东第一个军邮站"一节中有这样一段记录："为了适应战争期间的通信需要，山东战邮总局指示下属管理局设立军邮站，胶东战邮管理局在区党委试办了一个军邮站。这个军邮站是1945年元月建立的，与区党委一起办公。我任收发员，刘开元等两人任交通员。转递区党委、行署、司令部等主要直属单位的信件。军邮站在半年多的时间内，与各机关驻地距离很近，邮件由军邮站经转，不如直投快，因此于同年7月撤销了军邮站，把人员撤回管理局。这次建立军邮站的主要收获是在人员编制、通讯设备、业务手续、与所驻单位的组织生活管理、吃住供给关系、与地邮等方面的通信联络中取得了经验，为后来解放战争的军邮工作打下了基础。"

从以上回忆可知，胶东区是在1945年1月开始试办军邮的，从留存下来的邮品看，此后在胶东区的区级机关及西海区开设了军邮站，在东海、北海和南海区并未开办军邮站。

目前已知胶东区级单位使用的胶东军邮戳有：胶东五师十三团编号为"胶东/军4/G邮"、胶东军区司令部编号为"胶东/军10/G邮"、胶东军区特务团编号为"胶东/军12/G邮"、胶东文协和胶东群力报社编号为"胶东/军14/G邮"、胶东行政公署编号为"胶东/军15/G邮"、胶东军区六师某团编号为"胶东/军22/G邮"。

已知西海区使用的胶东军邮戳有：胶东军区六师十七团编号为"西海区/军1/3邮"、西海区教导团编号为"西海区/军1/K邮"。

从目前流存不多的胶东军邮邮品来看，胶东军邮戳记主要使用时间在1945年6月至1946年底，个别有沿用情况。按照山东战邮总局《战时邮务章程》的规定，军邮站是以团为单位设立的，目前所见最大编号为"胶东/军22/G邮"；

胶东区级机关则根据需要分为几个邮站，已知胶东文协和群力报社为"胶东/军14/G邮"，胶东行政公署为"胶东/军15/G邮"，为两个连续编号；西海区作为分区，军邮戳只见两枚，且编号都小，符合常理。

该枚海军支队封上的胶东军邮戳编号不清，疑为"5""6"号，应是海军支队邮站。

"胶东战邮"戳：封上有两枚胶东战邮戳，一枚为"胶东/战G邮"、一枚为"荣成/战X邮"，正如前面所叙，"G"为胶东区战邮局用戳，"X"代表县级战邮局。

这种特殊代码和编号的邮戳，是胶东区的一个创举。在1944年8月的山东战邮会议上，山东战邮总局局长赵志刚在总结报告中表扬道："胶东创造的带号码的胶皮邮戳，这给了邮务工作以很大便利。"胶东战邮戳早期是胶皮邮戳，因胶皮容易损坏，后改为铜质戳头。这里说的"号码"应该指的是拉丁文代码及编号。

邮路

该信写于"阴历五月十二日（1945年6月21）"，军邮收寄日期为1945年6月25日，转交胶东区战邮局日期也是6月25日，到达荣成战邮局日期是6月27日。从邮戳时间可知，当时海军支队距离胶东区战邮局很近。

1945年11月末，海军支队离开东海区到达胶东军区所在地牙前县，对部队进行兵源补充和休整改造，并将军区特务营二连调入海军支队，负责警卫任务。整顿后的海军支队由五个中队组成，每队150多人。

其间创作的《海防军进行曲》（《海军支队队歌》）唱道："我们是中国未来的新海军，新海军，我们要担负起海上的使命，每个人都沸腾着民族解放的热血，每个人都发出了抗日救国的呼声。打倒那日本军阀法西斯的暴政，不再受帝国主义铁蹄下的欺凌，永在中国共产党的领导下，流尽最后的一滴血，勇猛地向前进，勇猛地向前进。中国未来的制海权，完全仰仗着我们，我们要担负起海上的使命。我们是我们是中国未来的新海军，新海军，我们要奠定那海防的命运，每个人都献出了至诚刚毅的赤心，每个人都有一颗保国卫民的忠魂。实现那军民合作团结抗战的政策，誓完成驱逐日寇恢复失地的决心。永在中国共产党的领导下，流尽最后的一滴血，努力向前进，努力向前进。中国未来的海防线，完全仰仗着我们，我们要奠定了海防的使命。我们是我们是中国未来的新海军，新海军。"

1945年春节，胶东军区发起对国民党投降派赵保原部的歼灭战，海军支队警卫中队参加了战役，表现英勇顽强，受到胶东军区表彰。

1945年4月上旬，海军支队全体指战员响应军区开荒生产的号召，到东海区乳山县石港村参加开荒劳动。在劳动中，密切了群众关系，许多来自城市的青年学生兵得到了锻炼。

1945年5月7日，日伪为了控制山东半岛沿海地区，出动4000余人对海（阳）莱（阳）地区发动最后一次大扫荡。至25日，胶东军民经过19天的英勇奋战，共歼灭敌伪1000余人，彻底粉碎了敌人的大扫荡。翟学山信中提及的"敌人扫荡"，指的就是这次大扫荡。信件是在扫荡之后写的。

这期间，海军支队一直跟随胶东军区活动，当时胶东军区驻牙前县，胶东区战邮局也随区机关驻牙前县郁都村，故6月25日交寄的信件，当天就到达胶东区战邮局，牙前到荣成距离约140公里，信件27日到达荣成战邮局，邮程两天。信中提及"近来接见我舅来信甚多"，原因是"叫舅来此工作"，可见当时胶东战邮邮路畅通，因当时胶东除主要城镇，大片已成解放区。

1945年8月，日本宣布无条件投降后，海军支队参加了解放即墨城的战斗。10月，海军支队奉命进军东北，在东北战场屡建奇功，从渡海时的1000余人发展到5000余人。大家熟知的剿匪英雄杨子荣、《林海雪原》小说的作者曲波都曾是海军支队成员。

未见披露的胶东区免资贺年美术封片简

　　胶东区有着光荣的革命传统，抗日战争及解放战争时期，为了鼓舞胶东人民斗志，表彰烈军残工属等，在元旦春节期间，胶东行署、胶东军区及下属各部门，印制了不同种类的免资贺年美术封片简。自20世纪80年代披露以来，据统计有近40种，发行时间主要集中在1944至1947年的元旦春节期间。1947年国民党重点进攻山东和陕北，胶东部队战略性撤退，此类贺年封片简暂告一段落。

　　这些免资贺年美术封片简，由于寄发对象是受限定的，加上当年物资匮乏，所以印量一般不大，加上历经战火硝烟，能够保存下来的极为罕见，已发现的品种很多为孤品，或者存世仅几枚。20世纪八九十年代是这类免资慰问信件集中发现时期，而后的十几年，偶有发现。

　　胶东区免资贺年美术封片简，是胶东行署、胶东军区元旦春节期间，号召全区开展拥军优属活动的产物，是作为一项政治工作来要求的，所以发行的单位十分广泛，既有胶东军区，还有各海区行署、各军分区及海区所辖县政府、县参议会等，另外还有各部队、战邮局、兵工厂、荣军医院、建塔委员会等单位。

　　从已发现的免资贺年美术封片简来看，军事单位发行的比较符合信函要求，一般印有贴票位置及书写名址格式。这是因为部队指战员大部分远离家乡，流动性较大，而贺年信件又以寄回家里为主，需要填写详细的收件人地址姓名。而反观地方各县发行的免资贺年美术封片简，除了少部分印有规范的贴票位置及书写名址格式，大部分将这一部分简化。这主要基于两种原因：一是胶东区自1942年就实行"邮、交、发"三合一，战邮局、交通和报刊发行这三个部门，业务上由战邮局统一领导，战邮人员同时负责邮件、政府公文、报刊的投递，还负有输送干部过境的职能，所以，各投递段内的战邮人员，对辖区内的烈军残工属情况基本了然于胸。各县新年期间的贺年信件递送范围基本在本县内，所以只要写上村和收件人名，均可准确投递。由于这类邮件寄送时间比较集中，数量又较大，为了简化手续，加快投递，基本省略了加盖邮戳的环节。二是因为战争年代，经济困难，物资匮乏，许多贺年封片简的尺寸，都是按照战邮局长三寸、宽两寸的信封大小要求设计的，这只比香烟盒大一点。简化名址部分，可以缩小空间、节省纸张。

近年，由于旧城改造及棚户区改造，县城和乡镇周围农村拆迁，这些被遗忘在旧屋杂物中的贺年封片简，偶有新的发现，结合本人多年对此类邮品的关注与收藏，就未曾披露的品种介绍如下。

1945 年海阳县政府、参议会贺年片（图 1）

此片为竖式，右边有缺损，长 15 厘米，宽约 9 厘米。上方为"新年志禧"四个大字，右边起首"同志、先生"，手填"辛裕山""家属"，中间内容为"大家抗战，大家过年；大家动手，大家生产；大家有饭吃，有衣穿；克服困难，渡过难关。"落款为"张维兹 刘子刚暨县政府 驻参会全体同志鞠躬"。

此片虽未注明发行单位，经查张维兹为海阳县抗日民主政府第一任县长，刘子刚为海阳县临时参议会参议长，由此可知，此片为海阳县政府和参议会共同发行。

关于此片发行年代，从片上"大家抗战"的文字可知为抗战时期。此前已经发现一枚同为海阳县政府和驻参会发行的贺年片，尺寸和图文格式与此片如出一辙，时间为 1944 年新年。所以，分析此片发行时间为 1945 年新年期间。

图 1

1945 年栖东县政府贺年邮简（图 2、图 3）

此简对折，展开长 16.5 厘米，宽 11.8 厘米。右边图案为光着膀子、挥动镢头劳动的人们。图上文字为"我们要努力生产，自耕自食，争取抗属的模范"（标点符号笔者所加），画面与宣传文字内容一致。左边为两幅图画，上方为迎着朝阳出工劳动的人们，下方为雄鸡报晓图，中间为美术字"恭贺新春"。整个设计，简洁明快、富有朝气、催人奋进，配上文字，极具感染力。

收信人名字为"李义明、王玉国"，内文文字为"先生：家中有了抗日的人，是最光荣的，际此新春佳节，谨致慰问敬礼，合家愉快老幼康健！抗日的胜利已接近在我们的面前，去年的一年，在敌人后方，我们八路军新四军打了很多胜仗，就胶东来看，我军攻克了据点一百八十九处，毙伤的被我们捉来的和反正的鬼子和伪军一万一千多人，夺回了三个县城，现在胶东已有七个县一个鬼子也没有了，这是多么值得快乐的事啊！赶走鬼子解放中国的日子愈加接近了。但是鬼子在临死之前还要疯狂的，在胜利之前我们还有困难的，愿你们在家再忍受些暂时的困苦，努力的参加生产，好好的过日子，到打出鬼子去的时候，让我们握手欢笑同享快乐！恭祝新春致喜 致敬 三十四年元旦"。

此片虽没有落款，但从手填寄送单位"郭岭区公所"可知，此简为栖东县政府发行。栖东县为1940年12月析栖霞县东部七个区所置，1953年7月划归栖霞县（现栖霞市），郭岭区当时为其所辖七区之一。

图 2

图 3

1946 年牙前县政府贺年邮简（图 4、图 5）

该简为对折式，展开长 17 厘米、宽 12.6 厘米，没有图案。正面为美术体字的"恭贺 新春志禧"，落款为"牙前县政府敬礼"。

内文内容为"你们的子弟父兄献身在中华民族解放的事业，为中国人民的福利而斗争着，这是无限光荣的。我们一定好好的关照你们，广大的人们也一定爱护你们。恭祝 健康进步"。收信人为"姜福海"。

此简设计简洁，封面采用红色印制，内文为绿色。牙前县为 1945 年 1 月设县，系原属栖东、海阳、牟平、乳山县的几个区所置，1950 年 1 月撤销。牙前设县时间较短，有关的贺年封片简是首次发现。

关于此简的发行时间，考虑到牙前 1945 年 1 月建县，已过元旦，当年印制的可能性不大，应为 1946 年元旦印制。

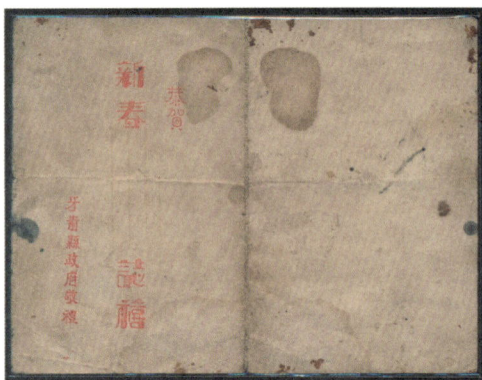

图 4

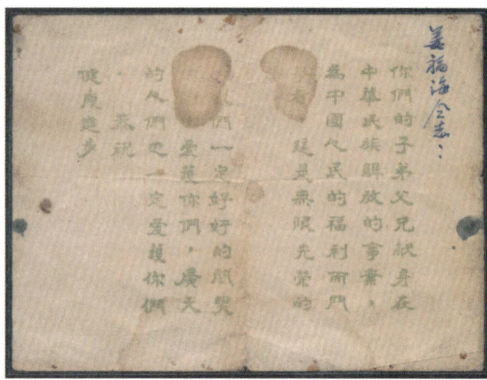

图 5

1947 年牙前县政府贺年片（图 6、图 7）

此片长 12.6 厘米，宽 8.4 厘米，竖式印制。封面红色印制，右上角五角星上为一竖起大拇指的手臂，左下角为一持枪冲向山岗的战士。文字部分为"恭贺 同志 新年（春）志禧 张天和鞠躬"，背面为空心美术字，内容为："新年带来新胜利，大家团结大翻身，前方后方鼓把劲，冲上山岗大反攻！"

此片虽没有印制单位，但落款人张天和为牙前县县长，故此片为牙前县政府发行。经查，张天和 1946 年 9 月 20 日任牙前县代理县长，再根据片中"冲上山岗大反攻"的宣传口号，可以断定此片发行于 1947 年元旦。1946 年冬，国民党向胶东解放区发起疯狂反攻，胶东区党委响亮提出了"爬山头"的口号，号召全区人民齐心协力，参军保田，不要被眼前的困难所吓倒，爬过山头就能迎接胜利的曙光。

此片与上面介绍的同为牙前县政府发行的贺年简比较，可以发现风格比较一致，设计都比较简洁，慰问内容部分也简明扼要，字数较少，且都采用较大字体。

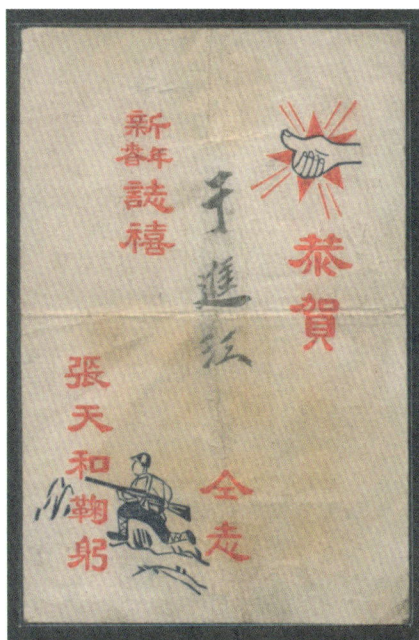

图 6

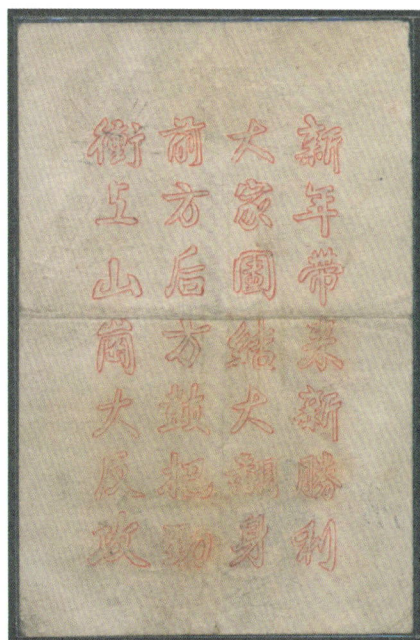

图 7

1946 年东海专署、东海军分区等新年给抗工属的慰问信（图 8）

胶东行政公署当时分东、西、南、北四个专署，此件为东海专署及东海军分区司令部、政治部、武装部联合发行。慰问信为五折邮简形式，慰问对象为"抗工属"，起首的文字为"敬爱的抗、工家属们"，落款日期为"三十五年（1946）元旦"。

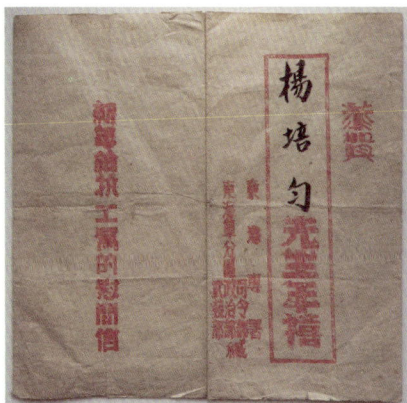

图 8

此前披露的一件与此简几乎一样的慰问信，只是慰问的对象更广泛，为"新年给抗工民兵烈属的慰问信"。

新发现的这枚邮简，慰问范围限定在"抗工属"。按理说，此前已发现的那枚邮简，慰问范围已经包含了"抗工属"，为何要单独再发一枚？分析此简由东海专署等四部门联合发行，慰问对象广泛，需求量较大，所以，

为"抗工属"单独印制一枚，只是封面不同，而内文内容是一样的。

1947年"争取第二次自卫战争胜利万岁"贺年片（图9、10）

这枚贺年片长12.5厘米，宽8.7厘米。封面底图为一队举旗持枪冲锋的战士，大旗上的文字为"争取第二次自卫战争胜利万岁"，浅灰色印制。中间红色印制"春节快乐"四个篆字，右边的文字是"从思想上提高群众觉悟，从组织上扩大群众力量！"此片为"隋树明同志"收，寄赠人是"李增元"。

片背面无印刷内容，有寄赠人书写文字："隋同志：新春来临了，你的身体很健康吧，精神愉快吧。关于我现在自一月23日起程到威海去学习了，都有什么事情多加通信为盼。学习日期两三个月。此致 敬礼！ 李增元。"（标点为笔者所加）

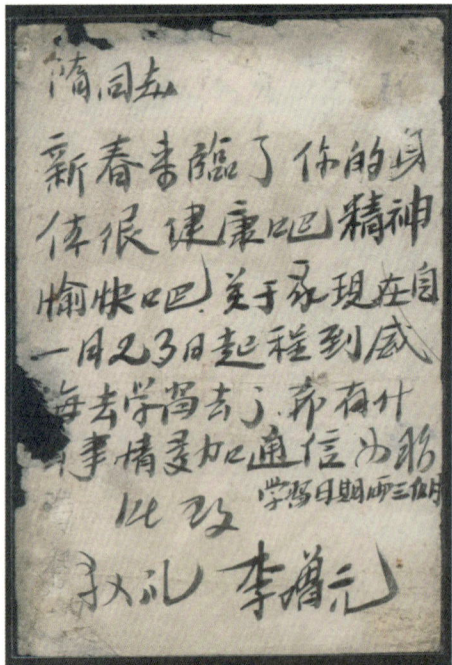

图9

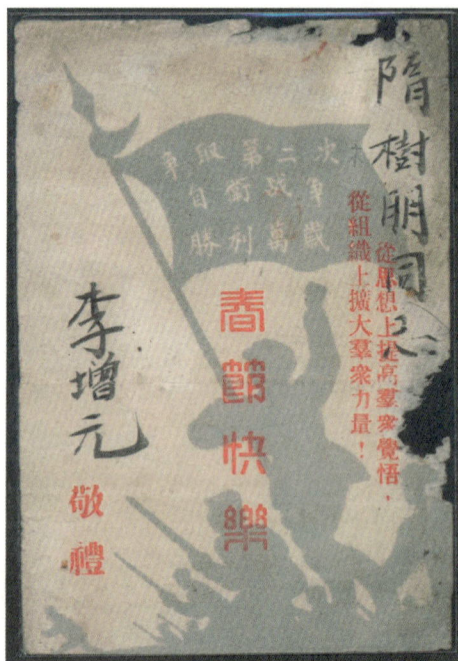

图10

从片上所印文字及写信人书写内容分析，此片应发行于1947年新年期间。但由于片上没有印制发行单位，故无法判断此片为何单位所发行。

胶东免资贺年美术封片简，是共产党战争年代开展宣传工作的一种特殊形式，是一类特殊的邮品，兼具重要的革命史和邮史价值。

封皮上的北海军分区贺年明信片

2021年7月，正值中国共产党建党100周年之际，有幸收集到一枚1944年元旦胶东军区北海军分区的贺年明信片，这是在该片发行77年之后首次露面，目前为孤品。该片的发现，为胶东战邮增加了一份珍贵邮品，也是胶东人民抗战时期的重要文物。

贺年片钉在书皮上

图1

为了庆祝建党100周年，许多红色文物收藏爱好者，在"七一"前后以各种形式展示他们的收藏，回顾共产党的光辉历程，表达对建党100周年的祝贺。其中一位书友就在微信朋友圈中晒出了多本胶东红色书籍，其中有几期抗战时期胶东军区北海军分区出版的《支部生活》，里面的一期"七一特刊"封面刊有毛主席彩色头像，十分少见。

在这几本书中，还有一本彩色封皮的书，引起了笔者的关注。书的封皮明显是一张明信片的格式，为红、黄、蓝三色套印，"恭贺春节 身体健康"八个红色大字十分醒目，下方印有"收信地址"和"收信

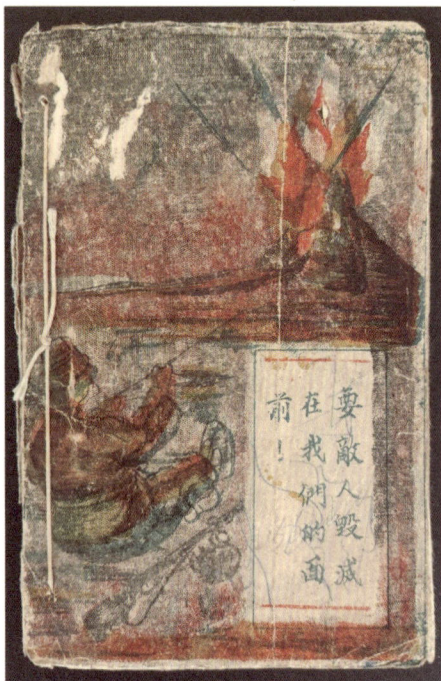

图 2

人图，极具震撼力（图2）。

人姓名"，落款是"胶东军区第二军分区"，左上角方框内有叠影设计的"免费寄邮"的四字免费标记（应为"免费邮寄"，误排为"免费寄邮"）。由于封皮磨损和扫色，原来手写的收信人名址，只剩下模糊的钢笔书写的残迹，字迹已无法辨认（图1）。

再看封底，画面是一幅地雷爆炸图。左下角是一名戴着毡帽、着冬装席地而坐的民兵，双手拽着紧绷的地雷线拉响了地雷，前方是地雷爆炸的冲天火光，他的右手边放着一支长枪和一颗地雷，右下边留白处的文字是："要敌人毁灭在我们的面前！"整个画面笼罩在夜色中，这是一幅胶东民兵地雷夜袭敌

明信片包裹的书籍是《五年来对敌斗争的概略总结及今后对敌斗争的方针》，这是1943年1月26日，邓小平同志在太行分局高干会议上的报告，由中共山东分局胶东第三区党委宣传部翻印，翻印时间是1944年1月25日，共125页，册数1—1500，材料费一元八角。该书为秘密级别，封面加盖有红色"秘密"戳记及编号（图3）。

该书内页由发黑的土纸印制，只是封面、封底采用了较白的纸张，但纸质较软。所以，

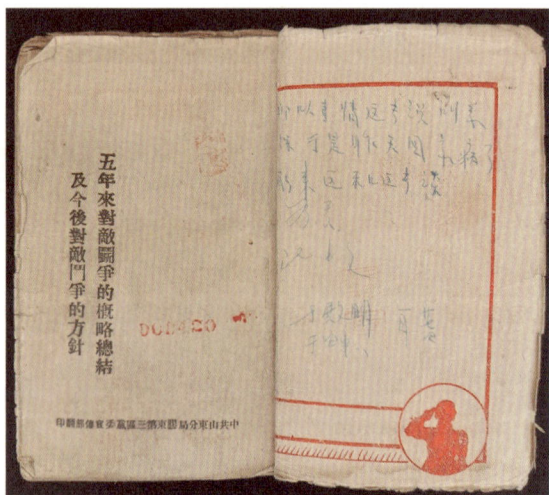

图 3

封面加装了纸质较厚的明信片作为封皮，以保护书籍。拆下作为书皮的明信片后，可见原书有两个装订孔洞，应为原来纸捻装订留下的，为了更好地保护书籍，外皮加装了较厚的明信片，并采用三孔线装。

拆下的明信片基本完整，尺寸为19.5厘米×14厘米，对折后与书尺寸基本相同（图4）。明信片背面为书写内容部分，印有红色边框，右下角圆圈内为一头戴钢盔的抗日将士敬礼剪影。由于战争年代条件所限，钢笔水都是自制的，时间久了容易掉色，

图4

此页钢笔字迹虽也模糊，但基本可辨识，内容如下："王田同志、？区长：关于昨天咱们三人商谈那个事情，区长说叫我今天来到区公所作保，可是昨天回家病了，走也不能走，所以才不能来区和区长谈。如有保人有村长作保。此致敬礼 于殿明 于田中 一月廿七日。"名字上盖有两人的红色印章（图5）。

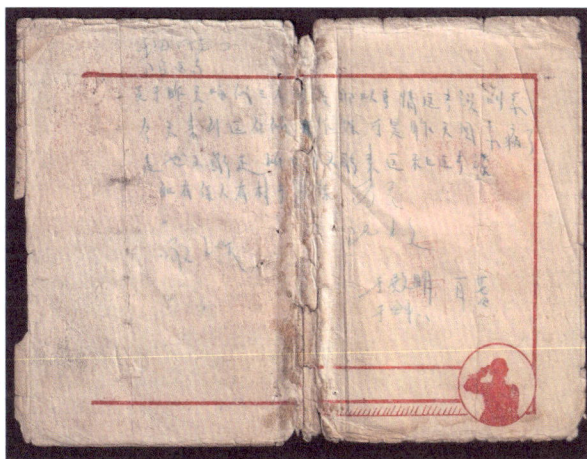

图5

由于收寄信地址已无法辨认，无法判断明信片寄往哪个县的哪个区公所，但依据明信片是胶东军区第二军分区发行，使用范围应该在第二军分区（即北海军分区）内。

1942年7月1日，成立胶东军区，下辖第一军分区兼东海独立团，第二军分

区兼北海独立团，第三军分区兼西海独立团，第四军分区兼南海独立团。之后，第一、二、三、四军分区依次改称东海、北海、西海、南海军分区。

从明信片的发行单位称谓，可以判断此片是在抗战时期使用的，虽然《五年来对敌斗争的概略总结及今后对敌斗争的方针》一书翻印于1944年1月25日，但明信片有可能是后期加订，故无法判断明信片的具体发行时间。

抗战贺年明信片惊现山村

1989年，在蓬莱南部山区的车里张家村，发现了一批抗战时期的文物，其中有四枚1944年发行的贺年明信片，引起轰动。这些明信片分别由胶东军区和胶东军区第二军分区发行，明信片的收信人，都是蓬莱县水沟小学的陈光。

陈光，蓬莱村里集镇车里张家村人，原姓张，中共秘密党员，1943至1945年间，在党组织安排下，以水沟村小学教师身份为掩护，做附近村群众工作。抗战胜利后，奉令随军南下，后在福建建瓯工作。

陈光南下之前，将自己的一部分资料整理好放进一个小箱子里，交给他的一位叔伯兄弟代为保存。这个小箱子，经历了国民党重点进攻山东、新中国成立后历次政治运动以及十年浩劫，完好地保存在山村老农家里四十余载，直到陈光去世后被打开，这批珍贵明信片才得以面世。

这四枚明信片从发现至今已历30多个春秋，再未发现第二套，仍然是四枚孤品。承蒙《中国免资片封简图鉴》一书作者陈森元先生提供图片，在此费点笔墨，把这四枚珍罕的胶东贺年明信片逐一简介。

图6

1. 光辉前程片（图6）。图案为毛主席手指灯塔，人民群众奋勇向前图。下边文字为："有了共产党，有了毛主席，中国就有办法，中国绝不会亡。"名址面有"恭喜新年 并祝进步"八个大字，左上角贴票处有"免费邮寄"四个字，落款发行单位为"山东胶东军区"。

2. 军民生产片（图7）。近景为军民生产图，远景为耕牛图，图上文字为："军民齐动手，黄土变成金；吃穿不缺乏，有力杀敌人。"名址面有"恭贺新春 并祝进步"八

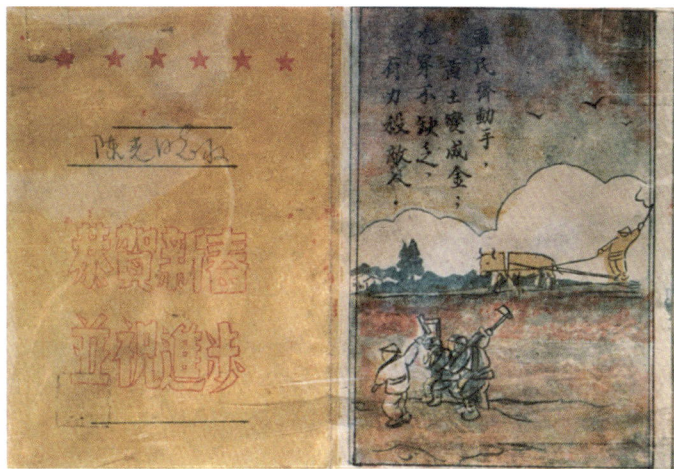

图 7

个大字，此片无免资标记，也未见发行单位。

3. 大生产运动片（图8）。此片与上片内容基本相同，也为军民生产图。近景为农民扬鞭、耕牛犁地图，远景为军民开荒生产图。名址面有"恭贺春节 健康进步"四个大字，左上角有"免费邮寄"四字，也未印发行单位。1943年秋，毛主席发出了"自己动手，丰衣足食"的号召，图7、图8两片正是这一号召的体现。

4. 军民联防保家乡片（图9）。图案是军民持枪结伴前行，前方是一片黎明曙光，曙光里有"一九四四"四个大字。名址面有"恭贺春节"四个大字，左上角有

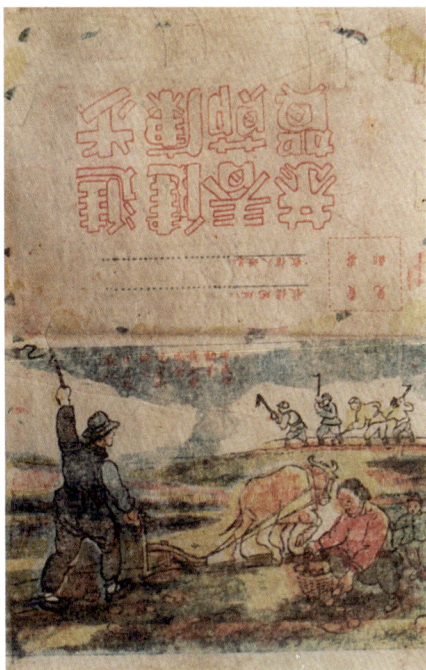

图 8

"免费寄邮"四字免资标记，落款发行单位是
"胶东军区第二军分区"。此片的"免费邮
寄"标记也误排为"免费寄邮"，并采用叠影
设计，与新发现片如出一辙，且发行单位同是
第二军分区，为同时发行的两种片无疑。

图 9

　　这四枚明信片的寄片人署名分别为石江、
张韩挺、滕林、王昆。石江即马石江，时任蓬
莱县委秘书、青年救国会会长；张韩挺，蓬莱
水沟村人，1938年入党，抗战期间在蓬莱、栖
霞一带根据地活动；滕林，栖霞人，与陈光同
在水沟小学任教。

　　据寄片人之一的张韩挺回忆，当时他正在
胶东实业处所属北海印刷所任所长，主要印刷
宣传品和小学课本。印制明信片的这种纸张当时叫铜版纸，根据地生产不了，
只能到敌占区去搞，弄来不容易，轻易舍不得用。这种三色套印的明信片，工
艺复杂，印量很少，这也是至今罕见，大多为孤品的原因之一。

　　据王景文老师生前考证，此片设计者是胶东军区做宣传工作的李善一和李
恕，两人同为黄县（今龙口市）人。李善一，1938年参加革命，曾在胶东联合
出版社、《大众报》社工作，1940年任胶东五旅宣传队美术教员、队长，1944
年任胶东军区政治部宣教科长，1945年兼任《胶东画报》社长。1945年山东战
时邮务总局发行的《抗日民族战争胜利纪念邮票》，就是由他设计的，邮票原
稿就是图6的"光辉前程"片。李恕，1939年在《大众报》社工作，1940年任胶
东五旅宣传队员，1944年任《胶东画报》社长。

胶东的免资贺年邮品

　　以上介绍的陈光四枚及新发现的一枚，设计风格、用纸、尺寸一致，应该
同为1944年元旦发行无疑。《五年来对敌斗争的概略总结及今后对敌斗争的方

针》一书翻印于1944年1月25日，农历即1944年正月初一，封皮上的贺年片写于一月廿七日（农历正月初三）。应是收到该片后不久，定做了封皮。

目前已经发现的解放区免资贺年邮品，以胶东区为最多，时间集中在1944—1948年间，品种在40余种，且大多为孤品或几枚，其它解放区发行的极为少见，寥寥无几。发行单位主要有胶东军区、胶东军区所属军分区（后来的海区）、军区所属部队以及各县政府、参议会等。

从已经发现的品种来看，当年胶东区内各军分区（海区）、各县政府元旦春节期间都印制了不同样式的贺年邮品，这些贺年邮品尺寸或大或小，图案或简或繁，文字或多或少，但内容大多是向烈军属、指战员等祝贺春节，感谢奉献精神，宣传形势，鼓舞斗志。由于历经战争硝烟、年代久远，能够保存下来的十分少见，每一件堪称珍贵的革命文物。在已发现的贺年邮品中，有些县区有几种存世，有的县区至今没有发现一件。

上面介绍的五种贺年片，发行单位虽分别为山东胶东军区和胶东军区第二军分区，但应是同时设计、在同一印刷厂印制的。北海区当时有北海印钞厂，这种贺年片在北海区印制的可能性极大。

胶东区内有青岛、烟台两大沿海城市，在物资采购方面有一定优势，胶东历史上也是经济比较发达地区，这也是抗战时期和解放战争时期，贺年邮品主要见于胶东的一个原因。另一个重要原因是胶东是红色的革命根据地，胶东子弟兵以英勇善战闻名全国，胶东人民有着拥军优属的光荣革命传统。以上原因，使胶东贺年邮品能够在胶东遍地开花，在战争年代发挥了独特的作用，成为重要的邮政史和革命史文物。

一枚加盖"优抗函件"和"胶东军邮12/G"邮戳的实寄封

　　这是一枚1945年的胶东军邮实寄封，长8.5厘米，宽7厘米，牛皮纸糊制，比香烟盒还要小，基本符合胶东战邮局封长3寸、宽2寸的规定，由胶东军区特务团寄福山县。封面正中上方盖一紫色"优抗函件"无边框方戳（图1），封背盖有五枚邮戳，其中两枚"胶东军邮12/G"戳（图2）。此封同时盖少见的"优抗函件"和"胶东军邮"戳记，十分珍罕。

图1

图2

　　先说"优抗函件"戳记（图8）。1945年7月20日成文的《三年来胶东战邮概况》中有这样一段文字："从一九四三年通邮之后，即公布了关于拥军优抚工作的规定：1.凡现役军人及抗日军人的家属之间，互寄或寄给其他亲友的平信，部队经盖各该部队的图章，抗属盖村政府印或持有优抗证者，足以证明确是抗属或抗日军人者，一概免费寄递，邮局即加盖'优抗函件'印。2. 挂号信件免去平信资费。……"

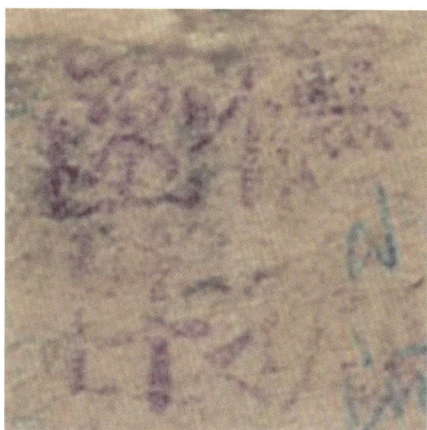

图8

山东战邮总局虽然在1943年就有了加盖"优抗函件"免资戳记的规定，但胶东战邮局是到1945年才开始施行的，具体启用日期没有原始文件，目前见到的最早使用日期是在1945年6月13日的实寄封上。

抗战胜利后，"优抗函件"的名称已不再适用。有文件记载，1946年3月，"优抗函件"戳记停止使用，由胶东战邮局统一收回、集中销毁。目前见到最晚使用日期是1946年2月25日。

由于使用时间短，留存下来的"优抗函件"实寄封十分罕见。

再说"胶东军邮"戳记。胶东军邮邮戳从存世的实寄封来看，主要使用在1945年9月至1947年2月这一年半的时间里，由于行用时间短，又不是在整个胶东区内普遍使用，所以存世的实寄封也极为稀少。那么胶东的军邮机构的设立是从什么时间开始的？目前没有见到专门的史料。

胶东的军邮机构设立较早，但它不是独立的军邮机构，而是依附地方战邮局，由于战时局势不断变化，战邮局也时撤时设。抗战胜利后，烟台成为八路军解放的首个港口城市，胶东区出现了暂时的和平稳定局面，据有关资料记载，为了规范胶东区党政军军邮机构，胶东战邮局与胶东军区协商，决定在军事单位建立正规的军邮机构，即随军邮站（局），并刻制了胶东军邮邮戳。

这些随军邮站（局），实际上是战邮局派驻军事单位的军邮机构，专门为这些军事单位服务的。人员由胶东战邮局派出，业务主要由战邮局领导，工作上接受部队和战邮局双重领导，除了邮戳为"胶东军邮"以示区别，其它邮政单式、表册、手续等都与战邮局相同。

军邮站（局）的设置范围包括：主力部队团一级；军分区以上的地方部队和军事机关；实行军事化管理的胶东区党委、胶东行政公署、各海区党政机关等。

1945年1月，为了适应战时通信的需求，根据山东战邮总局在下属管理局设立军邮站的指示，原在胶东区战邮局工作的彭宾，来到胶东区党委试办了胶东第一个军邮站，与区党委收发股一起办公，他任收发员，刘开文等两人任交通员。军邮站主要是收寄和投递区党委、行署、司令部等区直属单位的邮件。由于胶东区战邮局是跟随区行署机关一起驻防，与区各直属机关距离很近，原由区管理局直投的邮件，再由军邮站转递，实际上增加了邮件投递时间，故于7月撤销了军邮站，人员撤回管理局。

胶东军邮戳沿用了胶东战邮戳戳式，只是把"战邮"改为"军邮"，从已发现的胶东军邮实寄封来看，以"G"编号居多。

回头再看这枚封，封面左边红色加盖部队番号条形章，虽然有的地方字迹欠清，但仔细辨认，仍可看出是"陆军第十八集团军山东胶东军区第二军分区福山独立营"，福山当时属胶东军区北海军分区，序列为第二军分区。福山独立营成立于1938年末，根据中共胶东特委决定，将福山县五支队、栖霞县六支队、黄县三支队合编，改称八路军山东纵队福山独立营，兵力400多，长期活动在牟福、蓬福、栖福边缘地区。1945年9月16日，在莱阳城西至泊村北小寺庙，福山独立营部分连队与胶东军区特务营共同组建胶东军区特务团，福山独立营入编连队编为特务团二营。

封背加盖有五枚邮戳，其中有两枚紫色胶东军邮戳。因信封用较厚的牛皮纸糊制，黏合处重叠厚薄不一，两戳又都是骑缝加盖，造成两戳都是一部分清晰。一个上半部"胶东"清晰（图3），一个下半部"军12/G邮"清晰（图4），中间日期部分不好辨认。虽然邮戳不全，但字迹清晰、棱角分明，几乎没有磨损，可见此戳启用时间不长。此戳还有一个特别之处是：上半部文字右读，下半部左读。另有一枚"栖东战邮"中转戳（图5），时间是"34.9.28"（1945年9月28日），"福山战邮"到戳（图6），日期是"34.9.29"（1945年9月29日），还有一枚邮戳盖在封口处，因拆信时撕去封舌，仅留下个月牙儿，但可见"G邮"（图7）字样，应是"战邮"中间夹了个"G"，具体哪里使用不可考。

图3   图4   图5   图6   图7

福山独立营寄出的信件为什么加盖了胶东军区使用的"G"字编号的胶东军邮戳呢？因该封存有原信，因此解开了谜团。内容如下："母亲大人膝下敬禀者身体康泰，祝你安好！今来此信无有别事，只从烟福攻克以后，由全连升级到主力军区特务团二营六连，一切生活比在福山都好，工作适合。儿在队学习积极，身体健康，望母亲不必挂念，家中如有困难事情，就到政府去解决。专此 敬请福安。八月廿日（图9）"此信无标点符号，为本文笔者所加。

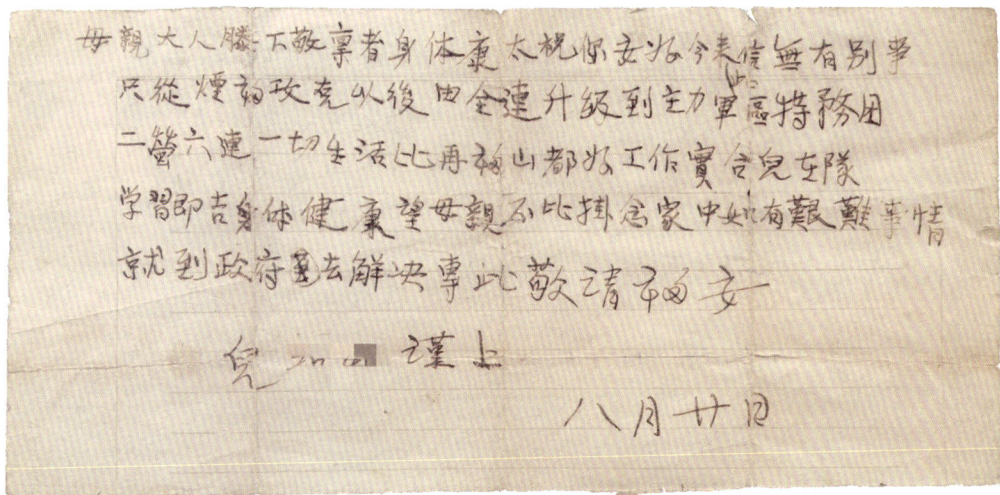

图9

信中的"攻克烟福"，"烟福"指烟台、福山。1945年8月15日日本宣布无条件投降后，盘踞胶东的日伪拒不向胶东八路军投降，八路军遂发起全面攻击，先收复烟台周边的福山、牟平等县，于8月24日解放烟台市。信中的"主力军区"指胶东军区，当时驻莱阳。9月16日在莱阳组建的胶东军区特务团，寄信人所在的福山独立营部分连队入编。信末所标日期"八月廿日"为农历，阳历为9月25日，此时离独立团成立不到十天，为寄信人写给母亲的报平安家信。由于独立团刚刚成立，部队番号章可能没有刻好，所以加盖了原部队的番号章。

此信写于9月25日，虽胶东军邮戳日期不清，但从"栖东战邮"中转戳日期为9月28日判断，胶东军邮戳日期应为26日，胶东军区特务团驻地莱阳城距栖东县驻地马陵冢约70公里（现距，实际距离还要长许多，下同），邮程应为2天。栖东县距福山约30公里，邮程为一天。图10为邮路指示图。

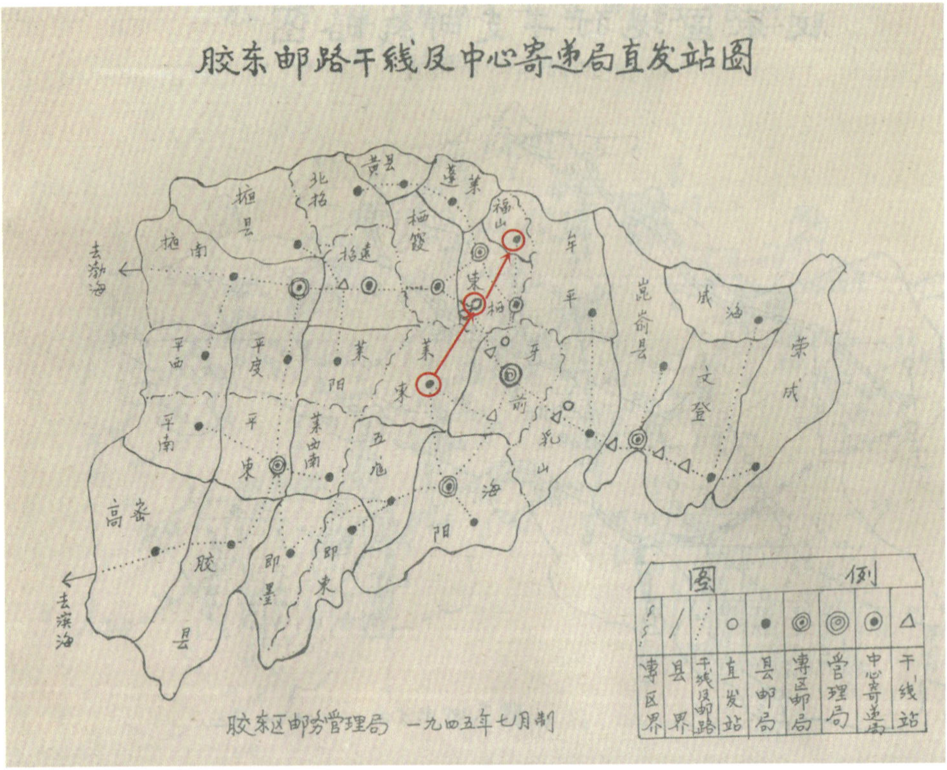

图10

从目前存世的实寄封中可以看出，"胶东军邮""优抗函件"戳记早期实寄封上均为紫色加盖，后期改为黑色加盖。

2001年出版的《中国人民解放军军邮史图集》也收录了一枚胶东特务团寄出的封，其上也加盖有一枚胶东军邮"12/G"戳封，寄信单位是"军区特务团炮兵营一连"，这里的"军区"特指胶东军区，依据随军邮站（局）在团以上单位配置的原则，基本可以确认胶东军邮"12/G"编号戳是胶东军区特务团随军邮站所用。

邮路不同的两枚"优抗函件"封

1945年终，胶东军区特务团二营卫生所的一名战士，分别于12月2日（图1）和12月26日（图2），给同一人寄了两封信，收信人是"东海文东天福山区前北风口村 李德贤"，两封信前后相差只有24天，但邮路却不相同。

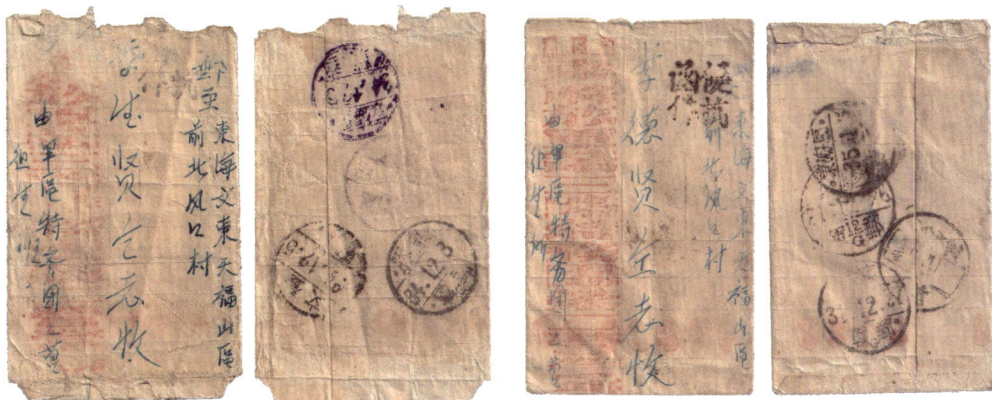

图1　　　　　　　　　　　　　　　　图2

两枚信封都是用日商旧记账纸，反过来糊制的，尺寸相同，巴掌大小，符合胶东战邮信封长3寸、宽2寸的标准。在手写寄信地址下面，预先盖有部队番号条形章，印文为"山东解放军第三路特务团第二营营部"，右上角盖"优抗函件"免资戳。

1945年9月16日，胶东军区特务团在莱阳城西至泊村北小寺庙召开成立大会（图3），该团由胶东军区特务营

图3

和福山独立营等共同组建,福山独立营编为特务团二营。任命巫金锋为团长,丁钊为代理团政委兼政治处主任。

巫金峰(1914—1994),江西南康人,1929年参加红军,1934年跟随中央红军长征,新中国成立后任西北军区炮兵第一副司令员、辽宁省军区副司令员等职,1964年晋升少将军衔。

胶东军区特务团是著名的十大猛虎团之一,1947年8月下旬,改番号为第13纵队第37师109团,该团在1948年9月16日的济南战役中,舍生忘死,成功打开突破口,为部队进城开辟了道路,被授予"济南第二团"荣誉称号。1949年10月"济南第二团"参加漳厦战役后,常驻漳厦地区,守卫着祖国海防前哨。

"济南第二团"团歌唱道:"我们团在莱阳城诞生,攻打济南城打出了威风,跨过长江挺进福建,一往无前百战百胜,无数模范无数战功,济南二团多么光荣!我们团在战斗中前进,鲜红的军旗上有我们姓名,继往开来建功立业,年轻一代一代英雄,保卫祖国奔向未来,济南二团勇当先锋!"

1945年8月15日,八路军山东军区司令员兼政治委员罗荣桓等提出部队番号改称"人民解放军",山东军区机关称山东解放军总部,胶东军区为山东解放军第三路。

庆幸的是,这一对信封在老账本对折的筒子页里发现,战士一月写两封信,收信人估计是其亲属。1945年胶东地区解放,1947年国民党重点进攻山东时又陷敌手,这对信封藏在筒子页里得以留存下来。

再说收信地址,"东海"即"东海区",为抗战时期胶东划分的"东、西、南、北"四个海区之一(1945年曾短暂存在过"中海区")。"文东"即"文东县",1940年6月,文登县抗日民主政府成立,12月将文登析为文东(1945年更名文登)、文西(1945年更名昆嵛)两县。天福山是文登东部的一座山,位于文登城区东20公里。抗战前期,该地曾是中共胶东特委的活动中心,特委书记理琪住在离天福山不远的沟于家村,领导胶东人民开展抗日救亡运动,组建人民武装,西进抗日,亲自撰写了《告胶东同胞书》。1937年12月24日,中共胶东特委在天福山上举行了威震胶东的天福山起义,创建了胶东第一支抗日武装——

山东人民抗日救国军第三军。抗战时期，此地为文东县天福山区，前北风口村即属于该辖区。

再看背面邮戳，两封分别都盖了4枚邮戳。图1邮戳分别为"胶东/34.12.2/军12/G邮"（欠清可辨）"胶东/34.12.3/战G邮""东海区/34.12.5/战K邮""文登/34.12.5/战X邮"；图2邮戳分别为"胶东/34.12.26/军12/G邮""胶东/34.12.27/战G邮""东海区/35.1.5/战K邮""山东/三十五.一月.六日/大水泊"。

可见，两封前三枚戳式相同，收寄戳均为胶东军邮编号"12/G"戳。胶东军邮机构是胶东战邮局的派出机构，受战邮局和部队双层领导。1945年初开始在胶东区党委试办第一个军邮站，下半年开始推广，但并未在胶东全区铺设。从已发现的胶东军邮实寄封来看，胶东军邮站（局）主要开设在两个地方：一是胶东区党委、行署机关及胶东军区直属部队，二是西海军分区。编号"12/G"军邮戳，即为胶东军区特务团军邮站用戳。

当时，胶东军区、军区特务团、胶东战邮局均驻莱阳，信件加盖"12/G"军邮收寄戳后，第二天转到胶东战邮局，加盖管理局"G"字中转戳（"G"为拉丁文"胶"字拼音首个字母），然后一路向东，转往东海区战邮局。东海区公署和东海区战邮局驻地为昆嵛县葛吕集（现威海市文登区葛家镇），两封都加盖有东海区战邮中转戳。

两封不同的是第4个戳（即到达戳），"34（1945）年12月2日"寄出封，到达戳为文登战邮戳（1945年1月，文西改称昆嵛县，文东改称文登县、驻地在高村镇），而12月26日寄出封到达戳则为山东大水泊（现威海市文登区大水泊镇）。

莱阳到文东（文登）县距离约170公里，封1邮程3天，封2邮程11天，其中特务团到胶东战邮局邮程都是1天，到东海区战邮局邮程封1为两天、封2则为9天，东海区再到投递局邮程封1为当天、封2为第二天，可见邮程主要差在胶东区与东海区战邮局之间，具体原因不可考。图4为封1邮路图（1940年山东省邮路图拼接）。

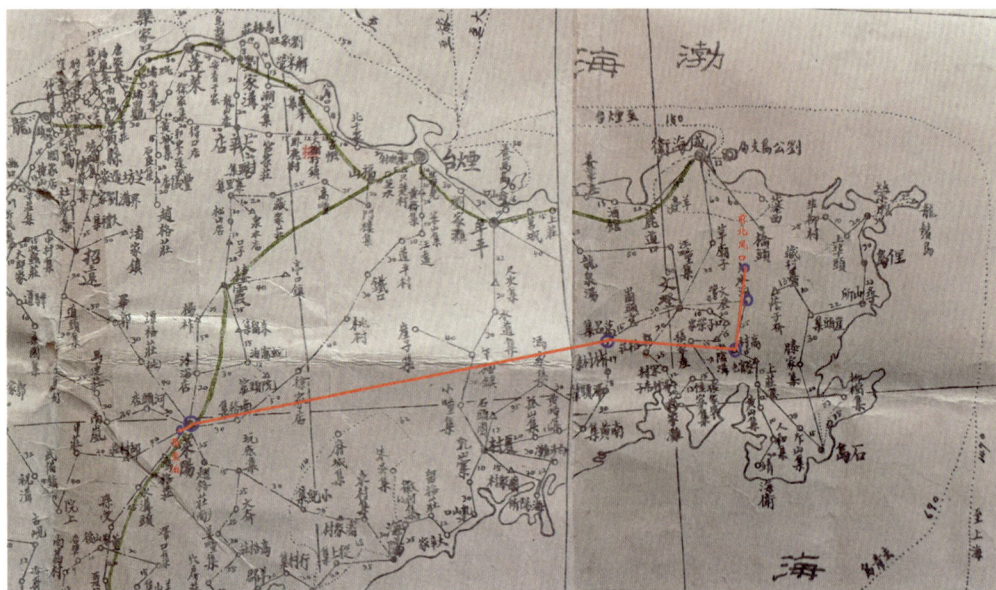

图 4

为何寄出时间前后相差只有 24 天的两封信，邮路却不一样呢？据《文登邮电志》记载："1946 年，文登县（高村）邮政局设大水泊邮务所。初期，该所不对外营业，仅负责党政机关公文、平信传递。1947 年，开始办理简易汇兑业务。1948 年，晋升为大水泊邮政局（四等局）。1949 年底，开始办理民间信函业务。1950 年，文登县邮局由高村迁驻大水泊，原大水泊邮政局撤销。1956 年 3 月 26 日，文登县邮电局与昆嵛县邮电局合并，局机关驻文城，复设大水泊邮电支局。"

可见，第二封信到达文登后，正好赶上大水泊邮务所开办，而部队信件属于其业务范围，故由大水泊邮务所投递。

寻找"张世寿"
——一本胶东战邮裸寄的《支部生活》

偶然收集到的一本胶东战邮裸寄《支部生活》，因为邮戳不甚清晰，收件人信息无从查询，加上历经七十余年，地名区划隶属变动多次，所以，有关这本书以及收件人的情况一无所知。为了弄清原委，笔者先后多次到烟台图书馆查阅资料，又专程到收件人所在的原招北县寻访。

裸寄的北海区《支部生活》

抗战时期，中共胶东行署设立东、西、南、北海四个专署（1945 年曾短期成立过中海区专署，抗战胜利后中海区专署撤销）。北海区专署编印的《支部生活》杂志，为北海区党员读物，为了便于战时携带和隐藏，尺寸约 12.6 厘米 × 8.6 厘米，只有巴掌大小。

笔者收藏的这期《支部生活》（图 1、2）为总第 34 期，封底注明"党内读物""册数：5800""材料费：三元八角"及出版时间"一九四六年 月 日"等内容。在封面特别注明"秘密"字样，并下画两道波浪线。

笔者查阅了有关资料，能查到的临近几期的《支部生活》的出版时间分别为：

33 期，1946 年 3 月 30 日；35 期，七一特刊；36 期，1946 年 7 月 6 日；37 期，1946 年 9 月 12 日；38 期，1946 年 11 月 15 日。

从这几期的出版时间可以推断出，基本上两月一期，1946 年 1 月应有第 32 期，这样年内共出版 7 期（包含一期"七一特刊"），所以北海区的《支部生活》应该为双月刊。

其他几期《支部生活》的出版时间具体到了年月日，独有这本 34 期只标注了"1946年",而没有标注具体月日时间,但根据双月刊的出版周期分析,出版时间应在5月底、6月初。本期的主要内容,为向陕甘宁边区劳动英雄吴满有学习的材料。

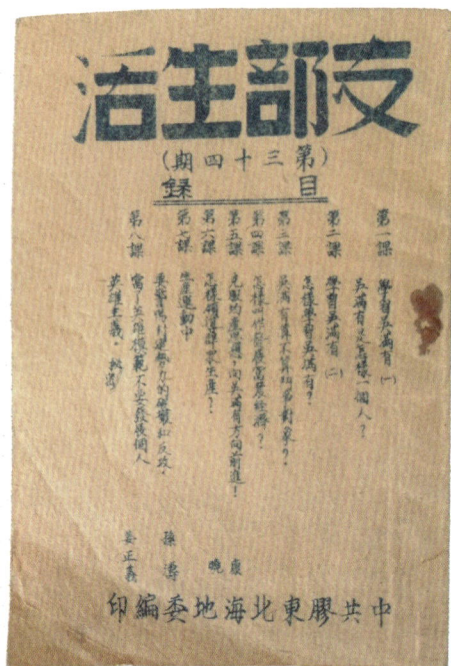

图1   图2

书的封底,写有收件人名址"日升区村／张世寿同志收／桃园街45本",贴有山东战邮1945年底发行的朱德像5角邮票3枚,合计1.5元。山东战邮1946年1月1日起执行新闻纸类起重(1两)资费5分,此件共有45本,合计邮资1.5元。邮票盖销有两枚邮戳,日期部分基本可以辨出为左读"35.6.14",即1946年6月14日,故第34期《支部生活》应出刊于6月初。邮戳地名部分欠清,对照资料上的邮戳,上半圆应为左读"招北"、下半圆为"战邮","战邮"中间为字母"X",即"县"字拉丁文拼音首个字母,代表县级战邮局。

此批寄给张世寿的《支部生活》可知总共45本,打成一捆,地址写在最上面那本上,邮票也贴在此本书上。所以,邮寄的书虽然有45册之多,但贴票盖戳的只有这一本。如有中转戳和到达戳,按规定盖在背面,也就是这捆书最下面的那本背面。由于这种特殊的邮寄方式,加上战争环境,所以,胶东战邮裸寄书籍能留存下来的极为少见。

"张世寿""张锡寿"与"张锡绥"

1941年1月1日，为了适应当时的形势需要，将原招远县一分为二，招远县城以北地区设置为招北县，南部为招远县（习称招南县）。招北县先后划分为11个区，抗战胜利后将序数命名的区改为以地名命名，1951年招北县和招远县合并为招远县。招北县存续时间虽然只有10年，但却为革命胜利作出了较大贡献。抗战时期曾通过秘密通道，向延安运送黄金13万两，是共产党抗战时期重要的经济来源之一；全县先后有几万青壮年参军、几万民工支前，是胶东著名的参军支前模范县；全县累计有几百名优秀儿女北上南下，为革命输送了大批干部。

1942年11月，招北县战邮局在丛家村成立，抗战胜利后，招北战邮局与县政府进驻杜家集。

查中共招远县组织史料，在第七分区中查到张世寿的名字，1943年1月至1944年6月期间任招北县第七分区宣传委员。七分区位于招北县最北端，北面与黄县（今龙口市）接壤，周围为招远黄金主产区。

在招远党史资料中再未查到有关张世寿的记载。进一步查找资料，查到与张世寿名字读音相近的还有两个人，一位是张锡寿，1944年1月至1945年12月任共产党招北县埠南张家村支部书记（时称指导员），另一位是张锡绥，1947年5月至1948年10月任招北县张画分区委副书记。网上查询，查到一段与张锡绥有关的文字是"1949年6月2日，青岛解放，青岛市军管会文教部派张锡绥接管水族馆"。

埠南张家村当年正属于招北县七分区辖区村，张世寿任七分区委员与张锡寿任村支部书记时间有重叠，村支部书记可能兼任分区委员，估计同一人的可能性较大。抗战胜利后，张世寿调任招北县罗山、张画分区任职也是极有可能的，而张画和罗山分区与原七分区为相邻区。在胶东方言中，"世"与"锡"同发"Xi"音，"寿""绥"同发"Xiu"音，所以，张世寿、张锡寿、张锡绥为同一人的可能性极大。

随后，笔者走访了招远市埠南张家村，得知张世寿、张锡寿、张锡绥为同一人，确切的名字为"张锡绥"。名字不同，一是战时为了保密需要有意为之，另外一个原因是根据发音写的。

"二牙山"——埠南张家村

埠南张家村现属招远市张星镇，约 300 户，人口 1000 左右。该村自古崇文尚武，清末出过文秀才张炳辉、武秀才张镇川。村中央有一条东西大道，早年曾是招远北部的一条交通要道，通达三县，东面直通罗山金矿，村南有月牙河。抗战时期，胶东八路军和民兵常在路上打伏击，拦截鬼子的运金车辆。由于特殊的地理位置，加上群众觉悟高，这里成为共产党的抗日"堡垒村"。

早在 1936 年，本村青年学生张干（又名张谦恒），在北平参加了共产党，后回本地开展工作。1938 年 2 月 23 日，在村里秘密组织了革命团体"读书会"，他利用竹林寺小学教员的身份做掩护，开展抗日救国宣传活动。1941 年 1 月，为了开辟这一地区对敌斗争的新局面，招北县委派宣传部长陈挺到埠南张家村与党员张益正取得联系，秘密成立共产党分区委员会，陈挺任分区委书记。该村首批就有包括张锡绥在内的 11 人入党。

为支持革命，村里很多优秀青壮年踊跃参军，许多牺牲在战场上，不大的村子参军 47 人，其中有烈士 18 名，17 人光荣致残；同时这个村也是支前模范村，参加担架队支前 50 多人；村里的民兵在对敌斗争中也发挥了重要作用，民兵队长张春玉是一位闻名遐迩的女英雄，被北海军区授予"爆炸英雄"称号。

牙山是胶东著名的抗日根据地，埠南张家村当时被称为"二牙山"。抗战时期，当地流传着"打开二牙山，一溜儿火线到东山"的顺口溜，意思是能把埠南张家村制服了，就可以控制招北的抗日力量了。

88 岁高龄的张锡林是张锡绥的叔伯兄弟，回忆起当年的往事，仍然十分自豪，饶有兴趣地给大家讲述了几个当年的故事。由于周围只有这个村子拒不缴纳日伪的公粮，敌人对其恨之入骨，被日伪清洗多次。1945 年春，因与张星炮楼仅一罅之隔，日伪几乎天天到村子扫荡，民兵及村民与其英勇斗争了正好七七四十九天，打死打伤日伪 20 多人，直到听说日本人投降了，乡亲们才返回村里；由于经常"跑鬼子"（即躲避鬼子扫荡），村子里的牲口，只要套上缰绳，不用牵拉，就会自动"跑石窝"（即到山上石头坑或山洞里躲藏）；过去农村炕上虱子多，一位村民临睡前把炕上的席子卷起来，到村南月牙河边拍打虱子，这一拍打不要紧，听见声响，警惕性很高的村民，以为鬼子又来清乡了，赶紧往山上跑，拍打席子的老乡还不知是自己惹的祸，也随着人流上了山。

"跟共产党走没有错！"

由于张锡绶已无直系亲属在村里，无法了解到更多情况，经村民指点，笔者来到与埠南张家村东邻的蒋家村，张锡绶是蒋家村现任支部书记蒋学林的姑父，现年 67 岁的蒋学林也是从父辈那里听到有关张锡绶的一些往事。

张锡绶出身于一个富农家庭，当时在位于丛家村的竹林寺学校里任数学教员。丛家村位于埠南张家村北约七华里，张锡绶常常扛着一条老枪，沿着疃后河沿前往学校。

竹林寺位于丛家村东北，旧时竹林环绕，寺后石峰兀立，山泉汇聚，为当地名胜。清顺治（1660）年间的《招远县志》记载："环寺皆山也。山多洞穴，玲珑嵌空，或如数间屋，或如曲径幽房。好事者秉烛探奇，终不能尽。"清道光（1845）年间的《招远续志》收录张晖《游竹林寺》诗一首："竹外风清树色凉，野花开处颇闻香，一泉侧吐悬崖细，两岸横吞卧柳长。曲径僧来云宿洞，疏林樵去鹿眠冈，贪听鸟语忘搜句，辜负奚童背带囊。"从这些记载中可见竹林寺独特的地理环境，这也是当年招北战邮局及分区机关设于丛家村一带的缘由。

1931 年，出卖 38 亩竹林寺庙产，国民党第七区在寺里办起区内第一所高等小学，设两个高级班，招生 80 人左右。1939 年 2 月日寇侵占招远后停办，大部分学生参军参政。

张锡绶那时已秘密加入共产党，他的父亲曾担心地问过儿子："共产党能行吗？"他坚定地回答父亲："跟共产党走没有错！"

抗战胜利后，张锡绶能够查到的最后任职是招北县张画区委副书记（1947年5月至1948年10月），此后，被共产党秘密派往国统区的青岛做地下工作，村里传说有人在青岛看见过他，一身乞丐打扮，后来青岛解放，又有人看见他骑着高头大马。青岛解放后，张锡绶又南下了，最后的工作单位是在山西太原的冶金部门担任党委书记。由于招北是招远黄金主产区，招北的干部或多或少掌握了解一些采矿和冶金技术，所以，招北出去的干部，许多都在冶金部门担任重要职务。

消失的"桃园街"和"日升区"

随后，笔者又来到当年招北县委所在地杜家集，现杜家集分为杜家东、西、北三个村，据说早年杜家集分为东西南北杜家四个村，俗称"四杜村"。杜家集建村于明洪武二年，村里原有五百年以上树龄的大槐树三棵，现存两棵，明清时期这里就是东来西去、南来北往的交通要道，为商贾聚集之地。

杜家集现存多条老街，老街两旁的古宅，依稀可见当年的繁华。当年街上仅黄酒铺子就有十三四家、钱庄票号十几家，街上两层的小洋楼有五座之多。至今在各类收藏品网站上，常见有关杜家集的钱庄票以及商号商标。清朝末期街上已设立邮政代办分局，图3是当年代办分局旧址，屋山小窗是为方便夜间服务所开，图4为1911年杜家集邮政代办分局使用过的单据。

1932—1938年民国政府在此设杜家镇，抗战胜利后招北县政府将县治设于此。原招北县政府办公楼，就在街上一个被称为"杏花村"的两层小楼，原楼主是

图3

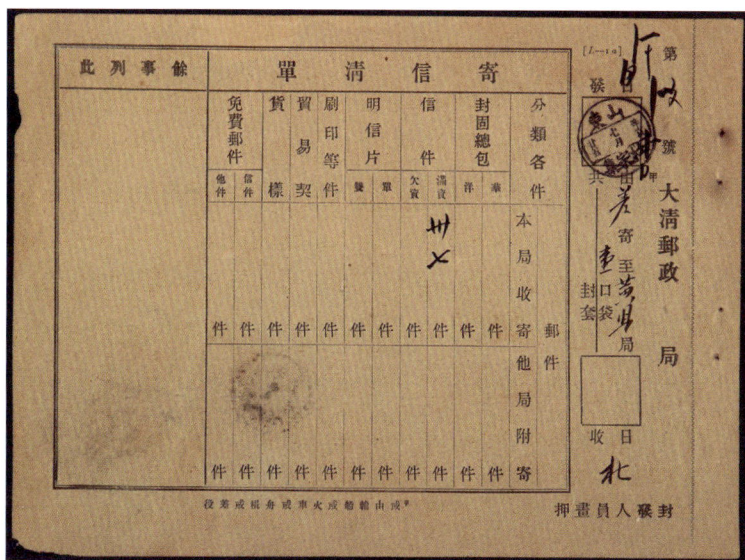

图 4

当时国民党杜家镇镇长杜星耀，小楼早已拆除，原址盖了民宅，紧靠民宅的是一颗据说有 500 年树龄的老槐树。据村民回忆，当年县政府的一些机关也在周围，包括招北县战邮局。抗战胜利后，几座两层小楼也分别成为税务所、北海银行、教育所等的办公所在地。

据村民介绍，由于界河和钟离河分据村子东西，在村北合流，因旧时河上无桥，发大水时常常交通不便，信息传递不灵，故招北县撤销后，后来的乡镇一级政府驻地也不在此设立，杜家集也由原来的招北经济文化中心逐渐成为几个普通的村庄，人们只能从老街古宅中，遥想往昔旧事。

书的寄出地址"桃园街"，从时间上与隶属关系上分析，应从招北县政府驻地杜家集寄出，"桃园街"应为杜家集旧时地名。遗憾的是，寻访村民，无人记得镇上曾经有条桃园街。

前面提及的收信地址"日升区村"，但遍查招远并无此村名，也没有成立过此区，连同无人记得的"桃园街"，是否虚拟地名呢？胶东抗战期间，为保密需要，确实有以"化名"代替真实名称的，并有此类实寄邮品存世。如有收件地址为"六路""×线"等虚拟地名的裸寄书籍存世。

1946 年泰安寄青岛的国共通邮航空实寄封

　　1946 年 6 月，根据中共中央指示精神，山东军区做出夺取泰安等地的战略部署。1946 年 6 月 7 日，攻克泰安的战斗打响，经过三日四夜的激战，6 月 10 日泰安解放。1946 年 8 月 17 日，泰安府圣公会的传教士向青岛汇丰银行寄出了一封信件（图 1），封面贴山东战邮火炬图 5 分加盖改值"暂作伍元"邮票一枚，但邮票被涂抹，盖销"山东／卅五年八月十七／泰安"三格式小圆戳，右上角贴航空标签，封背有青岛 8 月 30 日到戳，还加盖有一醒目的红色椭圆形"C.P"小章（图 2）。

图 1　　　　　　　　　　　　　图 2

　　青岛当时属国统区，显然这是一枚国共通邮封，几年前笔者曾撰写《寄往国统区的山东战邮"火炬图"实寄封》一文。但对于该封为何贴 5 元邮票，国共双方邮件是如何交接的，又是如何通过航空邮寄的，这些疑问由于当时笔者接触资料有限，文中并未给出答案。

　　笔者一直关注这段邮史，所幸通过这几年的考证，又陆续发现一些新的资料，整理出来求教于方家。

　　泰安解放后，战邮局亦迅速入城，由局长孙敬远和吴健民接收泰安中华邮局。当时的中华邮局局长是李孚易（兼管邮票），还有邮务佐及邮差计五六人。

李孚易把保险柜钥匙交给了孙敬远，孙局长向他们宣布了共产党的政策："留者欢迎，保留原职原薪；走者欢送，发给路费。"

随后，泰安战邮局全体人员全部移驻泰安城，邮局办公地址设在西门外原国民党县长家里（国民党县长全家已逃离），与原中华邮局人员合署办公。后来，李孚易也跑掉了。

吴健民和邮务佐李某某负责营业，由于业务量增加，当时没有邮票可售，就只能收钱后盖"邮资已付"戳记，该戳由股长焦文广保管，把信款交付后，由焦文广清点信件加盖戳记。后来邮票能够及时供给，才取消"邮资已付"戳记。

吴健民在回忆文章中写道："当时发往济南的邮件，由原中华邮局的人员，两人一伙步行送去。"通过这段文字可知，当时国共已经通邮，泰安发往济南的邮件由泰安原中华邮局两人步班送往。

抗战胜利后，民众要求国共通邮的呼声越来越高。1946年1月10日，国共双方在重庆签订《停战协议》，1946年2月，国共双方在北平开始通邮谈判。山东省邮政管理局于1946年2月即时通令全省各地邮局，准备随时与国统区恢复通邮。

1946年3月15日的苏皖边区交通总局扩大会议决议中，就规定解放区邮局自4月1日起，不再出售"中华邮政"邮票，5月1日起，寄往国统区邮件不再贴用"中华邮政"邮票，一律贴用边区监制之"苏皖邮政"邮票，同时规定了国共通邮邮件中心转口局和小转口局。

1946年3月22日，中华邮政总局《交通部邮政总局关于停止冲突、恢复邮政的密训令》中规定：关于停止冲突，各地应即恢复邮政交通及共党方面设"交通局"等通信机构未撤销前，其送来邮件暂予照常经转投递，如贴用共党邮票，予以涂销，并于投递时，向收件人补收资费，粘贴邮票盖销，暂不按欠资加倍罚收。

1946年5月14日，在《交通部邮政总局关于涂销共党邮票，不再补收邮资的密训令》中强调：交通部35年5月7日邮字第218号指令，开"所拟对贴足共党邮票之信件，仅将其邮票涂抹，不再向收件人补收邮资一节，应予照准"等，因合行令仰知此照令。6月7日又补充指令：范围应以国内邮件为限，对于贴用此种非法邮票之国外邮件一律不予转递，仍予退回，以免影响国际视听。

由上可见，1946 年 3 月开始，国共已实现通邮。但从中华邮政密训令中可以看出，国民党方面对解放区邮件，先后采取了涂销（涂抹、盖销）不承认邮资加倍罚款、涂销不加倍罚款、涂销不罚款等几个阶段，这在此时期解放区寄国统区邮件中都有体现。针对国民党方面的阻挠与干扰通邮行为，共产党多次严正交涉与抗议，这与共产党为了方便民众，承认中华邮政邮票和邮资，一律转递的做法形成鲜明对照。

该封贴用的是山东战邮 1945 年发行的火炬图加字改值"暂作伍元"邮票，而当时山东邮政管理局自 1946 年 6 月 23 日始执行的邮资是平信 2 元（北海币，下同），但为何该信贴用 5 元邮资呢？

前面提过，泰安刚解放时，由于邮票未及时运来，先期只能加盖邮资已付戳记，但该信寄出时间在解放两个多月后的 8 月份，邮票短缺的问题已经解决。同时贴用各自币值的邮票及执行各自相关邮资，也是国共双方都认可的，为何要贴用超值邮票，这是与信件上的"航空"标签有关。

泰安战邮局基本完整接收了原中华邮局的原班人马，当然也接收了有关票证，熟悉民国邮品的集邮者可以看出，这个航空标签，就是当时中华邮局使用的。在确认能够寄更快捷的航空信函的情况下，用邮者选择了航空寄发，并加贴航空标签，否则，没有必要贴用航空标签。

当时解放区不可能有航空资费，只有国统区有此资费，也就是说，要寄航空信件，只能参考国统区资费。原中华邮局人员对国统区航空资费是了解的，泰安解放后应该也有发往国统区的航空邮件。

由于当时山东解放区使用北海币，要换算成法币计价的邮资，就有一个兑换比值的问题。

查当时中华邮政执行的邮资，1946 年 5 月 1 日至 1946 年 10 月 31 日，信函初重 20 克资费 20 元（法币，下同）、航空每 10 克 30 元。观此封尺寸偏小，重量应在 10 ～ 20 之间，那么对应的信函加航空资费分别是 50 元（10 克）和 80 元（10 ～ 20 克）。

再查有关资料，1946 年八、九月间，北海币与法币兑换比值 1 ∶ 15，北海币 5 元相当于法币 75 元，基本接近 80 元，即 10 ～ 20 克航空信函的邮资。

1946 年，"中航"和"央航"在青岛共辟有 7 条航线，其中"中航"5 条、"央航"2 条，通航城市南至上海、南京，北至天津、北平，西至济南、徐州等，青岛与济南之间的航班每周都有。

此封由泰安府圣公会寄出。1874 年英国圣公会传教士史加乐、林披吉来山东传教，1878 年圣公会发展到泰安，1886 年在泰安灵芝街购地建教堂、钟楼、牧师楼等，至 1948 年仍有中国牧师马嘉乐作为圣公会会长在此牧会。

青岛汇丰银行，开业于 1912 年 1 月，1941 年太平洋战争爆发后，被日军作为敌产接管，停止营业。抗战胜利后，1946 年 8 月该行恢复营业。该信正是在青岛汇丰银行恢复营业的同月寄出的，估计教会迫不及待的需要联系资金事宜，故以航空信件寄发。

泰安当年没有机场，发往青岛的航空信件，只有就近送往济南，通过济南至青岛航班发送。当时内战硝烟又起，邮路不畅，此信步班送至济南，再等待航班寄青岛，邮程 13 天，在当时情况下，也算快捷了（图 3，邮路示意图）。

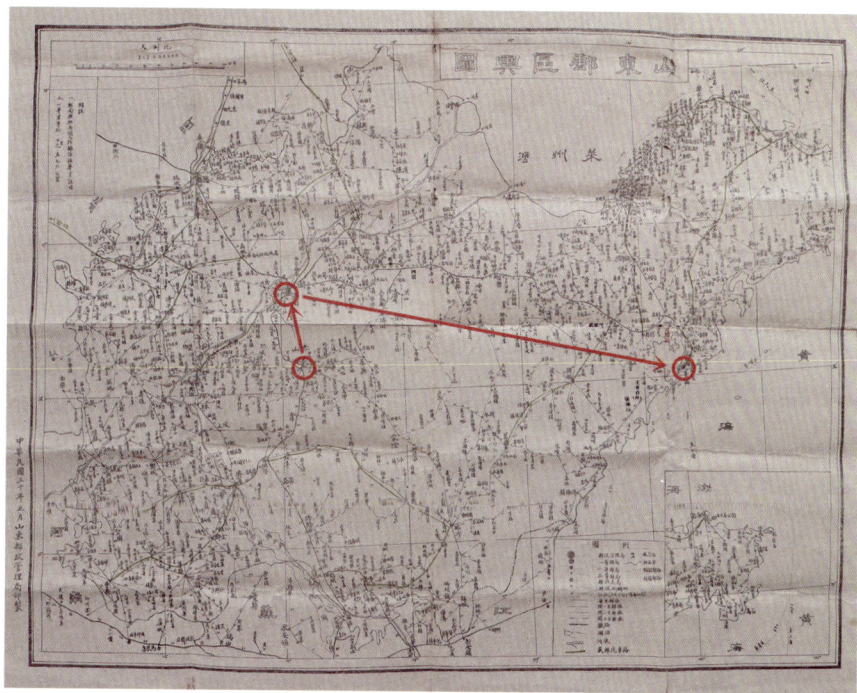

图 3

最后再说下那个红色"CP"小戳，虽然未见同样的实寄封存世，但同样的小戳还出现在一枚山东一版毛像伍分双联信销票上，戳式基本相同，只是加盖颜色为黑色。"CP"常见的含义是"Communist Party"，即共产党的英文缩写。该戳应为中华邮局所为，意即此邮件来自解放区。

早在 1923 年，烟台第一位共产党员、烟台海军学校学员郭寿生在给中共中央的隐语信件中，即以"SY"代表中国社会主义共青团，"CP"代表中国共产党。"CP"作为共产党的英文缩写，早期在很多场合被使用。

综上所述，这是一枚少见的 1946 年国共通邮时期、北海币与法币币值兑换、按中华邮政资费、由解放区寄往国统区的航空信件。

1946年泰安第一次解放期间的航空邮件之谜

1946年6月至1947年2月，泰安城第一次解放期间，已知有10枚自泰安寄出的国共通邮封存世。这10枚封寄出时间集中在1946年，其中早期两枚为盖"邮资已付"戳无票封，其余8枚均贴山东战邮改值邮票；10枚封中，除寄济南两枚为步班外，其余8枚均为航空邮寄。那么，这些解放区邮件是如何通过航空邮寄的呢？

泰安历经五次解放

1945年8月15日，日本宣布无条件投降，但山东日伪拒不向八路军缴械。随后，山东军区部队分五路向拒不投降的日伪军展开全面反攻，经4个多月的连续作战，歼灭日伪军12万余人，解放了除济南、青岛等少数大城市以外的山东大部地区。

泰安距离山东省会济南70多公里，由于地理位置特殊，抗战胜利后，泰安先后经历五次解放。

1946年6月7日，新四军第一纵队三旅改打泰安城，至10日，泰安城第一次解放。1947年2月，国民党陆军总司令顾祝同率国民党军攻占泰安。4月22日至26日，华东野战军在泰蒙战役中，全歼盘踞泰安的国民党军共2万余人，泰安第二次解放。之后泰安又被国民党第五军占领。1947年7月8日，华东野战军一部全歼驻泰安国民党军，泰安第三次解放。同年8月，泰安再次被国民党队占据。1948年5月30日，华东解放军山东兵团，在泰安及大汶口一线，击溃国民党军，歼灭1800余人，泰安第四次解放。1948年7月5日，济南增援兖州的国民党军吴化文部进占泰安至大汶口一线，15日，华东野战军在大汶口对吴部发起追歼战，毙伤俘虏9100余人，泰安第五次解放。

1948年7月16日,华东人民解放军确定"攻克济南",9月16日济南战役打响,经过八天激战,山东省会济南解放。

这10枚封的寄出时间,集中在泰安第一次解放的1946年7—11月这五个月时间里。

已知的10枚泰安国共通邮实寄封

图1

泰安第一次解放期间寄出的国共通邮封,已知最早的一枚,是加盖1946年7月10日北平到达戳的泰安圣公会公函封(图1,该图由《亚洲邮学家》卷13"1946年的鲁西南解放区"一文作者罗伦时、李吉士、Hugh LAWRENCE & Richard CATES提供,下简称"鲁文")。该封右上角贴航空标签,下方盖红色方形"邮资已付"戳记,该戳被黑色涂抹,另在封的正反面各加盖一枚"欠资"戳记。收信人为"北平南沟沿七号"的传教士,南沟沿七号为北平中华圣公会救主堂所在地,可见为教会之间的通信。因封上没有泰安收寄邮戳,结合其他封邮程,估计泰安收寄时间在1946年6月底至7月初。

第二枚封与上一枚封的收件地址同为"北平南沟沿七号"(图2,鲁文图),收件人为"教会司库"。该封左上角贴航空标签,标签下同样加盖一枚红色"邮资已付"戳记,但该戳未被涂抹,封面加盖两枚"欠资"戳记。该封同样没有泰安收寄日戳,但封背多了一

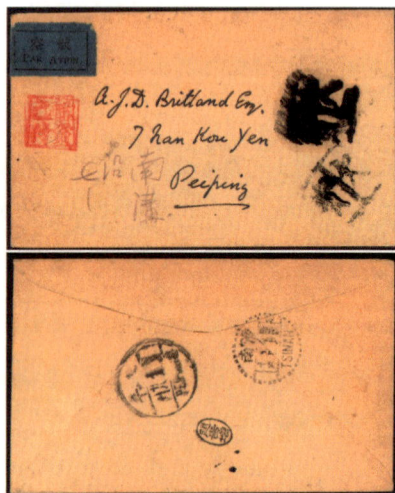

图2

枚济南中转戳，日期是 7 月 16 日，北平到达戳日期是 7 月 28 日。该封虽无寄出地址，但收信地址与上封相同，且笔迹相同，为泰安圣公会同一人寄出无疑。

按时间排序，第三枚封是 1946 年 8 月 2 日寄天津（图 3，保利拍卖 2019 年春拍）。该封为中式封，左上角贴航空标签，封背贴山东战邮"火炬图"伍分改值"暂作伍元"一枚，销票戳为"TAIAN/三十五年八月二日/泰安"右读三格式英汉戳，日期部分为左读，该戳没有时点字钉，在时点字钉位置有一矩形色块，应是固定字钉的木塞等物粘墨所致，另有天津八月十一日到戳，邮程 9 天。在天津邮戳右边有一枚椭圆形黑色小戳，戳内为大写英文"C P"。

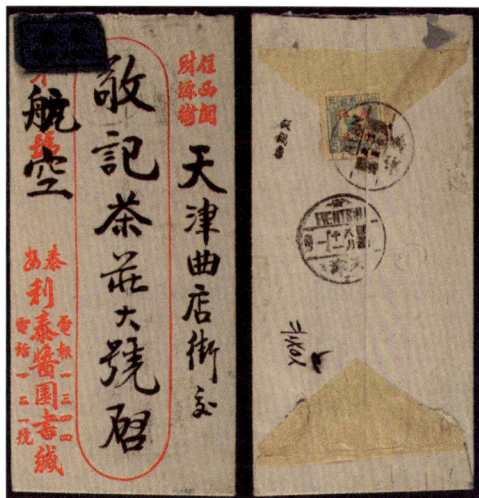

图 3

第四枚封是 1946 年 8 月 6 日寄北平封（图 4，鲁文图），该封同样为寄"北平南沟沿七号"中华圣公会救主堂传教士，与第一、二封为同一人寄出。该封右上角贴航空标签，标签左边贴"火炬图"改值"暂作伍元"邮票一枚，封背有北平 8 月 18 日到戳，邮程 12 天。泰安邮戳日期为左读。

图 4

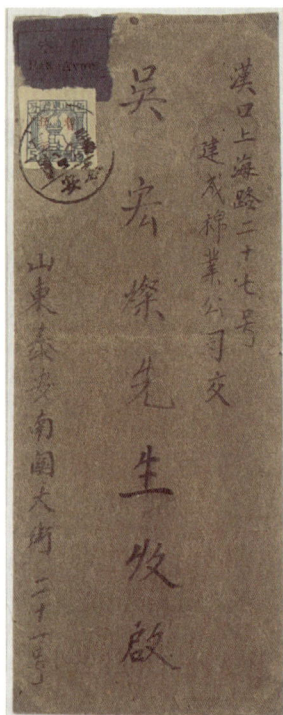

图 5

第五枚是8月13日寄汉口中式封（图5，网络图片），封面左上角贴航空标签，标签下贴"火炬图"加盖"暂作伍元"邮票一枚，封背有汉口8月19日到戳，邮程6天。泰安邮戳日期为右读。

第六枚是8月17日寄青岛封（图6），用封为泰安圣公会公函封，封面右上角贴航空标签，标签左边贴"火炬图"加盖"暂作伍元"邮票一枚，邮票被涂抹。该封收信人为青岛汇丰银行经

图 6

理，封背有青岛8月30日到戳，邮程13天。泰安邮戳日期右读，封背另有一椭圆形红色小戳，戳内有大写英文"ＣＰ"。

第七枚为9月12日寄上海航空封（见迈克尔·罗杰斯2003年拍卖，无图），上海到戳日期9月21日，邮程9天。

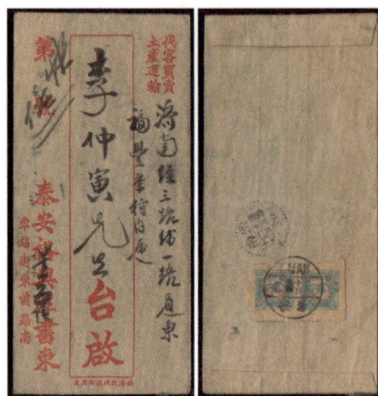

图 7

第八枚为10月3？日寄济南中式快件封（图7，赵涌拍卖），封背贴"火炬图"改值"暂作伍元"联票，邮资10元。泰安戳日期左读，有济南11月2日到戳。细观泰安邮戳，日期部分为"十月卅？"，泰安与济南相距70多公里，正常邮程应在2天左右，泰安邮戳日期应为"卅日"或"卅一"。

第九枚为11月11日寄上海西式封（图8），封面左上方贴航空标签，右上方贴"火炬图"

加盖"暂作伍元"邮票一枚，封背有上海11月18日到戳，邮程7天。该封收信人地址为"上海愚园路750弄5号"，背面上海戳内疑似"廿三"编号，愚园路为23和27支局投递范围。泰安邮戳日期左读，封背右下方有一椭圆形蓝黑色小戳，戳内疑似大写英文"C P"。该封从笔迹可以断定，与一、二、四、六为同一人寄出。

图8

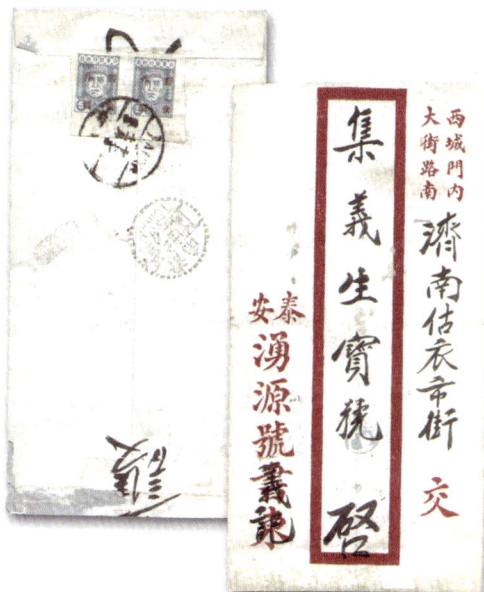

图9

第十枚为11月17日寄济南中式封（图9），封背贴山东战邮朱德像5分"暂作壹圆"两枚，有济南11月22日到戳，邮程5天。泰安戳日期为左读，封面另有一椭圆形蓝黑色小戳，戳内为大写英文"C P"。

这十枚泰安国共通邮封，跨度为6—11月大约五个月时间，早期两枚为无票"邮资已付"戳封，中间七枚封为贴"火炬图"改值票，最后一枚为贴"朱德像"改值票。销票戳疑为同一把泰安中华邮局三格式右读英汉邮戳，磨损较重，日期部分8月上旬为左读（两枚），8月中旬为右读（两枚），10月底至11月中旬为左读（三枚）。

其中4枚封加盖椭圆形"C P"戳，"C P"应为共产党英文"Communist Party"的缩写，意即此信来自"解放区"。此戳款式相同，先后加盖在寄往天津、青岛、上海、济南的封上，估计应为济南中华邮局所为。

泰安战邮局接管中华邮局

根据《泰安邮电志》记载："（1946年）6月，泰安城第一次解放，泰安县邮局进城接管了中华邮政局和电信局，接收邮局人员六七人（原有人员十余人），电信局人员全部逃离。"另载，当时"老百姓的信件寥寥无几，多数是党政事务邮件"。

参加接收的人员是泰安县邮局局长孙敬远（亦作孙敬源）和吴健民，吴健民在《关于泰安县战时邮局的回忆》一文中，详细记录了接受泰安中华邮局及开展工作情况。

他在回忆录中写道："由局长孙敬远和我去接收了'中华邮政局'。当时的'中华邮政局'局长是李孚易（兼管邮票），还有邮务佐、邮差等五六人。李孚易把保险柜钥匙交给了孙局长，孙局长对他们宣布了我们的政策：'留者欢迎，保留原职原薪；走者欢送，发给路费。'随后，我泰安县战邮局人员全迁泰安城，驻西门外一个伪县长家里（伪县长全家人跑了）。"

"我和邮务佐李某某搞营业，由于业务量增加，当时没邮票卖，就只收钱盖'邮资已付'戳；戳子由股长焦文广保管，我们将款交付后，由股长在信上盖戳后寄发。""当时发往济南的邮件，由原'中华邮政局'人员两人一伙步行送去。"吴健民于7月份离开县局，调到渐汶河邮务所任所长。

从这段回忆录可知，泰安解放后即开始国共邮件交换，寄国统区邮件是通过济南中华邮局转寄。开局之初，因邮票供应不及时，采用"邮资已付"戳记，上面的两枚"邮资已付"戳记实寄封，也验证了吴健民的回忆。第二枚封有济南7月16日中转戳，说明至少到7月中旬，依然没有邮票供贴用。最早见有第三枚8月2日寄天津封开始贴用"火炬图"改值邮票，说明邮票在7月下旬或8月初才开始有售。

1946 年，泰安国共通邮情况

抗战胜利后，民众要求国共通邮的呼声越来越高。1946 年 1 月 10 日，国共双方在重庆签订《停战协议》，1946 年 2 月，军调部在北平开始通邮谈判，此后，国共实现通邮。山东省邮政管理局于 1946 年 2 月即时通令全省各地邮局，准备随时与国统区恢复通邮。

1946 年 3 月 22 日，中华邮政总局《交通部邮政总局关于停止冲突、恢复邮政的密训令》中指示："关于停止冲突，各地应即恢复邮政交通及共党方面设'交通局'等通信机构未撤销前，其送来邮件暂予照常经转投递，如贴用共党邮票，予以涂销，并于投递时，向收件人补收资费，粘贴邮票盖销，暂不按欠资加倍罚收。"

1946 年 5 月 14 日，在《交通部邮政总局关于涂销共党邮票，不再补收邮资的密训令》中重申："交通部 35 年 5 月 7 日邮字第 218 号指令，开'所拟对贴足共党邮票之信件，仅将其邮票涂抹，不再向收件人补收邮资一节，应予照准'等，因合行令仰知此照令"。

对于来自解放区的邮件，中华邮政先后采取涂抹邮票按欠资加倍罚资、涂抹邮票罚资但不加倍，到 5 月间仅要求涂抹邮票不再罚资几个过程。

军调部下设多个军事调处执行小组，国共通邮也在其监督执行职责范围之内。1946 年 1 月中旬，军调部济南执行小组成立，济南小组是山东地区中心小组，负责与泰安、高密、晏城、枣庄、青岛等执行小组联系。1946 年 7 月，国民党挑起全面内战，调停失败，至 10 月 1 日，济南执行小组共产党成员全部撤回临沂。

由于当时情况复杂，国共对峙、政令不畅、冲突时有发生，各地通邮执行情况不一，从现存实寄封及有关资料可知，通邮执行时间不一，通邮因冲突时断时续。

上述几枚封，基本验证了 1946 年国共通邮执行情况。早期 6、7 月的两枚"邮资已付"戳记封，邮资戳记被涂抹，加盖"欠资"戳记按欠资处理；8 月寄青岛封，邮票被涂抹，但承认邮资，不再按欠资处理；8 月以后邮件，邮票不再涂抹，承认邮资。

泰安紧邻省会济南，亦有专门军调部执行小组联络，故在执行通邮政策方面应该还算"政令畅通"。

泰安国共通邮航空邮件的产生

当时山东只有济南、青岛两地拥有机场，有"中航"和"央航"的多条航线与各大城市相连。泰安寄出的航空信件，先由步班送至济南，然后再经航空寄往目的地。上述已知的十枚泰安国共通邮封，除八、十两枚为寄济南外，其他八枚均为航空信件，分别寄往通航的北平、天津、汉口、青岛、上海等几大城市。至于邮程不同，一是泰安到济南的步班可能是几天一班，二是济南到各大城市航班班期不同，故邮程有长有短。

因当时"老百姓的信件寥寥无几"，加上泰安在 1947 年 2 月再度被国民党军攻占，此后国共双方拉锯多次，直至 1948 年 7 月 15 日泰安全境解放，故留存的国共通邮封少之又少。目前已知的十枚泰安国共通邮封，除两枚寄济南、寄天津和汉口各一枚共 4 枚封为泰安商家寄出外，其余 6 枚封均为泰安中华圣公会的传教士寄出，且寄出人为同一人。

邮资方面，当时山东解放区使用的是北海币，邮资为北海币值，解放区不可能有航空资费，只能参照国统区邮资。查中华邮政资费，1946 年 5 月 1 日至 1946 年 10 月 31 日，信函初重 20 克资费 20 元（法币，下同）、航空每 10 克 30 元，11 ~ 20 克航空信函对应的资费为 80 元。

再查有关资料，1946 年八、九月间，北海币与法币兑换比值 1 ：15，北海币 5 元相当于法币 75 元，基本接近 80 元，即 11 ~ 20 克航空信函的邮资。虽然 1946 年 11 月 9 日，中华邮政将国内航空资费调整为每 20 克 150 元，11 月 11 日泰安寄上海的航空信件发出时，估计没有收到调资信息，故六枚国共通邮航空信件皆贴用伍元邮资。

综合以上研究，泰安国共通邮航空实寄封，是特殊历史时期、特殊地理条件下的特殊邮史产物。泰安因为紧邻省会济南，直至 1946 年 6 月第一次解放，此时国共通邮已历时三四个月，加上军调处协调小组的督查，故通邮较之其他地区比较规范通畅，加之济南机场为当时北方重要航空枢纽，使寄往各大中城市的航空信件成为可能。

对一枚未寄达的国共通邮封的历史考据

图 1

1946 年 4 月 28 日，一封航空信件由国统区的上海寄往烟台，封上贴中山像拾圆邮票三枚，邮资合计 30 圆（图 1）。1945 年 10 月 1 日—1946 年 4 月 30 日执行邮资为信函起重 20 克 20 圆，航空每 10 克 3 圆，此信应为 20 克内航空资费 26 圆，溢贴 4 圆。航空资费自 5 月 3 日起大幅调整为每 10 克 30 圆。

寄件人名址为"K.Szamatolski,P.O.B.639.Shanghai—China（上海 639 号邮箱 扎马托尔斯基）"，收件人名址为"Mr.C.W.Schmidt,Post Office Box 37,Chefoo,China（烟台 37 号邮箱 史米德）"。

日本投降后，青岛被国民党接收，至 1946 年，青岛沧口机场已有中国航空公司和中央航空公司开辟的七条航线，南至上海、南京，北至天津、北平，西至济南、徐州等城市。当时山东境内有济南、青岛两处机场，青岛是离烟台最近的机场，故信件于 5 月 2 日抵达青岛，盖"青岛（箱）/卅五年五月二日 /TSINGTAO（1946.5.2）"中英文日戳（图 2）。

图 2

但当时烟台已经是共产党领导的解放区，此信在青岛等待了大半年后，终因邮路不通而未能寄达。

收件人史米德，在烟台待了大半辈子的德商集邮者

关于史米德其人，无法查到他的生卒年份及履历，也没有找到他的照片，但在烟台开埠商业发展史中是一个值得记载的人物。1936年出版的《烟台通志》一书中，在德国盎斯洋行条目下有这样的记述："烟台的德国盎斯洋行（O.H.ANZ & CO,），创办于1886年，是烟台最早的外国公司之一，也是最大的外国公司之一。现在的合作经理人是巴斯克（M.A.W.Busse）先生和史米德（C.W.Schmidt）先生，他们在烟台居住都已超过35年。"

按照成书于1935—1936年的《烟台通志》的记载，史米德在烟台居住已超过35年，也就是说，史米德最晚在1900年即已来到烟台。

事实也是如此。史米德曾应邀在芝罘俱乐部（图3，Chefoo Club）发表著名的演讲 Glimpses of the History of Chefoo （《烟台历史一瞥》），文中三次提到他是1900年来到烟台的。他的演讲稿 Glimpses of the History of Chefoo, by C. W. Schmidt，由烟台仁德洋行印制的27页小册子存世，时间是1932年10月。

图3

在《烟台历史一瞥》的演讲稿中，史米德对烟台历史、人文、宗教、贸易等诸方面均有详述，特别是烟台开埠后发生的许多重要事件，几乎都详列其中，虽然个别记录有误，但仍为今人研究烟台开埠历史的宝贵资料和依据。

关于《烟台历史一瞥》的成稿时间，因为其中谈及的多为1910年以前的事件，故有人判断成稿时间在1910年左右，1932年方刊行。1932年刊行时间应为成稿时间，理由有三，一是既然为"历史一瞥"当然以历史事件为重，1920年前后的事件几乎没有提及，应为正常；二是史米德1900年来烟，假如1910年左右成稿，十年时间对于烟台的了解以及资历尚欠"火候"；三是演讲稿中称朝阳街为"卡皮莱大街"，同样的称呼也出现在1935年成稿的《烟台概览》（1937年出版）一书中，"卡皮莱大街"的称呼只出现在1930年代的文献中。史米德在芝罘俱乐部演讲的同时，分发了这本小册子，是比较合理的解释。

演讲稿中关于烟台邮政方面的叙述可谓详尽，如数家珍，可见史米德对烟台近代邮政发展历史十分了解，堪称"内行"。文中记述了烟台海关邮政、大清邮政、烟台商埠邮政、威海卫专差邮政、各国在烟客邮局的概况，对具体业务办理、办公地址、创办起因、营收状况等都耳熟能详，描述十分专业，可见是一个地道的"行内人"。

文中还几次提到邮票的话题，如威海卫英方行政长官欲寻找威海卫专差邮票，作为送给英国国王礼物等。"就集邮爱好者而言，烟台是一个很好的地方。"——他直言道。可见，史米德也是一位资深集邮爱好者。

史米德具体来华时间不详，目前可以查到的资料，是1874—1875年间，曾入职上海浦东旌旗木行（POOTUNG LUMBER YARD）（图4），1879年任木材测量员。1900年，史米德来到烟台，1912年加入烟台盎斯洋行（图5），1914年起为该行批发商，1926—1941年行名簿署名"合伙人"。

行木旌旗東浦
Pootung, Gee-ts'ang-mooh-ong.
POOTUNG LUMBER YARD,
Law, W. C., Manager.
Schmidt, C. W.

图4

史米德除了与盎斯洋行的合作之外，还在烟台担任一些社会职务，如1929年起担任烟台外国丝绸协会（Chefoo Foreign Silk Association）理事，1932—1941年连任该会副会长。

1935 年一度担任烟台挪威领事馆（Norway Consulates Chefoo）代理领事。

1937 年 2 月 11 日，上海《北华捷报》报道：史米德夫妇从烟台到达此地，过一个短暂的假期。

烟台沦陷后，史米德作为德国人，应没有受到冲击。按照其 1900 年来到烟台，至寄给他信件的 1946 年，史米

图 5

德在烟台待了至少 46 年。史米德具体何时离开烟台，去往何方，无从查考。

寄件人扎马托尔斯基，20 世纪 30 年代末逃亡上海的苏联犹太邮商

前面说过，有理由相信史米德是一名集邮爱好者，这封寄给他的信件，正是当时上海小有名气的苏联犹太裔邮商扎马托尔斯基寄出的。

二战期间，纳粹德国在世界各地迫害、屠杀犹太人，在欧洲有 600 万犹太人惨遭杀害，在世界许多国家对犹太难民关上大门的时候，有 2.5 万犹太人迁移和逃亡来到上海，上海成了当时犹太人的"诺亚方舟"。扎马托尔斯基就是在此期间来到上海的。

上海犹太难民纪念馆，原址是 1907 年建造的一幢私宅，1927 年由苏联犹太人集资将摩西会堂迁入，成为一所供苏联犹太人和中欧犹太人使用的会堂。二战期间这里是犹太难民的宗教活动中心，成为他们经常聚会的场所，支持着他们的信念和给予他们生活下去的勇气。纪念馆的"上海犹太难民名单墙"上，目前录有 18578 位，其中就有扎马托尔斯基的名字。

关于扎马托尔斯基的信息并不是很多，包括他的生卒时间、自哪里来到上海等，只能将一些散落的历史资料碎片聚拢在一起，复原其在上海的大概履历。

能够见到扎马托尔斯基在上海最早的信息，是其在《亚细亚邮刊》创刊号上刊登的小广告（图 6）：Szamatolski，租用上海 639 号邮箱，"现金交易成套

中国航邮"，这期《亚细亚邮刊》创刊号出版于 1939 年 6 月，说明其最晚在此时已在沪业邮。后在南京路 59 号开设费士泰哥远东邮票公司（"Festaco" Far Eastern Stamp Co.），1940—1941 年邮票公司行名簿。设在上海的旅华苏联邮票会 1941 年的会员名单中，收录有扎马托尔斯基的名字（图 7）。

图 6

图 7

图 8

目前见到的扎马托尔斯基制作的邮品，以实寄首日封为主，大都是在上海实寄给本人的，封上印有新邮说明文字及公司名称与地址，设计上简洁明快。扎马托尔斯基制作的邮品留存并不算多，在沪上邮商中知名度也不高，可见其邮票公司规模不大。

扎马托尔斯基 1948 年仍在上海，图 8 为其制作的首日实寄封，时间是 1948 年 7 月 5 日。1949 年扎马托尔斯基移居德国汉堡，可以见到他 1949 年 9 月 30 日制作的德国首日实寄封。

扎马托尔斯基虽然离开了中国，但对中国邮票依然一往情深，仍然喜欢收集中国首日封，在中国集邮公司订购邮品，图 9 是 1959 年 10 月 1 日寄给他的纪 71 "建国十周年"邮票首日封。1966 年"文革"开始，集邮活动被禁止，首

日封停止发行，但仍可见 1967 年
中国集邮公司寄给他的集邮封。

这封 1946 年寄给史米德的信
件，虽然原内信已不存，但极有
可能是求购解放区邮票的。作为
集邮爱好者的史米德，此前与扎
马托尔斯基有过联系，或者在其

图 9

处订购邮品，此时身处解放区烟台的史米德，正是为扎马托尔斯基收集山东解
放区邮票的绝佳人选。

1946 年的国共通邮

1945 年 8 月 15 日下午 3 点多，正在胶东区牙前县郁都村（现属烟台市牟平区）
劳动的胶东区战邮管理局干部彭宾，接到了日本投降的消息，大家兴奋异常跑
步回到了局里，局长戴开文向大家宣布：日本投降了！管理局机关进驻莱阳城。
同时组织战邮人员随前防司令部前往青岛，接管青岛市的邮政工作。

一个小时后，彭宾与其他三位同事即到前防司令部集合，连夜赶往青岛，
经过一天两夜的急行军，第三天拂晓前到达离青岛还有百余里的即墨县。上午 8
时，上级传来消息：青岛已被国民党接管。

此时驻烟日伪亦拒不向胶东八路军缴械投降，八路军遂开始围城战役。也
在此时，烟台战邮局在郊区成立。由于烟台市沦陷后，一直被日伪侵占，故烟
台战邮局是胶东战邮成立最晚的一个县级邮局。8 月 24 日，烟台解放，烟台战
邮局马上进城开展业务，调原北海区战邮局局长孙仲凯任局长、张德福任副局长。

对于原中华邮局的接管，山东省战邮总局 1945 年 8 月 20 日发布了《山东
省战邮总局管制日邮工作的指示》，之后又陆续发布多个管制日邮（局）补充
指示，对中华邮局财物接管、工作开展、人员安排等都制定了指导性意见，并
根据实际情况调整了部分办法。总体意见是对原中华邮局人财物全部接收，实
行军管，派战时邮政特派员入驻，登记财物、监督工作、检查邮件，业务照常

办理。原邮局人员中，日（本）（朝）鲜籍按俘虏交军区，汉奸特务交公安部门，其他人员原则上留用，待情形稳定后，再予调换和培训。

根据总局对旧邮管制工作的指示，胶东战邮局对管制工作当即做出了具体部署，把烟台一等邮局和威海二等邮局作为重点，分别配备了邮务、发行、会计、书店和若干交通人员前往接收。

烟台一等邮局（图10）接收时，先了解了邮局的基本情况，将其局长招至市政府，向其申明共产党接收原则与意义后，当即协同市委、市政府人员返回该局，召集主要邮务人员，指出其伪化与执行国民党曲线救国的错误行为，然后即进行接收。为稳定他们的情绪，对民主政府的宽大政策也详加说明，

图10

要他们照常工作，同时每人先行发放百斤粮食予以救助。至10月25日，胶东区33个三等以上邮局，除即墨因没有解放外，32个被接收。

1946年1月10日，国共签订关于停止军事冲突的协定。2月，经北平军事调处执行部磋商，国共实现全面通邮。3月，针对当时业已和平的局面，山东省要求各级战邮局撤销"战时"称呼，与中华邮局合并办公。4月，烟台战邮局局长孙仲凯改任烟台一等邮局局长，张德福任副局长。扎马托尔斯基给史米德的信，就是在这种情况下寄出的。

国共虽然实现名义上的通邮，但国民党方面对通邮多加阻挠，对解放区寄往国统区的邮件，采取涂抹邮票、不承认邮资加倍罚款等行为。部分地区，因国共摩擦不断，局部小规模战斗时有发生，邮路时常处于阻断状态。及至当年6月，国民党又单方撕毁停战协定，大举进攻解放区，全面内战爆发，这就造成当时国共虽然已通邮，但青岛与烟台国共双方并未实现邮件交换。此信1946年5月2日到达青岛，在青岛一直等待机会转往烟台，但无奈邮路一直不通，在等待了

9个月后，加盖英文"MAIL ROUTE TO DESTINATION"（邮路终点）戳记，意即邮件到青岛后，无法再寄往烟台，退回给上海原寄件人，有上海（1947年）2月2日商码邮戳。

寄胶东六师的胶东战邮密线邮戳实寄封

自抗日战争时期，胶东战邮局在寄递重要文件及信件时，为了保密的需要，有严格的邮件寄递手续，邮件上加盖专门的"密线邮戳"，寄递过程中由专人负责，邮件拆阅后一般做销毁处理，所以经过密线寄递的邮件，留存至今的极为罕见。机缘巧合，最近收集的一枚胶东战邮"密线邮戳"实寄封，让大家有机会一睹她的真容。

一波三折终得珍封

由于喜欢收集烟台各时期的邮史类邮品，常常关注国内外拍卖以及各类收藏品网站。前些日子在某收藏品网上看到一件胶东贺年信在出让，过几天再看时，邮品已经不见了，许是已经售出了。查了下成交记录，没查到这件贺年信，倒是一件已经成交的胶东战邮实寄封，让笔者大吃一惊。

粗看此封，珍贵之处在于销票邮戳是一枚罕见的胶东战邮密线戳，虽然右上角邮票被虫蛀过，但能留存下来也极为难得（图1、图2）。

图1　　　　图2

网店上卖家留有联系方式，笔者马上拨通了对方手机，号码显示是福州的。卖家称封已经售出了，这几天有人联系他加价购买，但无奈已经出让。他说是在收旧书时夹在里面的一个封，封有些破烂，自己也不懂，就便宜处理了。

看来该封被懂行的人"秒杀了"，

笔者虽有些失望，但收藏讲个缘分，常也随缘了。

接下来继续寻找那件贺年信，忽然想起是在另一个收藏品网站，果然在这个网站找到了。不仅找到了这件贺年信，那枚胶东战邮密线实寄封也赫然在拍！原来买家捡漏这件封后，拿到这家网站拍卖。笔者与买家联系，几番讨价还价，但在付款关节，他以已经上拍无法撤回为由，联系再也不回复了。

同时，此拍品也挂出了"撤拍，勿再出价"的告示。笔者知道，这回是被出价高的"截杀了"。

年前在藏友处购买了几张民国时期的《福山日刊》报，也好久没有到烟台辛庄街收藏品市场了，约好星期天在市场碰头。拿到报纸后，随便在市场转转。一摊位前，一圈儿几个人正在高谈阔论，话题是前几天发现的几个胶东战邮封，被北京人高价收走了，其中一位谈及前几天他在网上还买了一个胶东战邮封。

因为胶东战邮封本就少见，市场一年也出不来几个，此人网上买的是否就是那个密线封？笔者忙把那人从人群里拽出，一问，"截杀"的原来正是他。笔者一阵窃喜，想不到在这里巧遇该封踪迹。但是，他说此封当时就加价出让给了烟台市区的某位藏友，一说地名，笔者便猜到了是谁，对方是一位自己熟知的对胶东战邮也颇有研究的资深藏友。

笔者忙说愿意加价收藏，并给了一个有诚意的价格。小伙子倒也爽快，说商量下。回音还是让笔者心里凉了半截，这位资深藏友也是喜欢，暂不想出让。

故事到此本该结束了，但应了那句老话，"有缘千里来相会"，这回倒没有千里，仅隔几天，那位资深藏友给笔者发来微信，说有枚胶东战邮封出让，问笔者有意没？笔者马上猜到是那枚密线实寄封，发来图片一看，果不其然。

由于该封品相问题影响价值，笔者报出了一个能够接受的价格，可能没有达到他的心理价位，几经协商，没有谈成。

第二天一早，藏友发来微信，他说："再三考虑，给你吧。封还是留在胶东吧！"

胶东战邮密线邮戳实寄封

这是一枚"山东胶东军区政治部"公函封，大不盈掌，尺寸按照当时胶东战邮局的规定，长3寸、宽2寸。因为战时信件寄递，常常要通过敌占区，有时还要遭遇敌人的突然袭击，各种情况都有可能发生，为了便于隐藏和在特殊情况下快速处理和销毁，所以，规定了这种特小规格的信封（图1）。

封面收信人名址为："送六师政治部仲政委 张主任 收"，封背贴"抗日民族战争胜利纪念"面值1元邮票一枚，此票由山东战时邮务总局1945年12月发行。该套邮票是为庆祝抗战胜利而发行的，一套共四枚，此票虽为山东战时邮务总局发行，但设计和印制都是在胶东完成的。

其设计者是《胶东画报》社的李善一。李善一，胶东黄县（今龙口）人，1938年参加革命，1944年任胶东军区政治部宣教科长，1945年兼任《胶东画报》社长。此图最初发表在1945年春的《胶东画报》上，设计成邮票时进行了修改。画面中毛主席挥手指向前方，高举着旗帜的人民群众朝着毛主席指引的方向前进，前方是高楼大厦，寓意建设繁荣富强的新中国。图中的青天白日旗体现了抗战胜利后国共合作的政治局面。该套邮票由胶东北海银行印钞厂印制。

图3

邮票上加盖一枚胶东战邮日戳（图3），上半环为左读"胶东"，下半环为左读"战邮"，中间日期为"35.9.12"（1946年9月12日）。下半环"战邮"二字中间夹一"G"字，抗战时期解放区推行新文字运动，这是拉丁文拼音"胶（东）"字的首个字母，"G"字戳是胶东区战邮局用戳。

细观上半环"胶东"二字下方又多出一个小半圆环，内有一个字母"M"，"M"是拉丁文拼音"秘（密）"字首个字母，这就是极为罕见的胶东战邮密线邮戳。封正面还有两个隐约可见的红色戳记，虽然已经严重褪色，但仔细分辨，依然可以看出左边为竖盖"秘密"二字，右边为竖盖"快信"二字（图2）。

1946年6月23日，山东战邮总局开始执行的"公文"邮资为北海币1元，此封为胶东军区政治部寄出的公文，邮资相符。

该封寄六师政治部仲政委、张主任收，胶东军区历史上曾四次组建六师。

1945 年 9 月 11 日，胶东军区第一次组建第六师，师长聂凤智（代），政治委员李丙令，副师长蔡正国，参谋长蔡正国（兼），政治部主任李冠元。1945 年 10 月，六师奔赴东北。

第六师进军东北后，1946 年 8 月由警备第四旅改称第六师，师长刘涌，政治委员仲曦东，参谋长张怀忠，政治部主任张少虹。1947 年 2 月 3 日，中央军委批复华东野战军整军计划方案，2 月 28 日，将胶东军区第二次组建的第六师改称华东野战军第 9 纵队第 26 师。

此后的 1947 年 4 月 8 日、1948 年 4 月 4 日，胶东军区先后又组建过两次六师。

从所盖邮戳时间 1946 年 9 月 12 日，可以断定此时的"六师"，即为 1946 年 8 月第二次组建的胶东六师，收信人"仲政委"即六师政治委员仲曦东、"张主任"即政治部主任张少虹。仲曦东和张少虹，都是出生于胶东的将军。

仲曦东（1915 年 10 月—1984 年 6 月），胶东黄县（今龙口）人，开国少将。1937 年加入中国共产党。新中国成立后，历任军副政委，华东军区后勤部政治部主任，军事学院政治系主任、政治部副主任，驻捷克斯洛伐克、坦桑尼亚大使，外交部副部长。

张少虹（1920 年 1 月—2000 年 10 月），胶东掖县（今莱州）人，1938 年加入中国共产党。新中国成立后，历任航校政委、师政委、军政治部主任、沈阳军区空军政治部副主任、空军政治学校校长、军政委、沈阳军区空军副政委等职。1964 年晋升为少将。

胶东战邮的秘密交通线

1942 年 2 月 7 日，山东战时邮务总局成立，5 月 10 日，胶东战时邮务管理局成立。10 月，根据形势发展需要，中共山东分局决定，分局以下各级党委交通科（股）划归战邮局统一管理。1943 年 3 月 20 日，中共山东分局再次做出决定，将报刊发行工作也纳入战邮局管理，至此，山东战邮率先实行"邮、交、发"合一。由于邮局信件传递、交通文件传达、报刊发行常常是通过一个渠道，三者合一后，节省了人力物力，提高了效率。

战邮局除了以上工作外，还有一项重要任务，就是通过秘密交通线，护送各级干部到各个解放区。战邮局配备有武交队（武装交通队），在特殊情况下，武交队配合交通员护送邮件和人员以保证安全。

按照规定，县级以上战邮局设立"密交科"，县级设"密通股"，主要负责机密文件（指示、决议、报告）、秘密刊物等的专送。交通员（投递员）分普通交通员和政治交通员，政治交通员负责密件传送。密交员（政治交通员）的选用也有严格标准，必须由政治上可靠、精明强干、勇于牺牲的共产党员来担任。

战邮局对于密交工作有详细条例规定，例如：在敌顽区传递密件时，必须化装携带；不得将自己的身份透露给外人，包括家人；密交站点，均以代号相称，不得透露具体地名；传递过程中，密件不得离身；不准代捎除密件以外的其他文件、报刊及私人信件等等。还规定："政治交通员携带文件出发时，应注意文件之安全，抱定与文件共存亡的决心。"

陶寿亭当时在栖霞战邮局负责密交工作，他回忆道："那时的机密文件是用小红袋封装，包在包袱里，随身携带。组织规定'人在文件在，人与文件共存亡'。当时凡做交通员的都记得这句话，就是一个信念，决不能让文件落到敌人手里。"

战争年代，由于经过密线传递的邮件，需要归档管理和定期销毁，所以能够留存下来的极为罕见。这件寄胶东六师的密件，原信当时应当已经销毁，不知何故封套保存了下来，可能被夹在书里，随南下干部最后落脚福州。

王景文老师生前曾披露了三件胶东密线邮件，这三件都是在东海区使用的。一件是1944年9月出版的胶东党内刊物《斗争》，64开小本，党内刊物当时属秘密级，此刊通过密线由东海地委寄文登城厢军政联合办事处，封皮上加盖了一枚"文西战邮局M/年月日/密通股"邮戳（图4），这枚密线邮戳有幸随

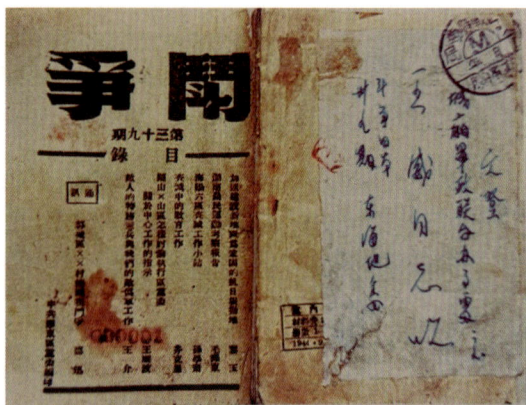

图4

刊物留存了下来。另外两件都是 1948 年 10 月加盖的 "东海区 M" 密线戳（图 5），但这两件实寄封已经不属于密线传递的邮件，而是战邮密线戳旧戳再利用。

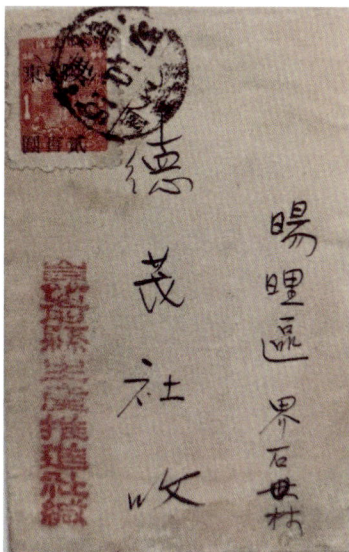

图 5

通过已经发现的这几枚胶东密线邮品可以看出，胶东密线邮戳当时有固定的戳式，即在胶东战邮戳上半环内套一个小半环，内置代表密线的拉丁文 "M"。

一枚两次揭票实寄的胶东战邮封

　　这是一枚小巧的胶东战邮实寄封，长约12.7厘米、宽约6.7厘米，含有内信，保存较好，令人爱不释手。此封是"山东胶东军区司令部"公函封，用较薄的纸张糊制，文字和红框是红色油印。收信名址是"掖北沿海区大朱石 吕文昭家信"（图1、图2），背面加盖有两枚邮戳，一枚"胶东/ ? .8.22/ 战 G 邮"戳（图3），一枚"山东/ ? .8.25/ 掖县"戳（图4），两戳年份部分都不清。

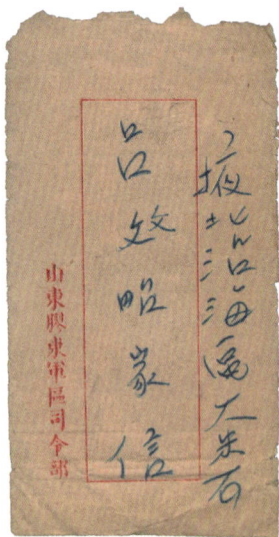

图3

图4

图1　　　　　　　图2　　　　　　　图4

　　仔细观察，胶东战邮戳加盖位置，明显有邮票粘贴后揭撕留下的痕迹，从痕迹可以看出，估计邮票粘贴比较牢固，所以整张邮票几乎被全部揭薄，有的边还十分齐整，可以判断出贴的是一枚无齿票（图5红框位置）。在揭薄上还留有邮票的一角（图5蓝色箭头所示），这一角虽小，但在放大镜下可以看出，一角的两边有齿孔，与揭薄并非一体，而是在其上另贴了一枚有齿邮票，而此票被再次揭撕下。这一角还留有邮票边框及图案的一点，可以看出所贴邮票为蓝色，残留为左上或右下角，斜贴（图 5 蓝框所示）。

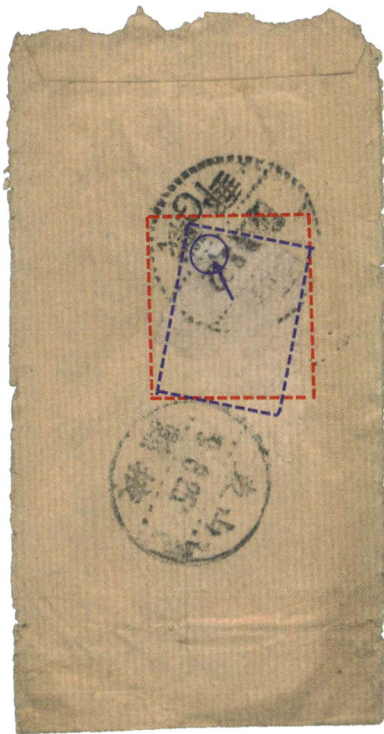

图 5

此封首先让人怀疑是掉票后补戳的变造品，但仔细观察，整个胶东战邮戳的墨色浑然一体，毫无二致。由于此戳也出现在其他几个胶东战邮封上，经比对多个细节部分，也没有任何差异，所以，可以断定，此戳并非掉票后补戳。

笔者第一时间将该封图片通过微信发给了胶东战邮专家王景文先生求教，王老师看后回复："邮戳很真，不会是假。是 1947 年秋胶东战乱严重、生活极端困难时的东西……当时临时用薄白纸油印的公函封。"

1947 年 6 月，蒋介石在全面进攻解放区失败之后，无奈之下，开始集中兵力重点进攻陕北和山东解放区。国民党派重兵进攻山东，山东解放区遭到重创，许多城镇失守，胶东军民开始了抗战胜利后的最困难时期。

老战邮李玉安在回忆录中记述了在此期间胶东军区司令部设置军邮局的经历："1947 年 5 月成立了军区邮局，同年 12 月撤销。该军邮局隶属于胶东战邮管理局，胶东战邮局叫我去负责，随司令部活动。任务是负责传递司令部及所属机关的邮件报纸，和地方邮局取得联系，交换邮件取回报纸，再分投到军区所属机关。1947 年下半年国民党反动派重点进攻胶东，为了适应战争的需要，我们军区机关……精简人员，便于机动。军邮只留下了我和姜顿荣同志二人。胶东区党委、行署、武装部等机关与军区机关一起行动，与敌人穿插周旋，有时与敌相近不到十里，每天昼宿夜行……1947 年底，胶东军民打垮了蒋介石的进攻，撤销军邮，我回到了胶东邮管分局。"

胶东战时邮务管理局，是 1945 年 8 月随胶东区党政机关，由牙前县郭城一带进驻莱阳城的，次年夏天移驻莱阳山前店东南的野鸡泊村（现莱阳市山前店镇野鸡泊村），此地位于莱阳城东部，距莱阳城 20 多公里。图 3 的邮戳就是当时胶东区邮务管理局使用的，邮戳中的"G"是解放区开展新文字运动时，"胶东"拉丁文拼写"Giao"首字。这枚邮戳比早期的胶东战邮戳直径要大一号，戳径约 31 厘米，是后期 1946 年开始使用的。

此信写于 1947 年 8 月 15 日，8 月 22 日到达胶东区邮务管理局，三天后的 8 月 25 日到达掖县城，邮程约 150 公里，然后转往目的地沿海区大朱石村，此村距掖城约 13 公里。地址上的"掖北"即当时的掖县，1941 年 1 月，析掖县南部置掖南县，掖县故被习称"掖北"。1956 年 3 月，掖南县并入掖县（现莱州市）。

就在该信经转掖县城半个多月后，9 月 13 日，国民党军队侵占掖县城，18 日占领了莱阳城。10 月 3—4 日，胶东军区围歼驻守掖县城之国民党军，解放了掖县城。12 月 13 日莱阳城也被收复。

该封存有内信，大致内容为："母亲：捎来之信已收见，阅后难过异常，但这些困难确实勿（无）方解决。生活困难是家家常在的，不过还须要忍耐之，再坚持一个时间。真正的和平和幸福，还未有来到的。咱们也不能例外和特殊，能有饭吃就是我们的幸福了，如果也成问题的话，可以叫政府帮助的，不论村区县都可以照顾的……关于我病之事，母不要惦念，现在早日好了，希勿念……儿长期在外，对家庭之事确实不能照顾的，等将来和平实现后，才能达到丰衣足食之希望。"（图 6）

从信中可以了解到，写信人当时虽身为干部，但对家里的困难除了难过之外，也告诫不能有特殊待

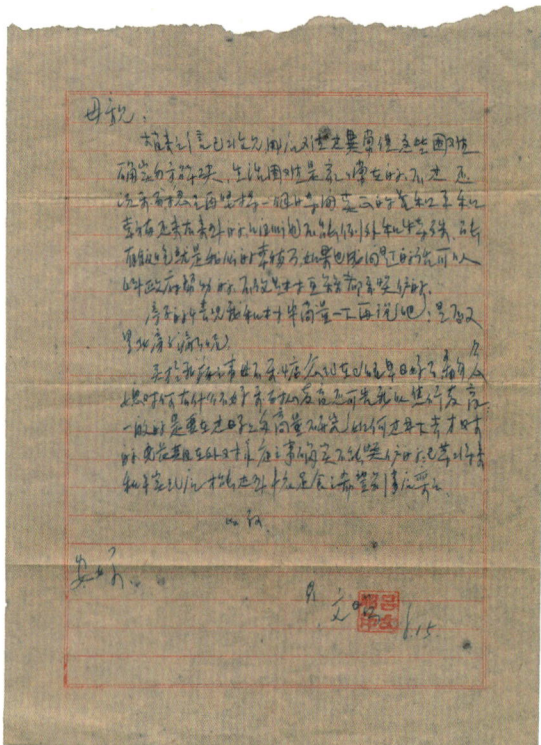

图 6

遇。此信落款日期为 8 月 15 日，为何七天后的 8 月 22 日才盖销战邮戳寄出？分析原因：当时正处于国民党重点进攻山东之时，西线国民党军队 8 月 5 日已占领胶县，15 日占高密，21 日克占昌邑，已完成对胶东半岛的包围。此时，蒋介石认为解放军大势已去，急于结束山东战事，8 月 18 日他飞到青岛，部署"九月攻势"。当时整个胶东军民正在积极应战，部队流动性很大，应是信件迟寄的主要原因。

那么，信件两次贴票，两次被揭撕掉，最后免资寄出的原因又是什么呢？这与 1947 年 8 月 1 日山东省战邮总局实行新的邮政资费有关。山东邮总上一次的邮资调整是在 1946 年 6 月 1 日，当时的邮资是平信 2 元、公文 1 元。而 8 月 1 日的这次调整，取消了实行多年的公文资费优惠，除前线野战军军邮免资外，其他一律纳费，资费 5 元。

第一枚邮票估计寄信人按原资费所贴，在军区司令部军邮局交寄时，被告知邮资已上调，故揭下换帖新资费邮票。在胶东管理区邮局转寄时，又被告知前线部队可以免资邮寄，故二次贴用的邮票再次被揭下。当然以上是最合理的一种推测，也可能有其它原因。

图 7 是寄信人的另一封信件，是写给他妻子的，原信封不存，与笔者收集的该枚信封保存在一起，信中写道："前来之信我很早日接见了，因工作忙碌未能及时的回信，希见谅之。我于今日刚才回来，由烟（烟台）至莱阳城以后，第二日即出发，此次我亲自参加战斗，攻克了胶县高密两城，敌伪除少部分逃窜外，其他全部就歼，胜利之缴获详见大

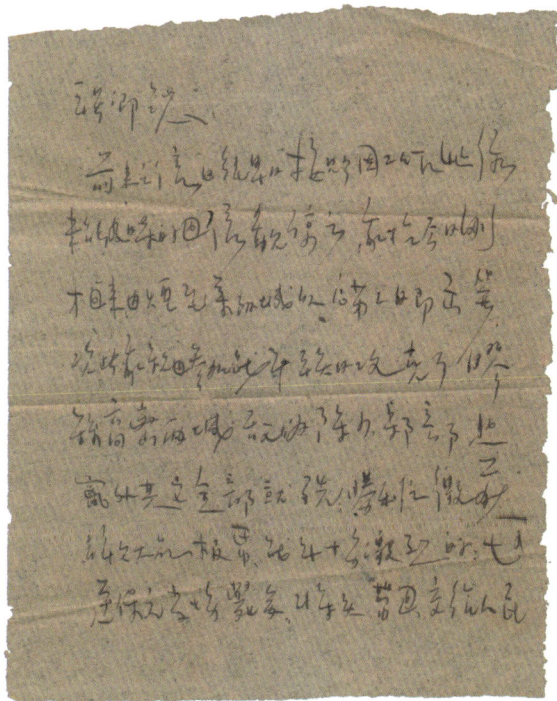

图 7

众报纸，战斗十分激烈的，赵逆保元当场毙命，将头带回交给人民。"赵逆保元即赵保原，此人日伪时期勾结日寇，曾任国民党鲁东军区司令，有"胶东王"之称。1945 年在讨张战役中被击败，逃往即墨，日本投降后任国民党山东第一作战区司令，驻守高密、胶县、即墨一带。1946 年 6 月 18 日，攻克胶县时被击毙。从这封信中可以看出，寄信人虽属军区司令部领导干部，但也经常一线参战。

至此，这枚两次揭票实寄的胶东战邮封，揭开了神秘的面纱，还原了一段真实的胶东保卫战史和邮资调整史，十分少见，值得珍视。

修建胶东抗日烈士纪念塔的日子

位于栖霞英灵山的胶东抗日烈士纪念塔，是 1945 年胶东区党委、胶东行署、胶东军区，为纪念在抗日战争中牺牲的两万多名烈士而修建的，烈士中包括一百多名战邮人员。

英灵山是胶东人民心目中的圣地。读小学时，年轻的老师说他高中时步行去的，晚上要在半路宿一晚；笔者妻子读小学时坐火车去的，当年蓝烟火车在福山回里有一站；笔者是工作后，单位组织革命传统教育时去的，终于了却多年心愿。

仰望高高的烈士纪念塔，感慨万分，在当时抗战尚未胜利的艰苦岁月里，胶东人民捐款捐物、义务出工，表现出了对抗日烈士的赤诚之心！建造如此规模之大的一座塔，在当时技术力量缺乏的条件下，建设中的难题是如何解决的？当时八路军中有这方面的人才吗？

李普来胶东

1946 年 11 月 1 日出版的《群众》周刊，其中有李普发表的一篇《记胶东人民的建筑》一文（图 1），"胶东人民的建筑"指的就是胶东抗日烈士纪念塔，李普亲自瞻仰了烈士纪念塔并采访了建塔人员。

《群众》是抗日战争时期和第三次国内革命战争初期，在国民党统治区公开出版的共产党机关刊物，由中共中央南方局领导，1937 年 12 月 11 日创刊于汉口，以宣传共产党抗日政策为宗旨。1938 年 10 月，因日寇进犯武汉停刊，同年 12 月在重庆复刊。抗战胜利后，1946 年 6 月迁至上海出版，1947 年 3 月因国民党压制停刊。1947 年 1 月创办香港版，开展海外宣传，并以伪装封面形式在国统区发行，1949 年 10 月 20 日出至 143 期停刊。

　　李普（1918—2010），原新华通讯社副社长，1938年加入共产党，1945年8月，作为《新华日报》特派员随军调部前往各地采访，写下了近20万字的《苏鲁纪行》，《记胶东人民的建筑》是其"苏鲁纪行之九"。

　　李普于1946年4月初到达烟台，市长孙端夫因公他往，代理市长徐中夫接受了采访，向他详细介绍了共产党进驻烟台市后开展的各项工作，他写就《进入烟台的第一件事》一文，发表在1946年10月上海出版的《文萃》周刊，文中重点介绍了救济粮发放情况。

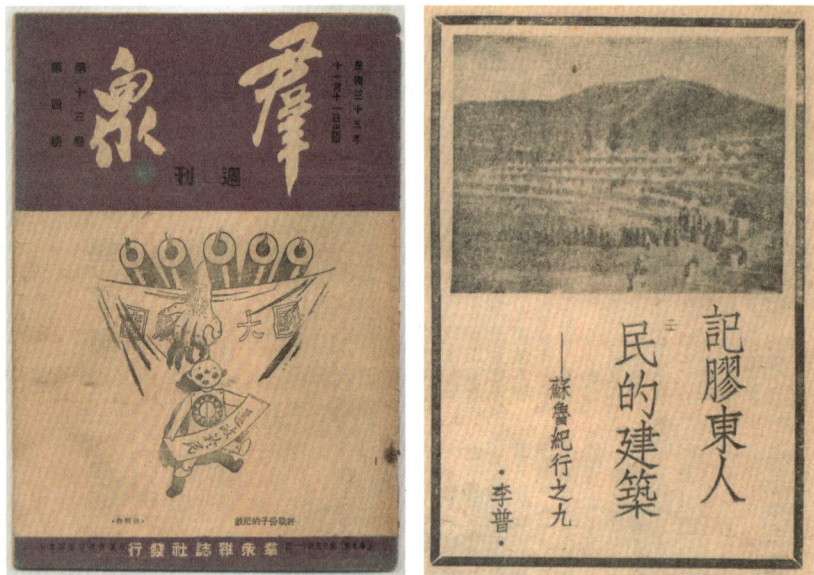

图 1

建塔五难

　　4月8日，李普在胶东新华通讯社社长王人三的陪同下，乘小汽车前往位于英灵山的胶东抗日烈士纪念塔。行前，李普先生也有同样的疑问——"这是一个奇观。这座塔有七丈高，里面是空的，有一架升降机爬到塔顶上，可以远眺一百里。用了十五万多斤洋灰，和许多一万斤以上的大石头，这些石头从十多里以外的地方运来，从山脚爬到塔的地方有三里路。恰恰在一百天之内完成，而且是在战斗频仍的时候。塔的两旁还有几座烈士墓和几个很别致的游憩亭，还有一座一个已经牺牲了的战斗英雄的铜像。美国驻青岛的副领事谢伟思先生，联总派到胶东区考察的美国人员，和几个美国空军都先后去参观过。"这些老外看过后十分惊讶，简直不敢相信自己的眼睛，连问"设计的工程师是谁？"回答是令他们更惊奇的"根本没有工程师"。

接待李普的是建塔负责人林松，一位不到30岁的年轻人，念过高中。一见面李普急切地问道："究竟怎样设计起来的？""一面打地基，一面画样。去年（1945年）5月间动工，为了赶七七完成，当时全凭一股青年人的热血来干，事非经过不知难，越干困难越多，事后回想，真是侥幸！"林松很朴实地回答道。到底经过了哪些困难，都是如何解决的？林松一一道来。

首先是计算上的困难。"首先和工头商量，他们起过洋塔，但是都没有修过这种塔。有一个工头会画样，工人们用他们算石头的狭隘经验，有一个同志念过高中一年级，懂一点数学，边去帮他。"

第二个难关是怎样"撑脚"，即扎架子。"就是说，越往上升，工人怎样站脚？老百姓说，这塔修不起来，工人也没有信心。撑脚本来是专家工作，何况又在山上。当时想，如果扎不起架子来，便在四周堆泥。现在想来，这个法子太笨。"最后走群众路线，大家一起想办法。"有一个工人岑连山盖过小房，扎过'撑脚'，大家讨论了两三天，由他把样子画出来，再由老工人开会，说，行了。"虽然这样，由于大家都没有经验，还是有些担心。"我们曾找过一个日俘，他也不会"。

第三个难关是怎样把大石头搬上山来。"一万斤重的石头，又不能先在底下做好，否则搬时就会碰坏了。恰好鱼山口敌人的一只轮船坏了，民兵把它抢了来。轮船上有一架起重机，可以上一万多斤，恰好用上。"

第四个难关是意想不到的，石头产地离灵山十多里，本来石头是起层的，一层层打起来，能够保证进度，但越打越深，层度也越来越厚，没法打了，想换一种石头，又不合用。怎么办？有一个工人叫潘瑞元的，建议用炸药，可是大家都没用过，谁也不敢。"他说，我一月不要工钱，试试看。他在石头里打一个坛形，放土药在里面。成功了，要多厚就是多厚。而且产量增大了，原先每人每天打八个到十个立方尺，他这样一炮可以打一百四十个立方尺。"大家起名叫"坛子雷"，进度大大提高了，保障了建塔进度，潘瑞元因此获得了"炮手英雄"的称号。

第五个难关是要防备敌人。"我们原来想修成一层一层的，这样简便得多，但是怕敌人用作炮楼，所以里面修成了空的。"这样的空心设计，大大增加了修塔难度。另外面对敌人的扫荡，建塔人员也表现出了大无畏的革命精神。"五月十号（指 1945 年），鬼子大扫荡，我们的这一百五十万斤石头是从老百姓家一点一点买来的，敌人早知道，以为我们在修工事。扫荡来时，离我们五十里，有人主张暂时停止，但是我们大会开了会，决定坚持下去，到敌人来时再走，每天吃了饭上山，结果一天也没停。"

群众是真正的英雄

他们就是这样，在没有正规工程技术人员的情况下，边干边学，发挥人民群众的集体智慧，成功地让塔屹立在了英灵山之巅。林松由于在建塔工作中出色的表现，被评选为"模范工作者"。林松谦虚地说："这是群众的功劳，否则毫无办法。"他一再感叹"事非经过不知难，每一个难关都可以使整个工作垮台。我们走群众路线，任何工作，大家讨论的，和部队里的连排一样。塔要怎样建，建成什么样子，碰什么困难，怎样解决困难，每一个工人都知道，连小工也在内。大家出了力，这是大家的事情。"

在谈话中，李普感受到了林松对群众集体力量的感叹，过去只是教条的认识，现在是"亲眼看到了，亲身体验到了"。像发明"坛子雷"的"炮手英雄"潘瑞元；"画样英雄"岑连山，操作升降机的也是他，岑连山是一位退伍的八路军战士，37 岁，会武术，他成功地采用辘轳法摇升降机；铸铜像的是一位乡下小铜匠，铸小佛爷的。

在工人中还开展了"创模运动"，大家争做"模范工作者"。四百多名工人中产生了五十多名模范和英雄，都是全体员工讨论选举的。修塔工人们自动不午休，下雨也不停工，还要求把每天工资由 23 元减到 20 元。

除了第一线的工人们，周围的群众也积极支持建塔。妇女们抬水慰劳，送果木，他们说："烈士流血，工人流汗，妇女出力！"老人和孩子们也来义务搬运小石头。因为搬运石头要修一条路，占用了村民 30 多亩地，政府要发给粮食抵偿，但是，没有一个人要，他们说："八路军不为名利，早就该修碑。现在修塔，更合我们的意思。"

我来看儿郎的名字上了塔没有？

胶东抗日烈士纪念塔落成后，1945 年 11 月 7 日举行了隆重的落成典礼，有近 10 万军民参加。"落成的那一天，有好几万人来致祭，以后更有人远道来祭扫。许多烈属在这里徘徊，寻找他们自己的亲人的名字。"林松介绍道，"当时估计抗战胶东牺牲了两万多人，但收集到的名字只有一万三千多名。很多人一个一个地找，没有找到自己亲人的名字，就到建塔委员会处询问，这样累积起来也有几百人了。"

林松还向李普介绍了这样两位烈士亲属。一位是战斗英雄孙某的老父亲，跑来山上，捋着胡须说："我来看我儿郎的名字上了塔没有。"果然上了塔，便放了心，对着儿子的名字自豪地说："上了塔，很好。"还有一位老大娘，儿子牺牲在离家不远的林子里，大娘常常独自一人跑到儿子受难的地方去哭，有时躺在儿子牺牲的地方。塔修成后，大娘老远地跑来，找到了儿子的名字，又悲伤，又满足，从此再也不到林子里了。

烈士塔修建好后，李普在山脚下看到"许多工人正在修房子，他们要在这里修一座'烈士纪念堂'，十三丈长，三丈四宽，还要修两百多间休养院，七十间学校。"

发行纪念邮票和免资贺年邮简

1946 年 12 月，为了配合胶东抗日烈士纪念塔的胜利建成，山东邮政管理局专门为胶东抗日烈士纪念塔发行了邮票，一套五枚，五种面值，石板白纸印刷，齿孔 11 度，每种面值都有无齿票，由于邮资调整，这套邮票被多次加字改值，邮票在胶东印制（图 2）。这套邮票堪称"邮票上的烟台"之鼻祖。

图2

为了向建塔工人们表示敬意，1946年新年之际，胶东建塔委员会还专门印制了一枚免资贺年邮简（图3）。信文内容如下：

亲爱的工人弟兄们：

新年降临了，大家在欢欣的庆贺着抗战胜利之新年，建塔办公处的同志，也在愉快的歌颂着它，因此在这高兴之际，特向你们祝贺，并问你们安好。

回忆，在这过去的一年，你们在建塔工程中，是何等热情是何等坚毅，整天价尽本尽力的劳动着，牺牲了午睡，牺牲了休息，甚至牺牲晚上的睡觉都在所不惜，同时也不叫苦。但另一方面你们在这一种的进步也是飞跃的，认识了自己，也改造了自己，同时也认识了将来的社会——自由幸福的社会，并且也都为了争取这个社会而斗争着。

亲爱的弟兄们，你们这种作风，是表现出你们认识了，工农兵是一家的光荣品质，你们这种光荣品质在村中一定可能和大家一致，为学习进步，团结，大练武，支援前线，保家卫国，而起模范作用的。

但咱们的工程，还没有全部完成，还需大家一致努力，想来大家是不会忘记的，因此您们是会把咱们还没有完成的工程再接再厉的去完成它。特此函达，谨致贺忱。

并祝

身体健康！

胶东建塔委员会办公处启

1946.1.1

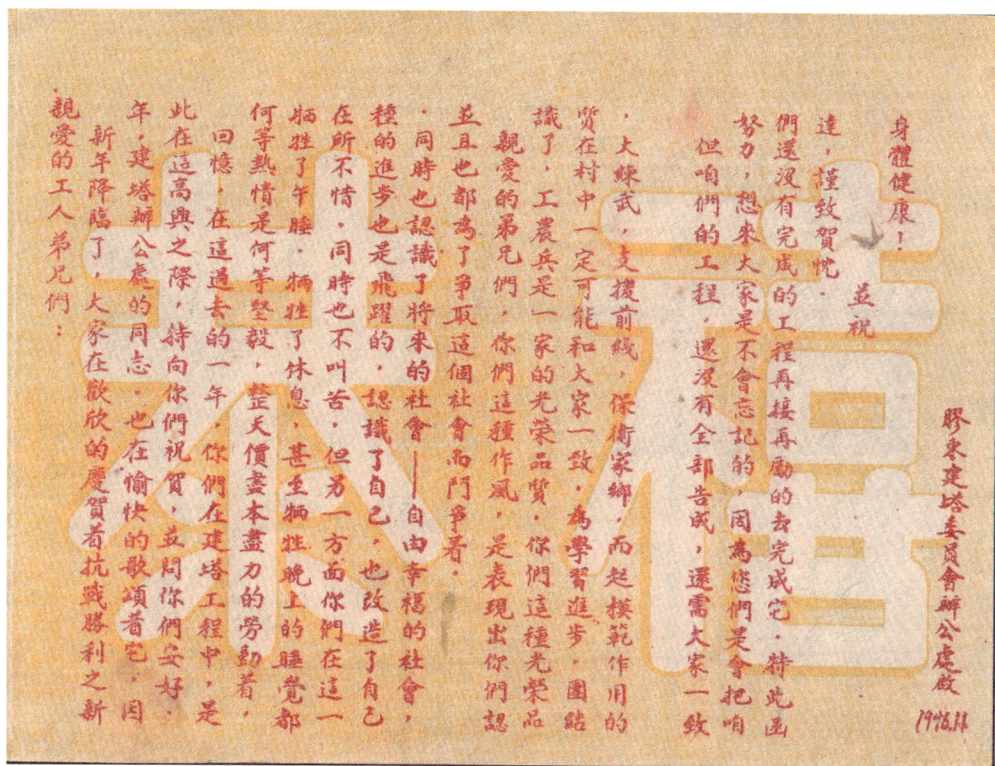

图 3

从"招远定花园"到"靖远赵毛陶"
——解读一枚1947年的国共通邮封

图1

图2

图1、图2是集邮家范兰如旧藏的一枚国共通邮封，现身某拍卖公司2020年秋拍。原拍卖说明文字是"华东区1947年盐山大龙村寄天津红框封，正贴山东邮政毛像2元一枚，盖'招远定花园 区邮务所 月（）日（）'未手填三格日戳，背分盖皮南中转及天津卅六年一月十四机盖到戳。保存完好。"

细观封上地址应为"盐山大尤村"，非"大龙村"。"招远"即现在的山东省招远市，但遍查招远并无盐山大尤村，也无邮戳中的"定花园"这个地名。另外，战邮"邮务所"这一称谓，是抗战胜利后，共产党接收、改造旧邮局后的称谓，山东境内多见于鲁中、渤海区，因为这两地新解放区多，而胶东区以战邮"代办所"称谓较多，"邮务所"很少见到。

收到该封后，经辨认，邮戳中的文字实为左读"靖远赵毛陶"，拍卖目录根据字形误读为"招远定花园"。

粗看赵毛陶这个地名，让人有些摸不着头脑，查阅有关资料得知，赵毛陶现为河北省沧州市海兴县赵毛陶镇。明初赵、毛、陶三姓在此立村，故以三姓为村名。赵毛陶镇坐落于旧时北京至南京的官道上，自古就是一个较大的驿站。

该镇辖 44 个村，镇上有"赵毛陶"冠名的村子 6 个，如赵毛陶一村、中赵毛陶村等，"尤村"冠名的 4 个，如小尤村、大尤村西村等。

这一误读的地名，从河北跑到了山东，两地相距近千里，真可谓"差之毫厘，谬以千里"。

盐山、孟村、海兴三县位于河北省东南部，南与山东北部的滨州、德州两市接壤，由于位于两省交界之处，历史上行政区划曾先后隶属冀鲁两地，县名及辖区也经过多次变化交替。

1937 年"七七事变"后，中共中央北方局将河北省津南地区的部分县与山东省北部的部分县合并建立起来一个抗日根据地。它包括现属河北省的盐山、沧县、黄骅、东光、南皮、吴桥，以及现属山东省的德州、乐陵、宁津、庆云、商河、临邑、济阳、齐河、平原、禹城、惠民、无棣、阳信、沾化和滨县等县市。因位于河北省南部和山东省北部接壤处，故称冀鲁边区。

1938 年 7 月建立冀鲁边区军政委员会，该地区工作由中共山东省委划归中共中央北方局和八路军 129 师领导。1941 年 2 月冀鲁边区划归中共中央山东分局领导，行政上相应地属山东省战工会。根据 1941 年 4 月山东省行政区域划分，冀鲁边区为全省六大行政区（战略区）之一。1942 年 11 月成立冀鲁边区战时行政委员会，至此始有边区正式的行政机构。1944 年 3 月与山东清河行政区合并为渤海行政区。

1945 年 8 月 15 日，日寇投降后，盐山县于 9 月 9 日、南皮县于 10 月 11 日解放。

当时盐山县隶属于山东渤海区，这也是信件贴用山东邮政发行的二版毛像邮票的原因。赵毛陶镇大尤村现在所属的海兴县，位于渤海之滨，为 1965 年新建县，由山东省无棣、河北省黄骅、盐山三县的边缘乡村合并而成，取"靠海而兴"之意而命名。

邮戳上的"靖远"为老县名，是为纪念抗日英烈杨靖远而命名的县。杨靖远（1902—1938，图 3），满族，辽宁省沈阳市东陵街人。1930 年参加革命，1931 年加入中国共产党。1938 年 4 月任冀鲁边区国民革命军别动总队第三十一游击支队副司令，后任冀南抗日根据地第六督察专员公署专员，八路军冀鲁边

图 3

军区津南军分区司令员。1938 年在盐山县的一次战斗中，不幸受伤被俘。1938 年 12 月 14 日，面对敌人的铡刀，他大义凛然，坚贞不屈，壮烈牺牲，年仅 36 岁，是 2014 年民政部公布的第一批著名抗日英烈。

冀鲁边区党、政、军机关为杨靖远等烈士举行了隆重的追悼大会，八路军东进抗日挺进纵队司令员兼政委肖华，亲笔为他题写了两副挽联："断头流血乃革命者家常便饭，奋斗牺牲是抗日的应有精神""抗战方兴竟在盐山留遗恨，建国未艾空对鬲水吊英魂"。

1940 年 8 月，中共冀鲁边区党委决定，将盐山县南部和乐陵县北部划出，设立靖远县，以示纪念烈士。1945 年 8 月，靖远县与盐山县合并，仍称靖远县，1949 年 5 月复名盐山县。

寄信者将地址写为盐山，而非靖远，既是习惯使然，在当时也是有缘由的。国民党河北省邮电管理局 1946 年 4 月 4 日密通令第 31 号、4 月 18 日密通令第 39 号均要求：对解放区邮件暂准封发，但"惟仍应书交邮局原有机构名称"，国民党方面对各解放区邮件均有类似规定，实际上这也是变相对解放区的不认可。

再看邮戳部分，正面手填戳，日期部分并未填写。背面有"NANPI/三十六？月？日/南皮"左读三格式英中文戳，时间年份为"三十六"，即 1947 年，但月日不清。天津机盖宣传戳时间部分可见"卅六？月十四"，月份不清，但南皮和天津邮戳中月份部分均可见字迹"一"字，故拍卖说明判断为"一月十四"日。但也有可能是"二"或者"三"，但从这个"一"判断，月份只能是"一二三"月中的一个。

信封背面另有毛笔骑缝书写的"叁月伍号"字样，这就为月份找到了答案，即书信写就日期是 1947 年 3 月 5 日，3 月 14 日到达天津，邮程 9 天。大尤村现距南皮县直线距离约 70 公里，南皮距天津约 150 公里，合计约 220 公里，正常邮程应在 3 天左右，在当时国共对立情况下，这个时间也是正常的。

有人说"叁月伍号"有可能是阴历日期，之所以断为公历日期，理由有二：

其一，按照中国传统习惯，阴历日期一般书写为"三月初五"，不会写作"叁月伍号"（或者"三月五号"）；其二，若为1947年农历三月初五，对应公历是1947年4月25日，天津到戳日期只能是"五月十四日"，这与原戳字迹不符，邮程19天也不合理。

山东省邮政管理局1946年6月23日开始执行平信2元资费，至1947年8月1日始上调为5元，2元邮资在其使用期内。

抗战胜利后，民众要求国共通邮的愿望日益强烈，经北平军事调处执行部协调，国共双方自1946年初开始通邮。1946年3月19日，河北邮政管理局密通令第25号规定："（一）共党所设通讯机构或交通局送来邮件经转各局，暂予照常转发或投递。（二）前项邮件如贴用共党邮票者，予以涂销并于投递时照第79号各类邮件资费表之规定，向收件人补收邮资，粘贴邮票盖销，暂不按欠资加倍罚取。"而在此前，国民党方面要求撤销共产党交通通讯机构，接受中华邮政统一领导，贴用中华邮政邮票，对贴用解放区邮票的邮件，一律涂抹邮票做欠资加倍罚款处理。

后经共产党多次交涉，1946年5月7日交通部邮字第218号指令："所拟对贴足共党邮票之信件仅将其邮票涂抹，不再向收件人补收邮资一节应予照准。令仰知照。"

之后，随着国民党不断挑起摩擦，国共通邮也时断时续，至全面内战爆发，国共通邮也走到了尽头。1947年11月3日，交通部邮政总局密训令局业通字第153号规定："一、为确保邮件安全，各局对共匪攻占各地，应暂停交换邮件。二、公众寄往各该地区之邮件，如短期内无法前转者，应即批明缘由，加盖日戳，退回原寄局转退寄件人。"

在解读此封过程中，了解了共产党在战争年代的区划过程，学习了抗日英烈的英雄事迹，通过解读邮史，感受历史，这也是集邮者一种特别的感悟。

一组"莱东赤山营"实寄封
再现热血青年参军潮

几年前，朋友让给笔者几枚实寄封，这组实寄封是 1947—1948 年期间，当时的莱东县赤山区梁家夼村几位同学之间的通信。从通信内容大概知道，这几位同学在当时的大参军运动中，有的先后参军，有的留在后方，通信内容主要是查询同学所在部队以及互相勉励的文字。这些信封都是利用废纸自行糊制，沿用了抗战时期胶东战邮的用封尺寸规定，信封超小，全部免资寄递。

1947 年初，在当时的莱东县赤山区，诞生了著名的"莱东赤山营"，营旗（图1）现保存在中国人民革命军事博物馆。

通信的当事人名字分别为：梁化（华）昌、梁化存、梁墨田、梁吉祥、梁作成。

图 1

"莱东赤山营"实寄封

这组实寄封最早的一封是 1947 年 3 月 26 日由梁化存写的（图2），收信名址写明"邮至莱东县赤山区梁家夼村 交 梁墨田 化昌同志"，寄信地址为"六师十六团团部"，信件内容为："梁化昌、墨田同学：今来信不为别事，只因你捎信已经收到了，内容的情况也知道了，现在你参军在哪一部分？请你告诉我，以后好通信。我把我的工作告诉你，我现在在六师十六团团部工作，请你不用挂念。别不多谈。此致 革命敬礼。梁化存 1947.3.26"此信免资实寄，无邮戳。

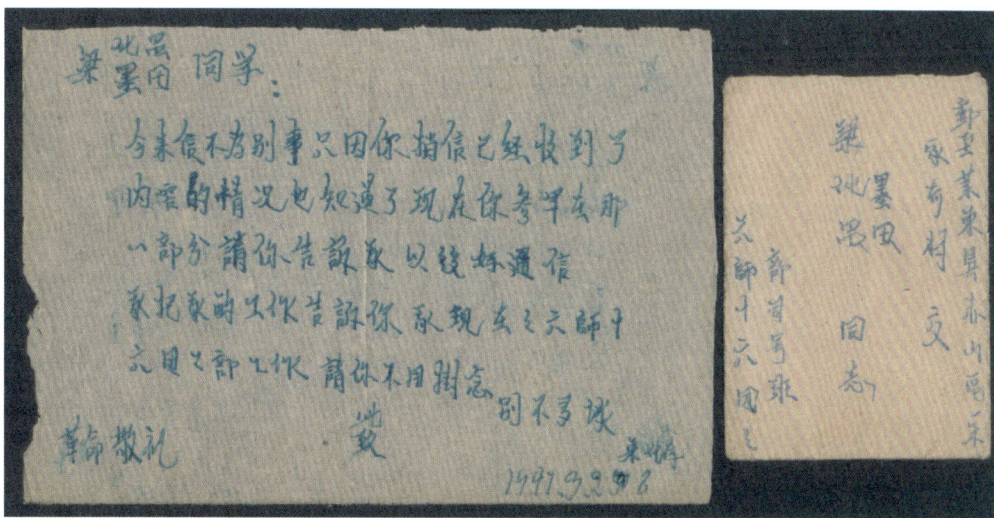

图 2

下面这两封信是梁化昌由"华东野战军九纵队教导团三营"寄出，"邮莱东县赤山区梁家乔村 交 梁墨田收"，第一封内容如下（图3）："梁墨田、吉祥、作成三位同志悉：春节过去了，在此特给你们致以崇高敬礼，以资慰问。我自到了华野九纵教导团三营工作以后，给了你们两封信，可是没有回信，我也不知道你们现在校中谈及没有，请见信后要给我个回信，告诉我吧。关于梁化存，我以后接到他的来信，给了他个回信，直到现在没有回信给我，也不知他到哪里去工作了，你们若知道的话，请写信告诉我吧，希见信后马上写信。别不多言。致 布礼。梁华昌 14/2"此信写于2月14日，信封已不存。接着2月25日又修书一封，内容如下（图4）："从前我不知你们在校中读书没有，一天忽然咱区来了一个人，我向他问咱区中的人上学了没有，他告诉我自从过年敌人进攻胶东，就没有人上学的直到现在，所以我才知道你们是失学了。可是你们要有知道，这个失学是国民党反动派给咱们造成的，我们不要忘记了那些坏蛋。我希望你们在村中多为老百姓负责任，领导群众翻身，做这些工作也是革命的一部分力量，这样前后方团结起来，才能打垮国民党反动派。今年也就是蒋匪将死亡的日子了，咱们因势上一把力，打垮蒋匪不费难，只有这样，咱们才能得到安居乐业的日子过着。我现在在这里工作很好，请你们不用挂念。别不多谈，希见信后要经常的通信为盼。致 布礼 祝你们精神愉快 （注意 关于梁华存，现在我不知他在那里工作，你们若知道要写信告诉我）1948.2.25 号 梁华昌"信末落款盖的红色私章也很有特色，由名字、红五星和党徽三部分组成。此信未贴邮票，免资寄递，信封背面有"山东 掖县 卅七年二月廿五"日戳（图 5）。

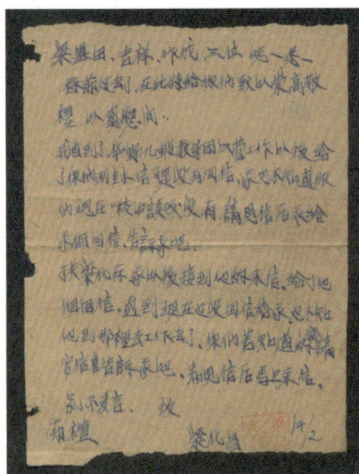

图 3

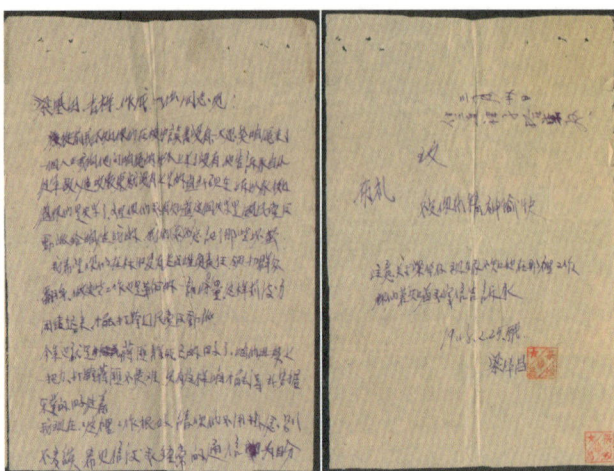

图 4

图 5

最后一封是由梁家夼村寄出，名址写明"邮华野九纵队教导团三营八连交梁化昌 收"，信件内容为（图6）："梁化昌鉴：你捎来的两信都接到了，头一封也已捎回，请你不用想念，希你安心对敌作斗争吧！关于你捎信的内容，我们也知道了，你捎信问我们梁（化）存在那里，我便告诉你吧，现在他在五师十三团。我们三人还是在校，希你放心吧！ 同学 梁吉祥、墨田、作成6"此信亦免资实寄，无戳记。名字后面的数字"6"，估计为回信日期3月6日。

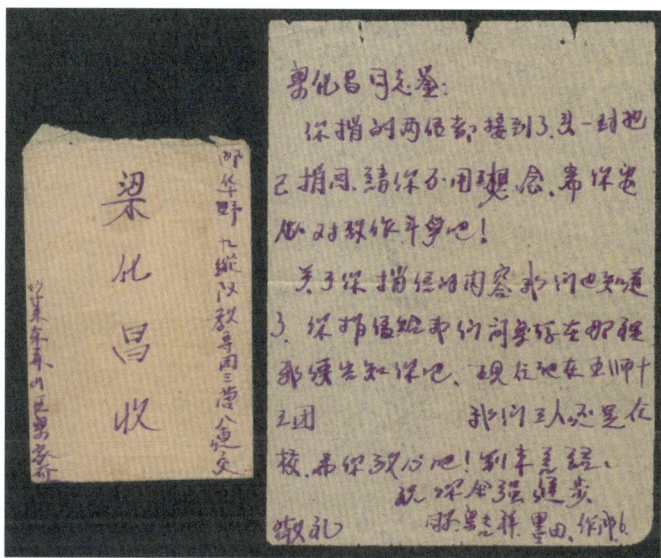

图6

从这几封信件中可知，这五位梁姓同学同是梁家夼村人，应该是一个班的同学，其中的梁化昌、梁化存是1947年参军的，即莱东赤山营的子弟兵，参军后彼此失去联系。这是他们互相联系、彼此鼓励的信件。从以后了解的情况得知，梁墨田和梁吉祥也于1948年入伍参军。

从邮史意义上，这些封有以下特点：信封超小。延续胶东战邮规定，为便于战时寄递和隐藏，信封按长三寸、宽两寸的尺寸，这几个封比这个标准还要小得多。免资寄递。战士家信和寄往部队的信件，享受免费寄递的规定。物资紧张。所有信封均为自行糊制，信纸也是一些纸头和废纸再利用。缺少戳记。三个信封除一个盖有邮戳外，其他两个无任何戳记。当时战场情况复杂，为了快速处理邮件，许多军邮信件免去了加盖邮戳的手续。

书信的书写字迹规整、语句顺畅，很少错别字，也反映出这几位文化水平较高。

寻访"赤山营"故地

由于以上的一组信件，笔者一直想寻访一下诞生赤山营的那片热土，当年风华正茂的五位少年还健在吗？当时的大参军热潮都发生了哪些动人的故事？

2017年夏秋之交，笔者驱车百余公里抵达现属于莱阳市万第镇的梁家夼村，可惜天公不作美，一场突如其来的大雨，打断了寻访梦，只是了解到，五位中的梁吉祥老人还健在。此事一搁又是一年多，2018年10月的一个周末，笔者再次踏进了梁家夼村。

梁家夼村现有四百余户，2014年被授予"第一批省级传统村落"称号，村子坐落在一条山夼里，山夼底部是一条小河，只有几米宽，河水淙淙，清澈见底。河两边砌有两米多高的河坝，村子依河两岸而建，沿河两边都是古老的民居，中间有几座小桥相连通，尽显古意，村民的房子随山坡依次向山上延展。进村的道路也很隐秘，生人还真不好找，真有一种世外桃源的感觉。

1947年春，国民党军队重点进攻山东和陕北，为了保卫胜利果实，胶东地区开展了轰轰烈烈地大参军运动。当时喊出的口号是"参军保田保家乡！""保家保田，保卫胜利果实！""上前线，把大门，杀蒋立功！"刚刚分得胜利果实、当家做主的农民子弟，争先恐后参军入伍、奔赴前线。莱东县赤山区诞生的"莱东赤山营"，就是当时的杰出代表。

莱东县1941年2月由莱阳县东部区域析置，1950年3月撤销，辖区并入莱阳县。当时赤山区辖32个村，区政府驻梁家夼村。当时全区有800余名青壮年报名参军，其中梁家夼一村就有130余人报名。经过审查，有458人被批准入伍，组成一个营，命名为"赤山营"，由区武装部长梁凤臣任营长。梁家夼村妇救会主任于凤兰，拿出新婚未舍得用的红绸子被面，与几位妇女连夜赶制了一面大旗，上面绣着"到前线去 杀敌立功 莱东赤山营"几个大字。这面大旗随着胶东子弟兵南征北战、南下、渡江，直至解放全中国，现在被收藏在中国人民革命军事博物馆。

梁化昌、梁化存就是此时参军的，当时的年龄只有 16 岁（虚岁，下同）左右。八十多岁的梁作廷老人回忆说，当时村里的学校坐落在村南，抗战时期，由于教师中有地下党员，秘密在学生中传播抗日进步思想，被驻万第的二鬼子下乡烧毁，学校被迫迁往村中的梁氏家庙。信件中涉及的五位当事人，都是当时学校的学生，年龄相当。

84 岁的梁宏兴、83 岁的梁德君老人回忆起当年报名参军的热闹场面，仍感慨万分、仿佛就在眼前：当时正值正月，街上站满了人，大家踊跃报名，比过年还热闹；欢送子弟兵时，坐着大花轿、骑着马、戴着大红花、敲锣打鼓，好不热闹！ 87 岁的梁学先老人当年只有 15 岁，他也想报名参军，可是因为年龄太小，人家不要。一下子走了这么多人参军，村里一时冷清了下来，"清街了！"梁学先老人感叹道。

梁墨田、梁吉祥是 1948 年参军的，梁墨田当年参军时只有 16 岁。他父亲是党员，他要带头参军，个头不够高怎么办？量身高的时候，梁墨田暗地里脚踩了一块石头。脚踩石头量身高，几位老人都清晰地记得这段往事。

"梁墨田参加的是海军，过水的时候，他穿的棉裤被水湿透了，小孩子也不懂，就这样穿着，腿部受凉留下终身残疾。"现居万第镇港口村的梁墨田妻妹董瑞英老人回忆到。由于是海军，梁墨田转业后分配到无锡造船厂工作，现年 87 岁，因病已无法接受采访。

梁吉祥后来退伍回到村里务农，现年 87 岁，本人来访时惜已过世两个月。梁作成未参军，一直在村里务农。梁化昌参军后，曾任某部团政委，后任北京某医院院长，已去世。梁化存在渡江战役中牺牲。据《莱阳市志》1995 年版记载，梁家夼村共有烈士 22 名，其中解放战争期间牺牲烈士 20 名。

几经寻访和查找资料，终于弄清了信件中几位当事人的基本情况，也让笔者了却了一段心愿。当年这几位少年只有十五六岁，如果算周岁的话，只有十四五岁，可谓风华正茂，但是，他们为了保卫胜利果实，为了推翻反动统治，毅然放弃学业，离开父母，拿起武器，奔赴前线，有的牺牲在了战场上，这种家国情怀，令人感动！（因当事人年事已高，个别回忆细节可能有出入；文中涉及人员年龄皆为虚岁，特说明）

烟台商埠邮局解密

烟台商埠邮局，英文名称"CHEFOO LOCAL POST OFFICE"，直译为烟台地方邮局，中文名称"烟台书信馆"。按照官方邮票目录记载为："1893 年，驻烟台德国侨民成立商埠邮政委员会，7 月 1 日开办书信馆，10 月 6 日开始发行邮票。"

1897 年 2 月大清邮政官局正式对外营业后，取缔各地商埠邮局，烟台商埠邮局停办。由于烟台商埠邮局存世仅三年多时间，加上年代久远，史料留存极少，所以，人们对于烟台商埠邮局的了解，仅局限在其发行的几套邮票上。

现就近年发现的史料，结合已有档案，就烟台商埠邮局予以部分解密。

商埠邮局的兴衰

1854 年，上海工部局成立，管理上海国际租界。1862 年，英国客邮局从英国领事馆迁出，另觅新址，上海工部局补充其费用。但英国客邮局的服务，满足不了日益增加的商界通信需求，特别是通商口岸之间的通信。为此，1863 年 7 月 13 日上海工部局设立书信馆，开始为

图 1

其注册客户提供服务，这是中国第一家商埠邮局（图 1，清代上海明信片，右上角建筑可见上海工部书信馆招牌"LOCAL POST OFFICE"部分字样）。注册客户大多是商家，需要预付一笔邮资，定期结算。注册客户寄信不需要贴邮票，这种信封习称"现金封（cash cover）"。1865 年 8 月 2 日，上海书信馆发行上

海工部大龙邮票。

此后，上海工部书信馆开始在各通商口岸广设代办，建立了足与各国客邮和海关邮政分庭抗礼的网络和体系。

1866 年冬，总理衙门把递送各国使领馆信件的业务，交由海关总署税务司办理，同年 12 月起，各海关先后设立邮务办事处，东海关亦设立邮务办事处，但仅限海关本身公私邮件和各使领馆邮件。1868 年 1 月开始，以津海关为首开始收寄外侨信件。1876 年，赫德请设送信官局，总理衙门就此函询直隶总督兼北洋大臣李鸿章，李鸿章随即向总理衙门提出建议并获同意。1878 年始在北京、天津、烟台、牛庄、上海五地试办海关邮政，海关邮务办事处更名为海关书信馆。1878 年 4 月 1 日起，在津海关与北京海关总税务司间开办定期邮务。1878 年 5 月 1 日，德璀琳在天津签发《邮政通告》，规定了邮政资费标准，分别寄给牛庄、烟台、上海的海关税务司，要求自 5 月 15 日实施，史称"五一通告"。

1878 年 5 月 15 日，天津海关税务司德璀琳发文回复上海工部书信馆馆长（工部邮局局长）麦克米兰，并同时抄送江海关税务司雷德："您提出的让我关书信馆分送贵局从上海发来的邮件的建议，我准备按照下述条件予以接受。此项安排是临时性的，要经过充分的试行，并应包括烟台、牛庄、天津和北京。烟台、牛庄、天津三个北方口岸海关书信馆和北京书信馆发往上海的所有邮件，由上海工部邮局负责分送，邮费由上述海关书信馆按照附寄去的邮资表收取并归己有。上海工部邮局经海关书信馆发往上述北方口岸和北京的邮件，邮费由工部局邮局收取并归为己有。"

至此，海关书信馆与工部书信馆（邮局）签约合作，互相投递对方邮件，但邮资各自收取，没有结算关系。

1878 年 7 月，大龙邮票开始在五地海关发行。1879 年，海关书信馆更名为"海关拨驷达局"，总局在天津。"拨驷达"即英文邮政（POST）音译。

1895 年以后，海关邮政认为各地商埠邮局的邮票缺乏条约依据，不再承认其为合法的邮资凭证，对贴用商埠邮票的信件开始追收费用。

1896 年 3 月 20 日，光绪皇帝御批《议办邮政折》"依议"，大清国家邮政开办，1897 年 2 月，大清邮政局正式营业后，取缔各地所有商埠邮局，但保留

了上海工部书信馆。1897 年 10 月 31 日上海工部书信馆关闭，11 月 1 日，上海
工部书信馆并入大清邮政，继续为租界内的外侨提供投递服务，并继续使用上
海工部邮局邮戳，唯不得再发行邮票，直至民国初年。

烟台商埠邮局章程

烟台商埠邮局成立伊始，即拟定颁布英文版的《烟台商埠邮局章程》。该
文本曾由上海商埠邮票专家史济人译成中文，并油印成册。由于该译本成书较早，
印量少，故留存下来极少，藏家均秘不示人。笔者虽关注此书多年，无奈一直
搜寻无果。

直至 2022 年，《烟台商埠邮局章程》
现身某国外拍卖公司（图 2），随即拍下。
由烟台毓璜顶医院留美博士后黄爱杰先生
译成中文，经青岛集邮翻译家阮全三先生
就邮政专用术语修订，全文如下：

烟台商埠邮局（章程）

1. 未经许可者不得进入邮局。

2. 营业时间为工作日的上午 9 时至
下午 5 时。在营业时间内，邮局收到的所
有信函邮件都将投递到申请的地址。未申
请的信件等，将视局长之便，在合理范围
内投递，且对任何延误概不负责。

如果轮船在营业时间外抵达，邮局
将在收到邮袋后增加营业一小时以便分发
邮件。但是，邮局在早上 6 时前或晚上 9
时后不对外营业。

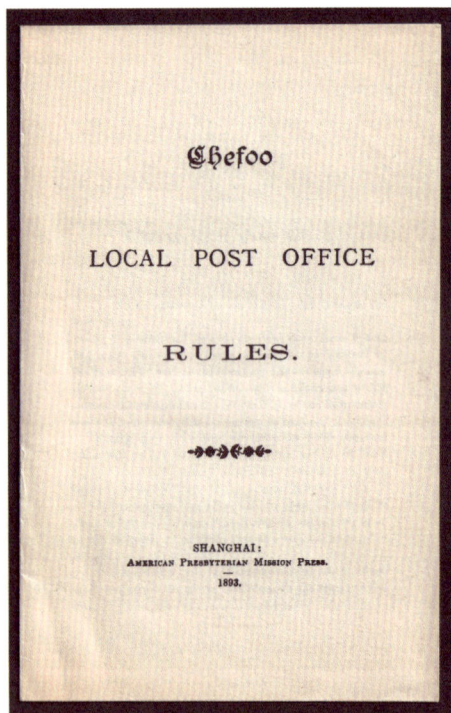

图 2

3. 周日，在收到来自上海的邮袋后，邮局将增加营业一小时；如果当天有
开往上海的轮船，亦将增加营业一小时以便发送信函邮件。

4. 邮局营业时间可根据季节调整，届时另行公告。

5. 邮局对信函邮件的损坏或丢失概不承担义务和负责，不对任何信函邮件因未能送达或错投造成之损坏和丢失负责。也不对任何包裹邮件损坏负责，挂号件亦照此办理。但会认真调查所有损坏丢失之挂号和其他信函邮件的损失，以便在可能的情况下追回丢失物品，或者补偿被证明是因邮政官员和职员过失造成的损失。

6. 1893年的邮局开支，将由邮件的邮资款支付。冀希于1894年能开办预付预支服务。

7. 发外埠信函邮件按寄外埠或当地费用标准收费，详如下：

信函：每盎司重1分，不足1盎司按1盎司计算。

报纸和通告：每份1/2分，重量不得超过4盎司。

印刷品：每2盎司重1/2分，不足2盎司按2盎司计算。

商品式样和样品，不超过4盎司重量，收费1/2分，超过4盎司，按包裹费计。

包裹：每磅4分，不足1磅按1磅计算；每增加一磅加1分，不足1分按1分计算。

挂号费：5分

8. 如有可能，邮局将采购并出售背胶邮票。烟台当地商家和居民可以申领邮资存折，记录发生的邮资金额，并在每个月底收取应付金额。

9. 如邮政资费第7款所示，仅办理华人信函。邮政局长有权拒收任何看似可疑的信函。

10. 凡挂号信函邮件均需于规定邮件收发时间停止前一小时办理妥当。挂号件必得用坚硬外包装纸妥为封装牢固，同时注明寄件人姓名地址。发送时须交付邮局办理，并索要收据。

11. 信函邮件尺寸规定：信函、包裹或包封纸长度不得超过18英寸长，9英寸宽，6英寸高。

包裹件：包裹重量不得超过6磅。包裹内装件须得无害，且封装牢固。视包裹内装件状况，邮局局长有权拒收任何包裹。包裹件须注明寄件人姓名地址，以便在无法投递的情况下退回发件人。

12. 邮局局长本人可适时发布海外信函邮件停止受理通告，特殊情况下，可发送追加信函邮件。

13. 烟台商埠邮局将与轮船代理安排在轮船到达时立即接收发本地邮袋。

14. 委托烟台商埠邮局寄往海外信函邮件，除贴附邮政联盟国邮资，还应贴付国内邮资。邮局将按指定地址发送，但风险完全由寄件人承担。对未贴付邮政联盟国规定之邮资的海外信函邮件，邮局将视情况扣押追索邮资，或直接退回发信人。

15. 邮局可按需求投递发送纯本地信函，但不提供定期定时投递服务。

16. 烟台商埠邮局受理寄往以下地区的邮件：厦门、镇江、福州、汉口、宜昌、九江、南京、宁波、罗星塔（福州）、汕头、温州、芜湖以及其它属上海工部书信馆营业范围内的地区。

17. 若确为公众便捷之需，冀希能对发送天津和牛庄信函邮件做出特殊安排。

18. 所有与烟台商埠邮局业务有关的通信均应发送给邮政局长本人收。

因烟台商埠邮局的运作与大家理解的现代邮政有所不同，为了便于理解章程中条款，简释如下。

"1. 未经许可者不得进入邮局。"因为商埠邮局服务对象主要是签约用户，即与邮局签订收寄服务的协议用户，他们属于"已经许可者"，而其他无关人等不得入内。

"2. 营业时间为工作日的上午9时至下午5时。在营业时间内，邮局收到的所有信函邮件都将投递到申请的地址。未申请的信件等，将视局长之便，在合理范围内投递，且对任何延误概不负责。"此条粗看似难理解，但对照第一条就明白了。因商埠邮局服务对象都是签约用户，这里的"申请地址"即签约用户地址，没有签约的用户邮件，邮局长将根据距离远近和服务范围确定是否投寄，否则可能退回，且对因此造成的邮件延误不负责任。

"3. 周日，在收到来自上海的邮袋后，邮局将增加营业一小时；如果当天有开往上海的轮船，亦将增加营业一小时以便发送信函邮件。"烟台商埠邮局是当时开办的第三家商埠邮局，只与上海工部邮局交换邮件，包括寄往海外及其他商埠邮件均经上海工部邮局转寄。商埠邮局与轮船公司签订带运邮件协议，邮件全部经烟台与上海间往返（途经）轮船运输，烟台与上海间海上邮程一般为3天。因有特殊情况和有的船期不固定，故周日如有轮船往返，亦增加一小时营业时间，以便装卸邮袋。

"8. 如有可能，邮局将采购并出售背胶邮票。烟台当地商家和居民可以申领邮资存折，记录发生的邮资金额，并在每个月底收取应付金额。"此条参照第6条可知，邮局成立之初，尚无邮票可用，用户可以申领邮资存折，每次寄信所用邮资记录在折上，每个月底汇总结算支付。估计邮资存折存在时间不长，因为10月6日，在德国印制的烟台商埠邮票即抵烟开售。

"9. 如邮政资费第7款所示，仅办理华人信函。邮政局长有权拒收任何看似可疑的信函。"当时对于中国人，只办理信函业务，所谓"信函"即大家所说的"平信"，而不办理其他如挂号、包裹等业务。

"12. 邮局局长本人可适时发布海外信函邮件停止受理通告，特殊情况下，可发送追加信函邮件。"当时烟台是重要的国际邮件中转地，主要通过轮船带运邮件，但因有的船期不固定，每有国际航线轮船抵达，即以邮局长名义提前发布轮船到港信息，内容主要为"××轮几日几时抵烟埠，几日几时截止收寄邮件"，以便公众提前交寄邮件。

"14. 委托烟台商埠邮局寄往海外信函邮件，除贴附邮政联盟国邮资，还应贴付国内邮资。邮局将按指定地址发送，但风险完全由寄件人承担。对未贴付邮政联盟国规定之邮资的海外信函邮件，邮局将视情况扣押追索邮资，或直接退回发信人。"因清政府国当时未加入万国邮联，故邮资只在国内认可，寄往国外需贴用万国邮联国家的邮票。此条就国际邮件强调了两点，一是须贴用商埠邮票，以支付国内段邮资，二是还须贴邮联国邮票，支付海外段邮资，否则将补缴邮资或退回（图3为1894年烟台寄德国邮资明信片，到达上海工部邮局后，补贴10芬尼德国客邮邮票，其中明信片邮资1/2分为国内段邮资，10分为国际邮资）。

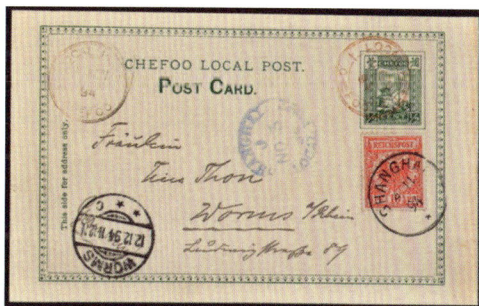

图3

第 16、17 条款，是烟台商埠邮局收寄邮件的地区范围，可见邮局开办之初，只收寄发往上海工部邮局范围的邮件，全部是南方沿海、沿江已开埠口岸，尚不包括北方已开埠的天津和牛庄，但对寄往该两地的邮件，本着为用户服务的目的，商埠邮局将尽量做出特殊安排。

烟台商埠邮局发行的邮资票品

按照官方邮政史资料，烟台商埠邮票的说明是，"1893 年，驻烟台德国侨民成立商埠邮政委员会，7 月 1 日开办书信馆，10 月 6 日开始发行邮票。"

需要说明的是，因为这类邮局都是开设在开埠通商口岸，故通称"商埠邮局"，其英文名称一般为"LOCAL POST OFFICE"，即地方邮局，而其中文名称一般称作"书信馆"，当年海关试办邮政时期即称作"海关书信馆"，外国客邮局，中文名字也称作"书信馆"，如德国客邮局称作"德国书信馆"。

开办商埠邮局的机构也不尽相同，有租界工部局、外侨组织、洋商，甚至洋人个人，名称大多为前面冠地名的"书信馆"，但也有称作"信局""邮局"的。这些书信馆互不隶属，各自为政。自立邮章，自定邮资，自己发行邮票（含邮资票品）。

自 1863 年上海工部局开设商埠邮局后，按时间顺序先后有汉口、烟台（芝罘）、重庆、九江、镇江、芜湖、宜昌、厦门、福州、南京（金陵）共 11 地开设商埠邮局并发行邮政票品。

烟台是继上海和汉口后第三家开设商埠邮局的口岸，发行的邮资票品包括邮票、邮资明信片、邮资信卡、邮资包封纸等丰富多样的邮政用品。

烟台商埠邮局共发行邮票两套，第一套俗称"烽火台"邮票，一套五枚，主图是烟台山灯塔（图 4）。这个地方早期虽是烽火台，但彼时已失去烽火台的作用而改作导航灯塔，人们望图生义称"烽火台"。这套邮票有两种版别，第一版发行于 1893 年 10 月 6 日，第二版发行于 1894 年 1—3 月。每枚邮票均有"烟"字水印，由德国 Karl Schleicher and Schull 印制。第二套俗称"海港风光"邮票，主图为烟台山全景（图 5），一套三枚，图幅比第一套要大得多。发行时间在 1896 年 1 月，亦为德国 Karl Schleicher and Schull 印制。

图 4

图 5

　　除了这两套邮票外，还有一枚邮资明信片，邮资图与第一套邮票相同，因明信片上英文字母间距不同，共有三种版别；另有一种边框俗称"卷浪花"版片，边框图案较上一种繁复，比较少见（图 6）。邮资包封纸一种，邮资图同样与第一套邮票相同（图 7），亦因文字间距不同分两种版别；包封纸当时主要用作邮寄报纸，将报纸卷成筒状，长条形的包封纸束腰固定。还有一种邮资信卡，邮资图案与第一套邮票相同，亦因文字间距分为三版；信卡为两张明信片大小的卡纸对折所成（图 8）周边有胶并打有齿孔，信卡对折的内面用作书写内容，收件人将周边沿齿孔撕去即可打开阅读，这即保障了通信的私密性，也因信件重量减轻而节省了邮费。

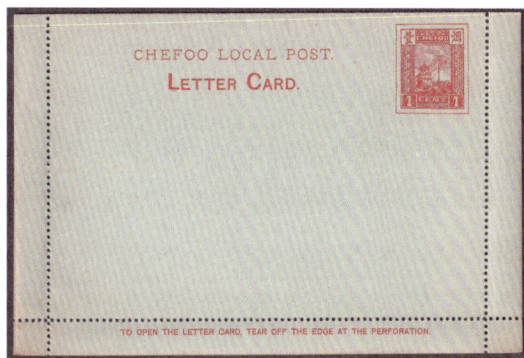

图 6　　　　　　　　图 7　　　　　　　　图 8

不可否认，这些邮资票品的发行出售，除了通信的需求，很大一部分是为了满足世界各地集邮爱好者的收藏欲望。流入收藏领域的数量，甚至比邮政渠道实用的要多得多，这也给商埠邮局带来了不菲的收入。商埠邮局停办后，这些邮资票品更是全部流入收藏领域。

烟台商埠邮局 1893 年会

1893年12月29日出版的《字林西报》，刊登了一则题目为"烟台商埠邮局"的消息（图9），内容是烟台商埠邮局1893年会概况，其中涉及参会人员、邮局经营情况、1894年资金预算安排、1894年邮政委员会选举结果等。大致内容如下：

"烟台商埠邮局

12月21日，烟台商埠邮局在滨海饭店举行了一次出席人数众多的公众会议，出席会议的有以下几位先生：C.F.R.Allen(Chairman),E.F.Allan,Augustesen,Rev.H.J.Brown,M.Boyd Bredon,Block,H.J.Clark,E.E.Clark, Dr.Corbett,Cornwell,Calender,Dr.Douthwaite,Edgar,Hayes,Hansen, Jackson,Dr.Lenz,Lavers,Lay,Mullen,McMullan,Parkhill,Pym,Stooke, A.Silverthorne,Shirasu,Smith,Tomalin,Dr.Von Tunzelmann,and Wake.

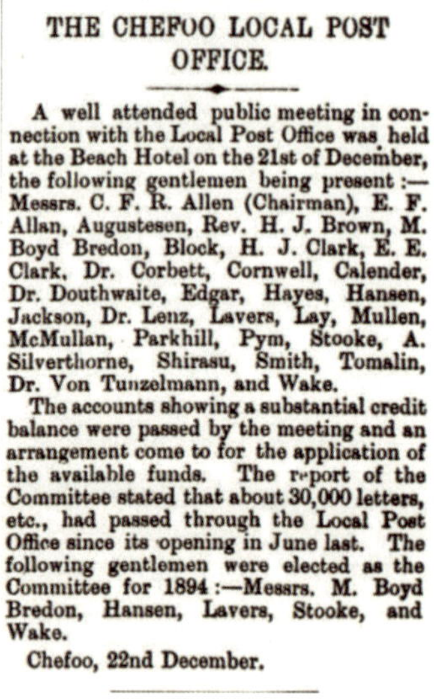

THE CHEFOO LOCAL POST OFFICE.

A well attended public meeting in connection with the Local Post Office was held at the Beach Hotel on the 21st of December, the following gentlemen being present :— Messrs. C. F. R. Allen (Chairman), E. F. Allan, Augustesen, Rev. H. J. Brown, M. Boyd Bredon, Block, H. J. Clark, E. E. Clark, Dr. Corbett, Cornwell, Calender, Dr. Douthwaite, Edgar, Hayes, Hansen, Jackson, Dr. Lenz, Lavers, Lay, Mullen, McMullan, Parkhill, Pym, Stooke, A. Silverthorne, Shirasu, Smith, Tomalin, Dr. Von Tunzelmann, and Wake.

The accounts showing a substantial credit balance were passed by the meeting and an arrangement come to for the application of the available funds. The report of the Committee stated that about 30,000 letters, etc., had passed through the Local Post Office since its opening in June last. The following gentlemen were elected as the Committee for 1894 :—Messrs. M. Boyd Bredon, Hansen, Lavers, Stooke, and Wake.

Chefoo, 22nd December.

图 9

会议通过了显示有大量贷方余额的账目，并就可用资金的使用作出了安排。委员会的报告指出，大约有3万封信件等物，自从去年六月开办以来一直通过商埠邮局邮寄。下列先生被选为1894年委员会成员：M.Boyd Bredon,Hansen,Lavers,Stooke,and Wake。

12月22日，芝罘。"

从文中列出的名单可知，参加年会的都是外国人。可见，当时烟台商埠邮局的服务对象基本都是洋人。那么，都有哪些在烟洋人参加了这次会议呢？在芝罘历史文化研究会曲德顺秘书长的协助下，大家核对出其中的大部分人物，按照文中名单顺序介绍如下：

C.F.R.Allen: 阿林格，驻烟英国领事（任职时间 1891—1896，下同），兼奥匈帝国驻烟领事（1891—1896）。商埠邮政委员会主席。

E.F.Allan: 雅兰，英国驻华外交官，1891 年来华。

Augustesen: 奥古斯特森，哈利洋行。

Rev.H.J.Brown：布朗牧师。

M.Boyd Bredon：裴式模，东海关税务司。

Block：布洛克，哈利洋行。

H.J.Clark：克拉克，滋大洋行。

E,E.Clark：克拉克，和记洋行。

Dr.Corbett：郭显德，美国长老会。

Cornwell：韦丰年，美国长老会。

Calender：滨海饭店业主。

Dr.Douthwaite: 稻帷德，内地会。

Edgar：爱格尔（Edgar,Henry），东海关前税务司。

Hayes：赫士，美国长老会。

Hansen：汉森，哈利洋行 (Hansen.H.A)。

Jackson：杰克森，美国长老会。

Dr.Lenz：连梓，德国副领事（1890 年始任副领事，1897 年授领事）。

Lavers：累福士，荷兰领事（1891—1899），意大利代理领事（1891—1899），瑞典、挪威副领事（1891—1898），丹麦副领事（1891—1894），和记洋行。

Lay：雷，英国领事馆。

Mullen：穆麟，东海关。

McMullan：马茂兰。

Parkhill：帕克希尔，东海关副监察长，负责港口。

Pym：斌尔钦（Pym,E.T），东海关三等帮办前班。

Stooke：斯托克，内地会学校。

A.Silerthorne：西尔弗索恩，和记洋行。

Shirasu：白数，日本领事馆。

Smith：斯密斯，富有洋行（美国长老会还有一名传教士明显文 F. Smith）。

Tomalin：林春荣，传教士。

Dr.Von Tunzelmann：涂福满，英国医师，东海关医员（1892—1897）。

Wake：韦历奇（J.P.Wake），比利时领事 (1892—1902)、法国领事 (1892—1896)、西班牙领事 (1892—1902)、俄国副领事（1892—1894）、滋大洋行。

年会还选举了 1894 年商埠邮政委员会成员，主席应该还是英国领事阿林格，成员分别为：

M.Boyd Bredon：裴式模，东海关税务司。

Hansen：汉森，哈利洋行。

Lavers：累福士，荷兰、意大利领事，瑞典、挪威、丹麦副领事，和记洋行。

Stooke：斯托克，内地会学校。

Wake：韦历奇，比利时、法国、西班牙领事，俄国副领事，滋大洋行。

文章最后就烟台商埠邮局的运营情况做了简述，文中的"去年"为 1893 年，因年会召开于 12 月 22 日，消息是 12 月 29 日见报的（鉴于当时的通信条件，发稿人估计 1894 年初见报，故写为"去年"）。文中称自 6 月（文献记载为 7 月 1 日）邮局成立以来，共收寄了 3 万封信件等物（信件和包裹等），也就是邮局半年的运邮量，平均下来，每天收投邮件近 170 封（件），可见量还是不少的，这给商埠邮局带来了非常可观的收入。邮局账户上有大量贷方余额，即邮局有大量盈余资金，邮政委员会就资金的下步使用做出了预算安排并获得委员会通过。

商埠邮局局长文中未有提及，据 1896 年资料（图 10），局长为马茂兰。期间是否有变化不得而知，考虑到邮局存世不足四年推测，马茂兰可能一直任邮局局长一职。

关于烟台商埠邮局还有一些未解之谜，如称"驻烟台德国侨民成立邮政委员会"，但邮政委员会主席是驻烟英国领事阿林格，1894 年邮政委员会成员也非全部是德国侨民；商埠邮局的办公地址据称在朝阳街上，具体位置有待考证；从 1893 年会上大家了解了邮局运作情况，按照惯例，后几年也应有类似的年度报告。这些都期待后续资料的发掘。

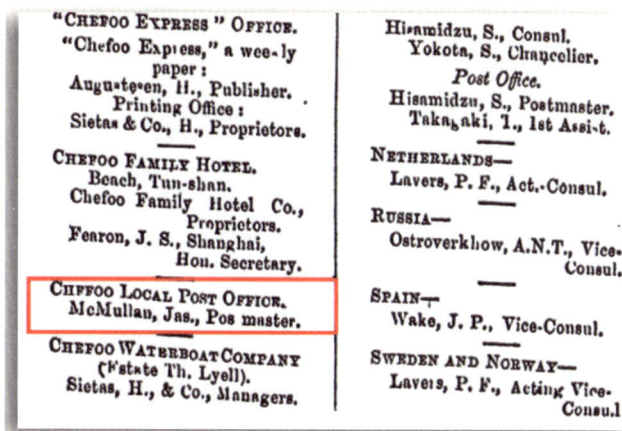

图 10

藏在深巷里的烟台东海关

明洪武三十一年（1398 年），为防倭寇，在今烟台山上设狼烟墩台，烟台也因此得名。1861 年烟台开埠后，先后有 17 个国家在烟开设领事馆，烟台山周围洋行、领馆、商号、银行、酒店、邮局等林立，一度曾拟辟为租界区（图 1，20 世纪初的烟台山）。紧邻烟台山下有两条街道，一条东西走向的海岸街，一条南北走向的海关街。

图 1

海岸街上自东向西分布有法国客邮局、日本客邮局、烟台商埠邮局、俄国客邮局、大清邮政局、德国客邮局，还有开办威海卫专差邮政的和记洋行，此街在清代即有邮局一条街的称谓（图 2，自东向西的海岸街，尽头即为海关街）。海岸街西头与海关街相连，两街呈丁字型，东海关税务司署、英国客邮局即位于海关街（图 3，海关街北段）。

图 2

图 3

众所周知，1878 年大龙邮票首发于北京、天津、上海、烟台、牛庄五地，因当时是委托海关试办邮政，在海关内设立邮务代办所，所以这五地的海关也就成了大龙邮票的首发"原地邮局"。

目前，北京、天津、上海、牛庄四地原大龙邮票发行时的海关原址均已不存。曾两度荣登中国邮政开办周年纪念邮票的"大清邮政津局"旧址（图 4），建于 19 世纪 70 年代末，津海关邮局于 1884 年迁入此地办公，此时距大龙邮票发行已逾六年，而原天津大龙邮票首发地的津海新关（图 5）原址现已不存。那么剩下的烟台海关（时称"东海关"）是否还存在呢？回答是肯定的。

图 4

图 5

图 6 即为东海关现状，为一坐西面东的两层小楼，有一个不大的院落，看上去就是一幢常见的老建筑，看不出当年洋关建筑的风貌。在有关邮政、海关方面的书籍中，采用的也都是这个角度的照片，图 7 是《中国清代邮政图集》中的东海关图片，图 8 是《烟台海关史概要》中的图片。至于看上去没有洋味

儿，估计是年代久远，历经近 160 年的风吹雨打，加上屡次维修，已经脱胎换骨，让它没有了原来的模样？

图 6

烟台邮局外景（1878）

图 7

东海关税务司署旧址

图 8

图 9

历史上的东海关到底什么样子呢？有关东海关全貌的照片资料均是近代影像，早期照片几乎没有发现，也没见相关资料披露过。直到一张明信片的发现，才让大家一睹东海关的芳容（图 9）。

这张明信片由日商烟台中山商社发行，命名为"芝罘税关"，全套有近百张，是烟台早期明信片中枚数最多的一套，民国初年发行，同套中见有 1914 年使用例。该片发现后，即被《山东集邮史》作为 2018 年常州全国邮展参展本封面使用。

根据中英、中法《天津条约》，1861 年烟台开埠后，1862 年登莱青道署由莱州迁驻烟台，3 月东海关正式对外行使权力。因山东时称"东省""东境"，故海关被命名为"东海关"。

1863 年 3 月 23 日，东海关第一任税务司英国人汉南到任，主持兴建东海关税务司署。关署为坐东面西，正对太平湾码头，以利来往船只办理关务，占地 7.792 亩，建筑面积 990 平方米，中西合璧风格。主体建筑为西式风格，主楼为四面坡青瓦庑殿式屋顶，双层砖木结构，平面呈方形，立面二楼设置开放式外廊，主楼南北两侧对称接有厢房。整个关署为封闭式院落布局，关署正门采用中国传统门房形式设计，大门两侧为门房（图 10）。

14511—Custom House, Chifu, North China.

图 10

东海关税务司署自落成以来，历经清代、民国、敌伪、解放区以及新中国海关时期，一直被作为烟台海关办公楼使用，直至改革开放后新的海关大楼建成，原址被改做海关总署烟台教育培训基地。

原来的关署大门被拆除后，几经变化。20 世纪 70 年代，在原来的院落位置，紧靠关署建了两幢五层海关家属楼，后来北面又建了一幢六层楼房，将关署包围。由于楼房遮挡，要想西向拍一张正面照片几乎是不可能的，图 11 是最大限度取景的正面照片。

时间一长，大家都把东向的背面当成了东海关署正面。而真正的正面，由于海关小区封闭管理，外人不能进入，加上隐藏在老街深巷之中，渐渐被人们遗忘了。现在这个小区楼房已是危楼，看不到几户人家居住了。

目前，东海关税务司署保存完好，烟台市也正在进行包括烟台山、所城历史文化街区的整体改造，作为大龙邮票仅存的首发地，大家期待着东海关华丽转身的那一刻。希望在大龙邮票发行 150 周年、中国邮政开办 130 周年纪念邮票上，能够看到它的身影。

图 11

烟台东海关——大龙邮票仅存的首发地

众所周知，1878 年海关试办邮政。7 月始，大龙邮票先后在天津、北京、上海、烟台、牛庄五地发行使用。因为是海关试办邮政，海关邮局即开设在海关内，故五地海关即为大龙邮票首发地。大龙邮票发行至今已逾 145 年，由于年代久远及历史原因，目前所见资料，均未见提及五地大龙邮票首发地是否尚存，在历次发行的大龙邮票发行及中国邮政创办周年纪念邮票中，也未见大龙邮票首发地踪影，按照通常的理解，即大龙邮票首发地已经无存，真相果真如此吗？答案是否定的。

从目前发掘的资料可知，现存的烟台东海关关署旧址，即为大龙邮票在烟台发行的原地。

1856 年 10 月，第二次鸦片战争爆发，英法联军先后攻陷广州和天津，并扬言进攻北京，腐败的清政府无奈在天津与俄、英、美、法四国谈判，于 1858 年 6 月签订不平等的中英、中法《天津条约》，加上后来签订的《北京条约》，中国北方先后出现了三个通商口岸，分别为天津、牛庄和登州（今蓬莱）。

1861 年新年刚过，英国公使派往登州的领事马礼逊，自天津由陆路进入山东，先在省会济南与巡抚文煜相见，文煜派候选知府董步云陪同马礼逊，一同前往登州筹备开埠事宜。

到达登州后，一行登上蓬莱阁，近观水城、远眺大海，马礼逊发现登州水城门窄水浅，水城外水域又没有船舶避风之处，不适宜作为现代港口。马礼逊一行继续东行来到烟台，烟台位于黄海之滨，北与辽东半岛遥相呼应，是一个天然港湾，马礼逊向董步云提出将开埠地改为烟台，竟获得董步云认可。董步云和登莱青道道员与登州府知府协商后，草拟了《通商章程》，呈报清政府三口通商大臣崇厚。咸丰十一年七月十七日（1861 年 8 月 22 日），崇厚派官员王启增在烟台宣布筹建东海关，此即烟台开埠之日。因山东时称"东省"，烟台是山东境内的第一个海关，故烟台海关命名为"东海关"。

海关总税务司赫德，任命同为英国人的汉南为东海关首任税务司，1863年，汉南到任。起初东海关并无正式办公场所，而是租借世昌洋行房屋使用，但世昌洋行房屋不敷使用，东海关便提请海关总税务司修建海关关署和海关码头。1865年，总税务司赫德与三口通商大臣崇厚议定，在烟台山西侧建造东海关关署和海关码头等建筑。两项工程于次年竣工，共花费白银一万两千五百二十五两八钱八分，此项款项在东海关船舶吨位税中列支。

东海关署为坐东面西，正对太平湾码头，以利来往船只办理关务，占地7.85亩，建筑面积990平方米，中西合璧风格。主体建筑为西式风格，主楼为四面坡青瓦庑殿式屋顶，双层砖木结构，平面呈方形，立面二楼设置开放式外廊，主楼南北两侧对称接有厢房。主楼共16间，楼下设海关验货、征税处及北方巡工司办公室等（图1）。整个关署为封闭式院落布局，主楼向西30米为关署正门，采用中国传统门房形式设计，大门两侧为门房，南侧门房为报关处，北侧门房为值班室。大门两侧各置移动式钢炮一门，门前有验货房、仓库、货栈、码头等（图2）。

图1

图2

1878年7月大龙邮票发行，8月2日，东海关税务司辛盛致津海关税务司德璀琳第4号文称："收到您本月29日发来的文，连同共值关平银125两的邮票。现随函将已签收的邮票收据退还贵关。随我上月6日第3号文附寄您的邮政通告，至今仍未寄还我关。因此，我一直不能将拟定的邮资向公众布告。"

7月29日，津海关将先期印好的面值5分银大龙邮票2500枚发往东海关，31日东海关收到，但因邮政通告未随货同行，故未对外出售。8月9日，东海关在收到邮政通告后，即对公众出售 5 分银邮票。9 月 4 日，津海关将后期印就的 1 分银和 3 分银邮票发来烟台。9 月 17 日辛盛在致德璀琳第 5 号文中称"随您本月 4 日第 8 号文发来一包邮票业已收到，共计 3750 两，值关平银 87.50 两。现随函将已签收的邮票收据退还贵关。"

毫无疑问，当时烟台海关邮局同其他海关一样，开设在海关关署内，但具体在哪个位置，一直是一个谜。

图 3 是一张烟台大清邮政局明信片，左下角标注中英文地名"芝罘 CHEFOO"，即烟台。图中建筑悬挂着白底黑字的中英文"大清邮政局"招牌，左侧门柱上方挂着一个信箱，右侧门柱上贴着一张药品广告。仔细观察，冲着两个门柱的是依附左侧房子的一间木制建筑

图 3

（横排木板条清晰可辨），侧面开门，后面是一幢两层楼建筑一角。

已知烟台大清邮政局位于烟台山下海岸街上，是一座两层楼建筑，距离东海关不远。从建筑形制上来看，这间平房邮局应该也位于烟台山下，在如此小的范围内，烟台山下会同时拥有两间大清邮政局吗？由于年代久远，那间平房的大清邮局原址哪里、现址何处？一直无从查考。

仔细比对图 1 和图 3 两张明信片，图 1 左侧厢房（北厢房）可见木屋一角，木条亦为横排，侧面也开有一门，与图 3 木屋相同，图 1 右侧厢房（南厢房）则没有木屋。可见，两间木屋为同一建筑。图 3 后面两层建筑虽只有一角，但正面建筑形制与图 1 正面完全一样，故此间木屋即为东海关内的海关邮局，后期的大清邮政局。

这间木屋，相当于邮局的营业厅，办公在左侧的土木建筑里，墙上开有窗口办理业务，否则，北方寒冷的冬季，木屋内是无法办公的。木屋门边，还钉着一块木质指示牌，方向指向海关院内，意即"此地是邮局，办理关务请右向移步院内"。另外，有两个立柱的大门显然也是为邮局单独开设的，一是便于

邮务人员运送邮件，二是便于公众办理业务，而海关在西边已经开设有大门。还有，邮局开设在北边厢房而不是南边，因为西北边靠近码头。当时邮件主要依靠太古洋行、轮船招商局等的船只海上运送，这样更有利于邮件装卸。

1896 年 3 月 20 日，光绪皇帝御批开办国家邮政，烟台大清邮局于 1897 年 2 月 20 日正式开业，起初开办在海关内（图 3），后期迁至海岸街（今烟台中华邮局旧址）。

一位传教士的亲历，1881 年的中国邮驿

邮驿制度在中国已经有几千年的历史。甲骨文中已有传递信息的文字，周朝开始设烽火台并有邮驿传递军情，秦汉时期已经形成了一套完整的驿传制度，以后各朝代得到了进一步完善。1878 年海关试办邮政，邮驿逐步为新式邮政取代，所谓裁驿设邮，至民国初年，邮驿基本停办。

1881 年，在烟台传道的韦廉臣夫妇，雇了一辆马车，与随从一起前往北京。他们走的是一条古老的官道，大约 700 英里（约 1126 公里），历尽艰辛。韦廉臣夫人伊莎贝拉·韦廉臣将沿途所见著成《1881，中国古道》一书。途中，他们曾留宿驿站，并有两次与驿卒相遇，这三次与邮驿有关的经历，书中均有详细记载。这让大家在 140 多年后，能够从一个侧面了解真实的清代邮驿。

韦廉臣（1829—1890，图 1）英国苏格兰人。1855 年，被伦敦布道会派来中国，两年后回国。1863 年被英国苏格兰圣公会派到烟台传教，此后长期居住烟台，从事教育、翻译、研究等工作。因其满脸胡须，被称呼为"韦大胡子"。1890 年，在烟台去世，葬于烟台毓璜顶外国人公墓，享年 61 岁。

夜宿驿站

韦廉臣一行一路走来，除了偶尔受到信教富人的接待，大部分时间只能在沿途简陋的旅店中食宿。但在山东境内，在离黄河不远的一个小城里，他们有幸找到了一家条件不错的旅店，这家旅店就是可供来往官员住宿的驿站。驿站提供给他们一间宽敞舒适的大房间，里面有木床，还提供热水泡茶，韦廉臣一行十分满意。

传递信息和接待来往官员，是驿站的主要功能，但接待这一行洋人，不知是否超出了驿站的服务范围？是因为他们的洋人身份，给予了超国民待遇？还是彼时驿站也可以对外营业，以补经费不足？

但是，第二天，他们在房费的问题上却与驿站发生了争执。伊莎贝拉在书中记述道："第二天早晨，我们要离开旅店的时候，在房费的问题上起了争执，我们觉得旅店主人的要价太昂贵而无法接受。因为昨天晚上到达这里的时候，已经太晚了，没有就住宿费用问题与旅店主人商议确定。他要求我们按照抚台大人的标准支付住宿费，而抚台大人要带着几乎 50 名的随员。我们无法接受这个价格，和他讨价还价，要求一个合理的价格。最后，我们达成了协议，支付了他所要求价格的一半。"

可见，当时驿站的食宿条件还是很好的，比民间旅馆要好很多，犹如现在的星级宾馆。房间可以质论价，可能按照官员职位高低安排档次不同的房间。另外，可以接待抚台一行 50 余人，可见规模不小。韦廉臣一行即便入住招待抚台大人标准的房间，但只有三四人，自然不能与 50 余人相比，驿站方面收费明显欠公允。不知是有章可循，还是想宰洋人一刀？

两遇驿差

官道，也是驿差传递信息的必经之路，威廉臣一行就两遇在官道上传递驿书的驿差。传递驿书的驿差是怎样的一种形象呢？韦廉臣夫人在书中就详细地记载了与驿差相遇的情形。

第一次与驿差相遇，她是这样描述的："我们现在就是在沿着通往北京的大道上行进。今天在路上，我们遇到了一位负责将朝廷官衙的信件送往南方地区的官府驿差，他看上去是非常的魁梧和彪悍。在他肩上，背着黄色丝绸做成的背囊，他需要传递的官府信件，就是装在这个黄色的丝绸做成的背囊之中，这个黄色背囊也是他身份的象征，表示他是负有重要使命的驿差，任何人不敢阻拦。"

接下来的一段文字，叙述了她对大清邮驿的了解："驿差们传递信件是通过驿站一站一站传递的，速度非常之快，在下一个驿站，已经有一人骑着马做好了准备，一旦有上一站的驿差到达，立即接过背囊前往下一个驿站，一分钟都不允许耽搁。"

还有一次是在雨中与驿差相遇，"有一名骑马的驿差，从后面赶上我们之后，很快超过我们绝尘而去。他背上背着的包裹明显比我们通常看到的更大，而且在包裹的外面，是用皇家专用的黄色丝绸包裹。就在他的后面，还跟着一名骑着黑马、全副武装的士兵，负责保护前面的驿差和珍贵邮件。"

这时，一场暴雨不期而至，驿差两人停了下来，可能在路边找躲雨的地方。韦廉臣一行继续冒雨缓慢前行，而把驿差甩在了后面。可是不大一会儿，他们又赶了上来，原来刚才不是躲雨，而是用油布把背上的包裹包了起来，以防止里面的信件弄湿，那个士兵也用一块油布把头上的军帽包裹了起来。看来油布是驿差的常备用品，信件重要，他们不敢停留，要冒雨赶路。

"这两个人看上去非常的和善"，擦肩而过的时候，那个士兵还问赶车的马夫："怎么能让这个女人冒这么大的雨赶路呢？"看着他们快速地超越而去，韦廉臣夫人不禁羡慕他们的马能跑得那么快，"他们所骑的马并不是中国常见的矮种马，应该有阿拉伯马的血统。"她猜测道。

图2为法国1900年代发行的明信片，描写的就是外国人眼中的大清驿差，背景为驿站房舍，与韦廉臣夫人书中的描述确有几分相像。

这几段文字，虽然不是清代邮驿制度的系统介绍，但从中可以了解驿站的接待规模，驿站在传递官方文书、接待地方官员的同时，也可以对外营业；另外，驿站的马匹精良、驿差健硕，重要的文书还有全副武装的兵士护送。当然，韦廉臣一行所见，不具普遍性，不代表当时大清邮驿的整体形象，但至少可以知悉局部有这样的驿站、驿差存在。

伊莎贝拉·韦廉臣，除了传教，主要从事社会慈善活动，除协助丈夫开办医院，她还开办女校，专门招收穷苦人家的女孩子。韦夫人去世后，亦葬于烟台毓璜顶外国人公墓。

图2

近代烟台也有白话报

近代的白话文运动兴起于戊戌变法前后，随着开民智、振民气、鼓民力启蒙大潮的涌起，各地创办了大量白话文报，就连蒙古、新疆、西藏等边远地区都创办了白话文报。白话文报主要集中在京、沪、江、浙等地，最早的白话文报是创办于1897年11月7日的《演义白话报》。山东也是创办白话文报较早且数量较多的省份之一，济南、青岛等地都有。烟台作为山东最早开埠地，在许多方面开风气之先，是否也创办有"烟台白话报"？很长时间以来，这个问题一直没有确切答案。直到近年，"烟台白话报"才浮出水面，出现在研究者的视野中。

近代时尚：办白话文报纸

为了能让更多的人看懂书面语言，历代都有学者主张书面语言应同口语相一致。近代的白话文运动形成于戊戌变法前后，黄遵宪、梁启超、裘廷梁、陈子褒等极力倡导白话文运动，明确提出报纸应该改为白话，报纸受众面广，用白话文办报，通俗易懂。在他们身体力行之下，白话文报纸陆续出版。白话文报纸的创办和发行，进一步扩大了白话文在各地的影响，创办白话文报纸一时成为一种时尚。清末民初的白话文报纸运动，为"五四运动"期间的白话文运动奠定了基础，并最终赢得白话文运动的胜利。

山东第一张白话报《山东白话报》，1905年创办于济南趵突泉白雪楼，1907年夏因宣传新文化、提倡反清革命被查封，其创办人是刘冠三（1872—1925），山东高密人，1905年由谢鸿焘介绍加入同盟会，是山东辛亥革命领导人之一。《青岛白话报》1912年创刊于青岛，1914年停刊，创办人伊筱农。

史籍留痕：老报刊中屡提"烟台白话报"

作为山东最早的开埠城市，烟台在许多方面领风气之先，颇为时尚的白话报，在烟台是否也有创办呢？虽然在烟台史料中没发现"烟台白话报"的记载，更未见报纸实物留存。但在历史资料中，确有它的身影。

1907年5月7日的《大公报》在"时事"栏目，有一则关于"烟台"的新闻，报道了广仁堂执年刘毓瀛的贪污一案，其中有"刘某又赴白话报馆托为声明此事，言伊将车马费捐助两等小学堂内作为经费事，已登报怖（布）告。"一段，证明1907年烟台已有白话报馆，选择在"烟台白话报馆"刊登布告周知，说明"烟台白话报"在官绅和民众中已有广泛影响。

1907年9月5日的《盛京时报》的"白话"栏目，转载"烟台白话报"的《说卫生》一文，通篇白话，向大众宣传新思想、讲究科学卫生、摒弃陈规陋习。

1907年11月11日的《大公报》"时事"栏目，刊载"报馆的热诚"的消息："烟台白话报馆近为开通风气起见，于各街巷口设立木牌，将每日所出之报，遍行张贴，以便行人观览。该报馆之热心时事，诚有令人欣慕者。"此时正值北方创办白话报兴盛时期，京津地区的白话报馆为扩大影响，开展了多种宣传方式，张贴报纸、设立阅报处、讲报所等形式被广泛采用，烟台白话报也采取了在大街小巷设立木牌、张贴报纸的方法，供行人免费阅读。

从以上三则史料中，可以断定"烟台白话报"确实存在，最晚在1907年5月即已创办。但遗憾的是，一百多年过去了，这份报纸像是人间蒸发了一样，国内的报刊收藏者和研究者一直未见到报纸实物。

终现真容：《烟台两日白话报》设在新关街

直到近年，"烟台白话报"才露出真容。从这份新发现的报纸中可以知道，其报名并非人们猜测的"烟台白话报"，而是《烟台两日白话报》，并有英文报名*CHEFOO TRI-WEEKLY TRIBUNE*（见图）。该报长 34 厘米、宽 32 厘米，为对开四版。

在报头右边，注明该期报纸出版时间是"大清光绪三十三年七月廿五日礼拜一"，同时左边又注明"西历一千九百七年九月二号"，即 1907 年 9 月 2 日。报头上方登有"第六十七号——大清邮政局特准挂号认为新闻纸类"，说明该报已经大清邮政局批准可作为新闻纸类邮寄，并有报馆

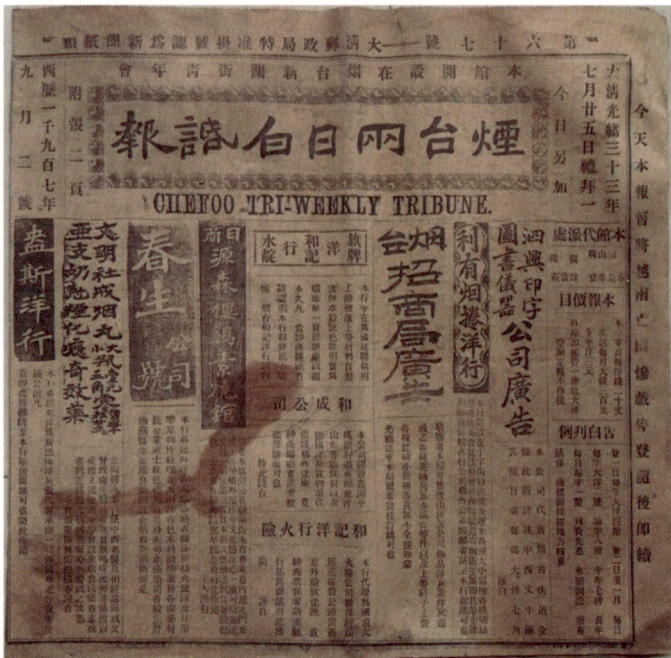

地址"本馆开设在烟台新关街青年会"。新关街即现顺泰街，建于 1861 年，因东海新关衙门设于此而得名，后因广东商人梁浩池在此街开设顺泰商行，改名顺泰街。而报馆地址"青年会"亦可能为该报创办者。在"本馆代派处"标明为"福山县 复隆杂货庄 求是学堂"，复隆杂货庄为当时福山规模最大的杂货店铺，为福山西关谢荫堂经营，福山最早的学校——育黎学校即为其创办；求是学堂未查到资料，从名字上分析，应是新式学堂。在"本报价目"一栏注明"本埠零卖每份钱二十文 派送每月大钱三百文 全年洋三元 外埠加邮费一律收大洋 空函定报不作复"，看来按月按年订阅给予优惠，从定价上可以看出，报纸为两日报，并发行到了外埠。在"告白刊例"中有广告价目。

此期报纸首版以广告为主，从刊登广告的商家可以看出，既有耳熟能详的知名大公司，有"烟台招商局""和记洋行""盎斯洋行""泗兴打字图书仪器公司"等，也有名不见经传的小商家。广告内容以洋灰花砖、木料油漆、大小卷烟、染料洋布、客房酒店、保险医药为主，皆为与民生息息相关的业务，广告语大都通俗易懂。

其它三版皆为"新闻"版，依次为"宫门抄""演说""本埠要闻""本省要闻""各省要闻"，是当时白话报常见的几个版块。"宫门抄"原为宫廷官报，这里主要摘要转载宫廷动态、官员升迁等消息；"演说"主要用通俗语言，宣传新思想、新风俗，探讨大众关心的话题；"本埠要闻""本省要闻""各省要闻"则是地域性重要新闻。

通篇行文皆无标点符号，但除"宫门抄"外，其他文章每句话之间均空一字的间隔，以利阅读。

节录三则：看看当年的社会新闻

下面把这期白话报中的"本埠要闻"节录几则，让大家感受一下当年用"白话文"表述的、发生在烟台街上的"本埠要闻"。为便于阅读，笔者加上了标点符号。

"戒烟六志"：丹桂茶园东边儿，有家烟馆字号是"聚增福"，前两天在屋子里开灯，被官膏局知道，派人查实了，就照会二府，派差把烟馆的掌柜的，抓到衙门打了一顿板子，看押起来。在他柜上抄出来，烟枪二十多只，烟灯二十多盏，都拿到官膏局，枪是用斧子劈个粉碎，灯是摔了。再还有老戏院东边儿两家烟馆卖烟，局差去传，他们不服，于是连人带枪统通的，拿到局子，家伙呢是照方泡制，人给枷号在大门前示众。哎，够多不好看哪！

"踢死幼孩"：后海沿儿上，有一家鱼行，二十一日那天，他们在门口儿晒鱼，打傍边儿溜过一个，十几岁的孩子，偷了几条鱼就想走，恰被个看鱼的看见了，上前把这孩子抓住，踢了一脚，当时就死啦，于是禀了官。第二天验过尸，听说把鱼行踢人的，这个伙计，送到县狱里，监押起来啦。

"是否羞愧自尽"：鸡鸭市杂货铺，有个伙计，在西南河地方认识个妓女叫什么唐鸿卿，这个伙计在本柜上支使的钱不算，说是外边的亏空也不少。大前天回柜去了，掌柜的说他几句（应当），听说掌柜的是他的姐夫。也不是怎么，后来他自己也狠后悔，可是羞愧难当就吞了大烟又到唐鸿卿家里，赶到天明媳妇儿见他不出气儿了，一看死了。就找人把死尸抬到鸡鸭市去，杂货铺里不收，又抬到西南河，搁在唐家的门口。后来就不知道了，容防再登。

还有"卖银差钱数儿""偷青野蛮""钱庄被偷"等共六则"本埠要闻"，从这几则新闻里，可以一窥当时《烟台两日白话报》的办报风格。

《烟台两日白话报》是否为烟台青年会创办、其创办人是谁、创办于何时、何时停办，还都是谜。

登州文会馆与中国第一所大学

1858 年，中英签订《天津条约》，登州被增开为通商口岸（后改为芝罘），其中包括允许传教士修建教堂，从事传教活动。1854 年即来华传教的美国北长老会传教士倪维思夫妇，于 1861 年来到山东登州，由于当地人的抵触，在那里只找到一所破旧的观音庙安身。1962 年，他开办一所女子学校，免费招收穷苦人家的孩子就读，开始只有两名女生。倪维思 1871 年到烟台传教，期间引进美国苹果、樱桃、梨、葡萄等水果品种，成就了烟台苹果等著名果品。

1864 年 1 月，同是基督教北长老会的狄考文也来到登州，在倪维思女子学校的基础上，把这所学校扩大为蒙养学堂。这一年，招收了 6 名学生。至 1872 年九年间，共招收学生 85 人，学满六年者仅 4 人。不过学校声誉日隆，狄考文扩大了校舍，增加了课程。1876 年改

图 1

名为登州文会馆，升级为中学。1882 年，登州差会向长老会本部提出将登州文会馆扩建成大学的请求，1884 年美国长老会本部批准其为大学（图 1）。

登州文会馆讲求实学，注重学以致用的教育理念和方法，培养造就了中国第一批符合近代教育转型、新文化传播和社会改革发展的实用型人才。

洋务运动时全国各地兴办新式学堂，登州文会馆的毕业生就十分"抢手"。至 1904 年文会馆迁往潍县，领取毕业凭证的毕业生共有 206 人，其中六成从事教育工作。当时，北至沈阳、南至云南，文会馆 100 多名毕业生分布于全国 16

个省份，先后任教于 200 多所学校。

清末"新政"时期，文会馆的毕业生参与了北京大学、北洋大学、山西大学堂的创立，有的担任教习等职务。他们运用西方高等教育的方式管理中国学校、处理学校事务。西方大学的一些办学理念、办学经验，也通过他们应用到中国大学并得到推广。应该说，在很大程度上影响了中国第一批高等教育机构的模式，以及各种规章制度的建设，对中国大学制度的建设和发展作出了贡献。

登州文会馆是目前学界公认的中国第一所现代大学。

1904 年登州文会馆迁至潍县，与英国浸礼会创办的青州广德书院合并，各取一字，更名为"广文学堂"（图 2），校址在潍县乐道院。

图 2

图 3

潍县乐道院为美国长老会传教士狄乐播（1853—1921，图 3）创办，狄乐播为狄考文的四弟。1881 年，狄乐播在潍县城外购地，盖起了教堂、学校、医院等建筑，乐道院内设文华馆，狄乐播自任校长。1900 年义和团运动时乐道院被毁。1902 年，美国长老会得到清廷的部分赔款，加上新进的募捐，重建乐道院，占地面积达 200 多亩。1917 年广文学堂迁往济南，与有关学校共同组成齐鲁大学。

图 4

图 4 是 1915 年寄给狄乐播的实寄封。此封贴帆船 2 分、1 分各一枚，盖"广州廿四号"信柜戳，邮票销两枚"CANTON/ 四年九月廿一 / 广州府"英汉文腰框戳，寄信地址为"广东基督教赈灾会办事处潮音街口礼拜堂"，收信名址为"山东省潍县长老会赈济委办 陈德亮 狄乐播先生展"。

从收寄信信息可以看出，这是一枚赈灾实寄封，与广州有记载以来最大的一次水灾有关。1915 年 7 月，珠江洪水成灾，广东各地 378 万人受灾，死伤 10 万余人，哀鸿遍野，惨不忍睹。广州市区被淹 7 天 7 夜，街道水深达 4 米，三分之二成泽国。因 1915 年农历为乙卯年，史称"乙卯水灾"。各地长老会发起赈灾活动，狄乐播为潍县长老会赈灾负责人之一，此信应为联系赈灾事项。

图 5 是寄给"山东潍县广文学堂 路牧师思义"的绫质实寄封，寄信地址为"岳州贞信女校"。贴蟠龙 3 分加盖"中华民国"邮票，销"YOCHOW CITY/ 二年正月十七 / 岳州城"英汉文腰框戳，封背有潍县"二年正月廿七"日到达戳（图 6），邮程 10 天。

图 5

图 6

图 7

路思义（1848—1941，图 7），美国基督教北长老会传教士，1892 年毕业于耶鲁大学，1897 年到登州文会馆任教，1904 年随文会馆迁往潍县。1917—1919 年任齐鲁大学副校长，1918—1927 年任燕京大学副校长。他曾几次返回美国，募集资金数十万美金，对学校发展功莫大焉。他的儿子亨利·卢斯就是著名的《时代》杂志创办人，卢斯出生于登州，少时就读于烟台的芝罘学校。

寄信地址的岳州（今岳阳）贞信女校，创办于 1901 年秋天，由传教士海维礼之妻海光中博士在岳阳塔前街乾明寺创办，并亲任校长。美国著名学者阿瑟·维礼·卡麦门在《湖南传教纪事》中称其为"是中国教会组建的第一所女校"。

海威礼夫妇的小儿子霍伊，在 1916 年的一次狩猎时发现了白鳍豚，是首位向世界宣称发现了白鳍豚，并制作了第一个白鳍豚标本的人。

烟台第一枚图画明信片

　　烟台作为早期开埠地之一，早年也是领风气之先，新鲜事物与北京、天津、上海、广东等地几乎同步登场。1898年，跟随欧美时尚，中国也开始出现印有图画的明信片，也在这一年，烟台第一枚图画明信片与京津沪等地几乎同步诞生。

　　这枚由香港寄德国基尔（Kiel）的明信片（图1），寄于1898年7月3日，正面贴香港4先邮票，盖香港邮戳，画面由三幅手绘烟台风景组成。由于片上未见发行机构，史料也未见记载，故此片由谁发行，以及发行目的等一直扑朔迷离。

图1

烟台首枚明信片诞生背景

1840 年，世界上首枚邮票黑便士在英国诞生，就在这一年，英国人霍克在一张硬卡纸上画了一张漫画，身边一时找不到装漫画的合适信封，就在另一面写上地址寄了出去，于是，世界上第一枚明信片诞生了。不过，这只是一次偶然所为。1863 年，德国邮政总长向政府提出发行明信片的建议，他认为明信片可以简化通信手段、降低资费，但当时这种通信方式并没有受到认可。直到 1869 年 10 月 1 日，奥地利政府率先发行了世界上首枚邮资明信片，第一批印量 5000 枚，这种简便、资费低廉的明信片，一经推出，大受欢迎，很快销售一空。此后，各国开始陆续发行明信片。

1874 年上海工部局开始发行邮资明信片，烟台书信馆也于 1894 年发行邮资明信片，但这不属于中国国家邮政的产物。大清邮政首枚邮资明信片发行于 1897 年 10 月 1 日。

以上是邮政部门发行的邮资明信片，主要是为了满足通信需求。正面（邮资图面）用于书写收信人和寄信人地址姓名，背面用于书写通信内容。早期明信片，各国政府并不允许个人印制，而由邮政部门垄断。1898 年，美国政府为了减少高额印刷费用，颁布了新的邮政条例，授权私人可以印制明信片，由此引爆图画明信片的大流行。

所谓图画明信片，即正面书写收寄名址，背面印有图案。早期信息不发达、交通工具落后，人们对于外面世界的了解只限于文字或口传心授。虽然照相术已经发明，但只是极少数人的玩物，报纸也极少看到图片，一些重大活动和事件，仅靠随行画家手绘图案，人们亟须了解真相、看到现场照片。

图画明信片，一般以照片为蓝本，可以批量印制，通过邮寄，在短时间内即可传递到世界各个角落。图案可以是世界各地发生的重大事件，也可以是各地风光、民风民俗。足不出户，就可以了解这一切，这像给人们打开了认识世界的一个窗口，一经推出，迅速蹿红整个世界。

中国的图画明信片 1898 年开始出现，上海、北京、天津等大城市率先开始发行图画明信片。烟台与它们同步，也在1898年诞生了第一枚图画明信片。由于当时照相机在烟台还很少见或者其他原因，烟台首枚图画明信片是手绘图案，哈利洋行稍晚发行的一枚明信片也是手绘图案。

1898年开始到1913年一战开始前，成为图画明信片的"黄金时代"，质优价廉的明信片大量涌现。明信片不仅用于通信，还被大量收藏，人们以在客厅放置一本装有各地明信片的相册为荣，各种明信片收藏俱乐部应运而生，以致明信片销量远超图书销量。这一时期也是烟台明信片的"黄金时代"，以烟台哈利洋行为代表的几家发行商，印制了几百种与烟台有关的明信片。

"婴儿塔"和葡萄山

此枚明信片为彩色，印制精美，由3幅图画组成，有汉字右读"烟台"二字、英文"Chefoo China"字样，右下角留白，这是书写文字的空间。正面用于书写寄信人、收信人名址和粘贴邮票。早期明信片正面只能用于书写收寄信人名址，书信内容必须写在背面，故这一时期的图画明信片，背面画面不能印满幅，而要留白用于书写文字；1903年以后，才开始出现正面印竖间隔线的明信片，右半部书写名址、左半部书写文字，背面可以印制满幅图画。正面通栏式还是有间隔线，可以作为判断烟台老明信片发行时间的参考。

三幅画面自上而下分别为烟台全景、海滨旅馆、葡萄山和南山远眺。烟台全景一图，远景为烟台山、中景为所城、近景为农田，海岸路一带建筑稀少，中间有一洋房，应为家庭旅馆（后被芝罘学校买下，作为预备学校）；中间一图标注"Beach Hotel"，即海滨旅馆，海里可见游船和洗海澡的人，岸边有许多更衣的小木屋；最下一图近景为葡萄山、远景山巅有一塔形建筑，名称标注为"Baby Tower Hill"，直译为婴儿塔山。

海滨旅馆和家庭旅馆的具体创办时间不可考，但1870年代已有记载。葡萄山种植葡萄，应始自1892年张裕公司创办。

最下一幅图画标注为"婴儿塔山"，远景疑为塔山，但山上的塔没有曾为"婴儿塔"的说法，令人百思不得其解。1936年出版的《烟台通志》，有这样一段记载:"一个小石塔,这种石塔在中国已经很少看到了。但是在烟台,它有一个神奇的传说。这座石塔位于烟台东山,被称为'婴儿塔'。这是因为,传说在过去,穷人家的死婴常被丢弃在这儿,以喂狗或狼。"这个"小石塔"说的是魁星楼(图2),可见此"婴儿塔"即魁星楼也。

图2

画面上还有两组水果图案,一组是葡萄,分别是白色和紫色葡萄,另一组由洋梨(葫芦梨)、苹果、桃子组成。

那么,这枚烟台最早的明信片是由什么机构发行的呢?从有关图画和文字分析,更像是一枚烟台的广告形象明信片。在120多年前,有谁可能发行这样一张明信片呢?

是哈利洋行发行的吗?哈利洋行可是烟台明信片的发行翘楚,在烟台明信片发行套数、种类和品质上,绝对是无可争议的老大。但哈利洋行发行的明信片全部印有版权,不可能印制这种没有发行机构名称的片。

画面上的葡萄园、醒目的紫色和白色葡萄,是否与张裕公司有关呢?假如是张裕公司发行的,应为广告片,为何又不印上公司名称呢?

直到最近一枚印有版权的明信片面世,为我们解开了谜底。

拔宝与"葡萄叶(Weinlaube)"公司

请看图3这张明信片,与图1完全相同,但在明信片的边缘印有一行细小不起眼的文字:"Weinlaube,Klosterneuburg"(左边框内),这个位置,按照惯例,一般是印有发行商版权文字。经辨认这段文字是德语,"Klosterneuburg"是地名,即现奥地利

图3

的克洛斯特新堡市。继续查找与"Weinlaube"有关的信息，我们惊喜地发现，这是与张裕公司奥地利酿酒师拔宝家族有关的家族企业名称，而克洛斯特新堡正是拔宝出生地，拔宝家族在这里创造了辉煌的葡萄酒事业。

拔宝的父亲奥古斯特·拔宝（1827—1894），曾在德国海德堡大学和弗莱堡大学学习，并就读于格赖夫斯瓦尔德附近的霍夫—盖斯贝格、波恩—波普尔斯多夫和埃尔登的农业机构。之后，他在魏因海姆的农业学校工作，后来他监督卡尔斯鲁厄大学的农业实验葡萄园6年。1860年，他接管了克洛斯特新堡新成立的私人葡萄酒和水果种植学校的管理。学校于1863年被下奥地利州接管，并于1874年升格为国立技术中学。1870年，他建立了一个酿酒实验站。他被认为是新葡萄栽培的创始人。其重要性在于全面促进葡萄栽培和酒窖管理，以及扩大克洛斯特新堡的教学和研究培训。他还出版有多部书籍、参与多本专业期刊的编辑、编辑公国农业年表，他获得了很多荣誉并设立拔宝奖章。

"葡萄叶（Weinlaube）"是其家族企业的名称，图4、5是其公司1910年的一份营销期刊，有12页之多，既有葡萄酒销售，还有葡萄种植技术推广、各种酿酒器械经销等。

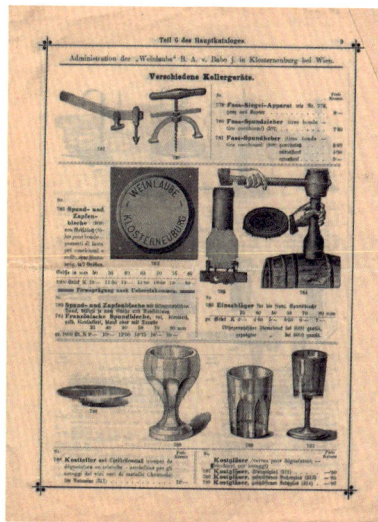

图4   图5

可见，此片正是由拔宝家族企业印制的。虽然没有直接宣传葡萄酒，但从画面中的葡萄、葡萄山，无不显示着与葡萄酒相关的信息；优美的海岸小镇、热闹的海边酒店，则告知人们这里有着适宜的气候和舒适的居住环境。

拔宝家族印制的这张明信片，虽不见广告词语，实际上也是一种软广告。拔宝在张裕公司任酿酒师，张裕公司已经引进拔宝家族优质的葡萄苗木，是否还有酿酒器械？葡萄叶公司是否经销张裕的葡萄酒？此外，张裕作为中国最早的葡萄酒企业之一，其客户群已经遍及海内外，并拥有一定的知名度，作为兼营葡萄种苗、酿酒器械的企业，可以借助烟台张裕这个平台扩大营销和知名度，可谓一举多得（图6为张裕的酿酒师们，前排左一为拔宝）。

图 6

此片发行范围较广，并不只限于烟台一地，有多件1898年使用实例。除了前面1898年7月在香港使用例，图3为1898年11月青岛德国客邮局寄德国Wiesbaden（威斯巴登）市。

1861 年美国传教士墓葬之谜

据《福山县志稿》载："咸丰十一年九月初四日（1861 年 10 月 7 日）捻匪分股东窜，围福山，又数股扑烟台至通伸冈，诸商募洋船以飞炮击之，皆奔去，乡间死人无算。"同时毙命的还有两位洋人，美国南方浸信会传教士花雅各（James Landrum Holmes）和美国圣公会传教士贝克尔（T.M.Parker）。两位传教士墓葬何处，一直扑朔迷离。

花雅各与贝克尔来到烟台

花雅各，美国西弗吉尼亚人，1858 年，花雅各夫妇受美南浸信会委派，前往山东开展传教活动，1859 年 2 月初抵上海，5 月抵达烟台。在上海期间即聘请了一位济南府的教师，开始学习山东方言。

倪维思(Nevius) 夫人在《我们在中国的生活》一书中，是这样评价花雅各的："美国内战一爆发，那些总部设在南部各州的传教士们发现他们处在一种十分复杂难堪的地位，他们不得不或回南部各州去，或从事世俗事务……花雅各先生就是选择了从事商业的传教士中的一员。他是一个性格特别可爱的人，人人都愿意与他相处。花雅各先生长相清秀，有才干，热心待人，举止文雅，这对中国人极具吸引力，他特别适合在中国人中工作。"

花雅各夫妇乘帆船来到烟台时，烟台尚未开埠通商，夫妇二人在帆船上呆了一个夏天。因为第二次鸦片战争影响，是年秋末，夫妇返回上海。战争尚未结束，花雅各即返回烟台租赁维修房屋。1860 年底，花雅各夫妇和海雅西夫妇再次来到烟台，在烟台组建了美国南部浸信会山东第一个差会，也是华北第一个差会，但这只是一个带有标志性的形式，并没有实际性的教会组织实体。换言之，美国南部浸信会华北差会这时并没有在烟台生根发芽。

把烟台作为在中国北方拓展工作的中心地，这也是美国圣公会长久以来的愿望和计划。为此，1859 年，他们派出贝克尔夫妇、神学博士史密斯（Smith）夫妇、施约瑟（Schereschewsky）主教和汤姆森（Thomson）副主教一行，于 12 月 21 日或 22 日到达中国。1861 年 4 月，贝克尔夫妇等来到烟台，发现美南浸信会的花雅各夫妇已经来到了这里。

来到烟台后他们发现，要从当地居民那里求租到房子是一件很困难的事情，更别说找到一位汉语老师了。人们对他们的到来虽然感到好奇，但对他们并不友好，由于当时北方正闹"长毛（捻军）"，周围经常发生骚乱。所以，他们的传教活动并没有取得什么令人鼓舞的进展，而且汉语学习花去了大部分的时间和精力。

1861 年 10 月发生的捻军进犯烟台事件，更是把花雅各和贝克尔两位传教士推向了绝路。

传教士被害地与墓葬地的几种版本

花雅各在上海期间，曾到过太平天国首都天京（南京），与太平天国的首领们有过接触，出于对传教士的同情和交流基督教义的需求，太平军言明对传教士并没有伤害之意，会保证他们的安全。这次经历让花雅各相信，通过他们的游说，可以阻止捻军东进烟台的行动，以免殃及百姓。

所以，他约上了贝克尔西出烟台，前往捻军营地开始劝诫之旅。可能是出于传教士的使命感，也可能是想得太天真了，没有料到二人走的是一条不归之路。在行动之前，他们先把夫人们安排到了一个村庄，希望那里是相对安全的，由史密斯负责保护她们。

美南浸信会女传教士慕拉弟（Lottie Moon），1872 年来到登州，关于花雅各之死，她提供的资料是这样记述的：1861 年，捻军席卷山东。是年 10 月，花雅各和美国圣公会的贝克尔先生去了捻军军营。8 天之后，发现了他们遍体鳞伤的尸体，因为不允许在别的地方下葬，火化后葬在了芝罘湾灯塔岛（意指崆峒岛）上。

法思远（Robert Coventry Forsyth）1912 年所著《山东——中国的神圣省》

一书，是这样记载花雅各被害经过的：这一年（1861）秋天，捻军（胶东民间称为"长毛"）席卷山东，一度蜂拥登州城下，并不时向烟台出击。结果，烟台的花雅各在试图赴捻军军营说服他们不要攻击烟台时，途中与捻军前锋遭遇，被乱枪刺死，躲在附近树林里避难的百姓很清楚地看到了这一幕。

史米德（C.W.Schmidt）在《芝罘历史一瞥》演讲稿中也提及此事：因为太平天国的领导者们都是基督教徒，他们对外国传教士也表示出了很友好的态度，另外，花雅各和贝克尔与太平天国的领袖们还有过交往，所以，他们自告奋勇，出城前往捻军营地，以期说服他们不要进攻烟台，以免生灵涂炭。但他们被捻军在珠玑村杀害，后来被埋葬在崆峒岛上。

诺曼·克里夫（Norman Cliff）在其《基督教在山东传播史》论文中，是这样记述这一事件的：1861年10月1日，花雅各骑着马来到贝克尔家，两人相约前往捻军营地。当时发生了什么已无从知晓，在8天之后，他们的尸体被发现，身上满是刀伤和烧伤的痕迹，因为当时禁止外国人在陆地埋葬，两人最后被葬在芝罘湾的灯塔岛（崆峒岛）上。

还有一种说法是：10月6日夜间，花雅各与住在珠玑村的贝克尔一起，骑马前往西部距烟台60里的古现镇，在那里被捻军杀害，但不知这种说法的来源。据《福山县志稿》载：捻军"同治六年六月初十日（1867年7月11日）犯福山，十五日马步二万余据磁山之下，忽去忽来，迄至十二月始止，蹂躏六七阅月，全境骚然，惟人死无多"。磁山位于福山古现境内，这是捻军二次犯福山驻地，所以"古现说"值得怀疑。

1920年，烟台气候异常，数月大旱无雨，珠玑村人推断与两位传教士冤死有关，遂在村西大道旁为花雅各竖碑求雨，以求平安。因珠玑村曾立有花雅各纪念碑，故有花雅各与贝克尔在珠玑被害之说，但碑文中并未提及花雅各是在珠玑村被害，只是说"当西人初入吾土时，侨寓吾村"，可见花雅各和贝克尔初来烟台时，都有在珠玑村居住传教的经历，可能因此立碑。

1912年，美南浸信会在烟台大马路为花雅各修建的纪念堂竣工，时为烟台最大的基督教堂，现为烟台市天主教堂，烟台市天主教爱国会在此办公。

花雅各和贝克尔墓葬地在崆峒岛，是历史资料的一致记载，没有异议，但具体位置却一直没有找到，也没有人见过墓碑，当地人对此也持否定态度。关于被害地点，早期文献并没有具体记载，目前所见最早记录就是珠玑村碑，史米德在芝罘俱乐部的演讲稿《芝罘历史一瞥》中也采用此说，因该稿刊行于1932年，在珠玑立碑之后，疑为延续了碑文的说法。

关于被害时间，慕拉弟提供的资料称10月前往捻军营地，8天后遇害；克里夫论文具体到10月1日前往营地，8天后遇害。若按此说，遇害时间应为10月8日。而法思远文中记载，两人说服途中即与捻军前锋遭遇被乱枪刺死，躲避百姓亲见此景，又何来"8天后"之说？只有珠玑村碑具体到10月7日，而此碑立时距传教士被害已近60年，碑文有曰"访诸父老，追记大略"，可见是事后回忆。

因被害遗体是事发多天后发现，具体被杀时间当时可能也说不清，走后8天发现遗体应该无误。所以早期资料只述及8天后发现遗体，而没有说具体那天遇害，"10月7日说"，是珠玑立碑后的事情。刊行于1931年的《福山县志稿》记载"捻匪"来袭福山、烟台时间也是10月7日。

寻找花雅各墓葬地

法思远1912年所著《山东——中国的神圣省》一书中，有一张贝克尔墓碑照片，这是关于被害传教士墓碑最早的照片（图1）。图片中碑文为英文，大致意思为："神圣纪念／贝克尔／一个美国圣公会传教士／他于1861年10月被中国人杀害／使人和睦的人有福了／马太福音5章9节。"图片说明文字是"在芝罘湾灯塔岛，靠近悬崖。没有其他这样的坟墓的痕迹"。

此碑具体在崆峒岛何处，没有人见过，也没有任何文字再叙及，人们相信，此碑可能早已消逝在潮起潮落的波涛之中了。

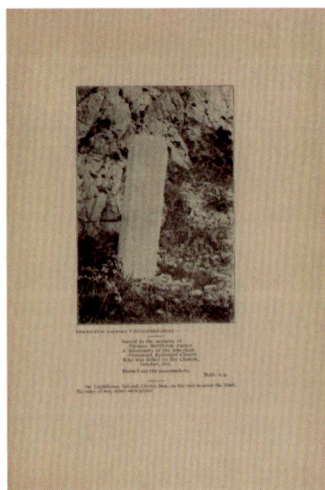

图1

直到一张老照片的面世，被害传教士墓地再次引起人们的关注，一群喜爱烟台文史的人们，开始了寻找之旅。

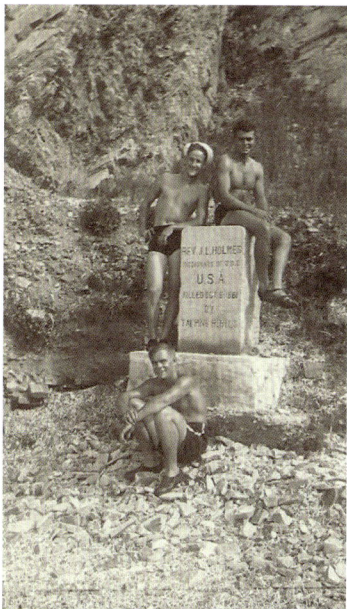

这张照片是 1930 年代美国亚洲舰队水兵在烟台歇伏（休夏）时所拍摄，照片上三名水兵或坐或依着一座墓碑，墓碑上的文字清晰可见，这正是花雅各的墓碑，墓碑碑文注明花雅各被害于 1861 年 10 月 8 日。山东大学的王建波博士率先在其博客"一个人的老烟台"中披露了这张照片（图 2）。

图 2

图 3 同样是美国海军留存照片，与图 2 背景相似，图片中可见三

图 3

座墓碑，墓碑文字很难辨认，但明显与图 2 花雅各墓碑不同，可见此地至少有四座外国人墓碑。

同样对烟台文史颇有研究的彭守业先生，一直关注此事，他通过多年查找历史资料和寻访当地人，确认崆峒岛上的外国人墓地是法军墓地，并无花雅各墓碑。通过比对照片海岸背景，判断传教士墓地很有可能在崆峒岛西南小岛舵罗顶岛上。

他们先后两次登岛，第一次无奈因大雾返航，2019 年 8 月 3 日，一行人第二次成功登岛，找到了与照片背景相似的海岸，通过搜寻，果然发现埋在沙滩里露出一截的碑座，并成功挖掘出花雅各墓碑（图 4），但贝克尔墓碑却没有找到。

图 4

至此，传教士墓葬之地找到了答案，寻访之旅告一段落。但为何让两位传教士孤零零墓葬荒岛，是如慕拉弟所言是因为外国人不允许葬在陆地？还是有其他原因？

清末，烟台也是英国舰队的歇伏之地，在威海卫作为租借地后，英舰来烟要少得多了，故英国海军留存的与烟台有关的照片极为少见。最近，有一些1930年代英国水兵在烟台活动的照片面世，也许冥冥中的某种契合，其中几张正与舵罗顶的传教士墓葬有关，为我们进一步解开谜底提供了依据。

发现贝克尔墓碑照片

图5是贝克尔墓碑照片。贝克尔墓碑碑文是"TO THE MEMORY OF / THE HENAY MIDDLETON PARKER A MISSIONARY OF THE/ AMERICAN PROTESTA EPISCOPAL CHURCH/ KILLED 7 OTC 1861"，大意是：为了纪念/亨利·米德尔顿·贝克尔/他是美国新教圣公会的传教士/1861年10月7日被杀。此碑碑文与法思远书中照片的碑文有几处不同，首先是贝克尔的名字，此碑为"henay（亨利）"，法思远碑为"Thomas（托马斯）"，被害日期此碑为1861年10月7日，法思远碑只标注1861年10月，另外此碑碑文缺少法思远碑中的第一行和下半部的那段圣经文字。

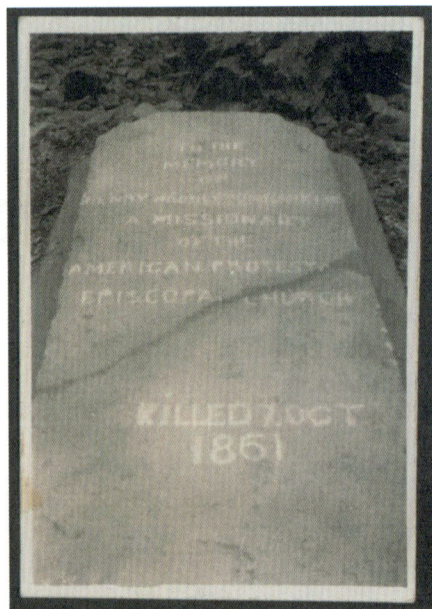

图5

通过仔细比对，确认图5与法思远书中的贝克尔墓碑照片为同一座碑。只是对墓碑断裂接缝处用水泥进行了弥合，平放于地面并重新用水泥做了碑座。至于碑文有所区别，是因为原碑受损及文字磨损严重，以致有些文字辨认不清，可能重刻墓碑时将名字误刻，下半部圣经部分没有依原迹重刻，而是在此处加刻了被害时间"KILLED 7.OCT/1861"几个字,这几个字与其他字比较明显过大,比例不协调,大小也不规整,位置不居中而偏右,推测应为后加刻。

前面提过,传教士被害具体时间早期没有记载,只是说1861年10月前往捻军营地游说,"8天后"找到遗体,花雅各墓碑所刻被害时间是10月8日,法思远书中的贝克尔碑则笼统为"10月"而没有具体日期。1920年的珠玑碑后有了"10月7日"一说,后来基本延续了此说,贝克尔墓碑重刻时也沿用了这一说法。

可见,传教士被害时间,并没有一个确切的时间,有可能是发现遗体的时间。

法思远书中贝克尔墓碑的照片说明中提及,其碑周围没有其他这样的坟墓。贝克尔墓碑与花雅各墓碑样式明显不同,两人属于不同新教教派,可能在舵罗顶岛埋葬地点不同,贝克尔墓碑独处一处,所以周围没有同样的墓葬。

舵罗顶上的英军墓碑

图 6

这张贝克尔墓碑照片,是英舰"萨福克(H.M.S. SUFFOLK)"号船员留下来的。1924年9月30日,英国巡洋舰"萨福克"号在朴茨茅斯船厂开始建造,1928年5月21日服役。此舰是肯特级5号舰,同时也是第一批郡级重巡洋舰。"萨福克"号当时驻守西太平洋,几乎每年都到刘公岛英军基地休整(图6)。1934年6月5日曾前往日本横滨,参加东乡平八郎的国葬,并和日本战舰们共同下半旗及发射吊唁礼炮。图7、图8是寄"萨福克"号信件。

二战爆发后,"萨福克"号从远东调回加入英国本土舰队,前往丹麦海峡巡逻,在参加挪威战役时被德国战机重创，修复后仍负责丹麦海峡巡逻。1943 年，萨福克号加入东方舰队，转战印度洋直至战争结束。1948 年 3 月萨福克号出售解体。

图 7

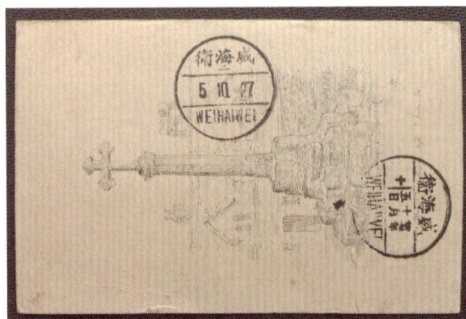

图 8

1930 年代，萨福克号曾来到烟台，随舰英军留下了一批在烟台拍摄的照片，其中一部分就是在舵罗顶岛所拍摄的墓碑照片。

除了贝克尔墓碑，还有两座英军墓碑，一座为了纪念英舰"傲慢"号（HMS Insolent）上去世的船员所立，时间是 1863 年，墓碑上共有 6 人的名字。另一座与"傲慢"号墓碑制式相同，但照片只拍了墓碑的上半部，能够看到的文字为"TO THE MOMERY OF/GEORGE

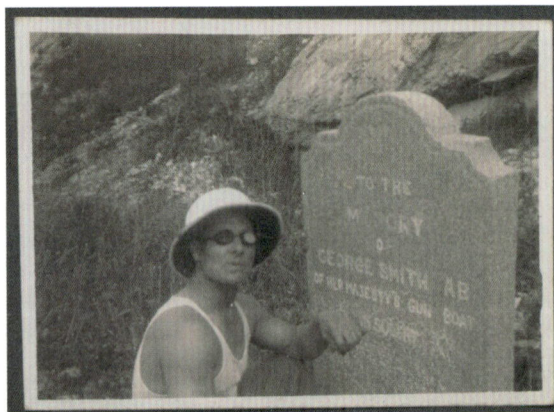

图 9

SMITH AB OF HER MAJESTY'S GUN BOAT/……"（图 9），大意是，为了纪念女王炮艇的首席执行官史密斯……而史密斯正是"傲慢"号的舰长，可见两座墓碑都是为"傲慢"号船员所立，舰长独立一碑。从图 3 中可以分辨出，左右两边的碑分别是"傲慢"号墓碑，左边的碑明显小于右边，为舰长史密斯墓碑。

1856 年，英舰"傲慢"号开始服役，当时有船员 36 人。从有关资料可以查到，"傲慢"号当时在西太平洋活动，自 1859 年开始，其行动轨迹固定在中国沿海的香港、上海、华北海岸等地，1862 年 9 月 27 日在烟台。

但不知什么原因造成"傲慢"号船员死亡事故。在其 1864 年中国站的医疗报告中，记载有船员发烧、疾病和伤害的病例数。1869 年 5 月 1 日，此舰在烟台出售。此舰因损坏报废还是其他原因出售，暂未找到相关资料。

除了以上三座碑，还有一座墓碑，正是图 3 三座碑中间的那座。碑上铭文是"TO THE MEMORY/THOMAS ROBERTS/CUSTOMS SERVICE（字迹模糊）/WHO DIED AT CHEFOO 31 DEC 1865"，是东海关的托马斯·罗伯茨（东海关三等供事，1865 年 8 月 15 日因病辞职）的墓碑，此人于 1865 年 12 月 31日在烟台离世。罗伯茨从名字上看，应该也是一位英国人。

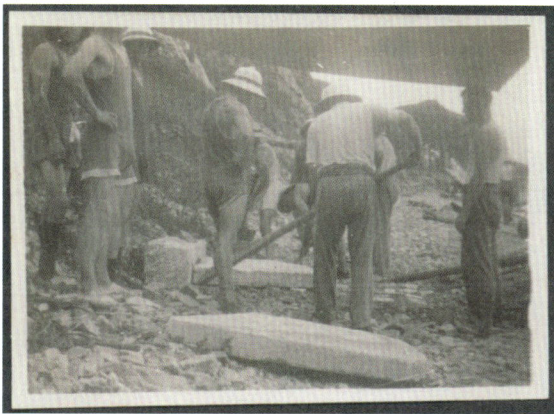

图 10

这是英舰"萨福克号一次有组织的活动（图 10），活动目的就是对舵罗顶的墓地进行修复，包括重新錾刻已经模糊的碑文，把倒伏的墓碑重新竖起等，工具也比较专业，有锤子、钻子、撬杠等，参加的人员也比较多。照片中可以看出，近景有两座倒伏的墓碑，中景沙滩上有整理墓碑的人员，远处还有竖立的两座碑。

这批照片背面标有编号，有部分编号的照片遗失，是否还有别的墓碑照片，不得而知。仅从已见照片中可以知道，至少有五座墓碑，其中三座英国人墓碑在同一区域，两名传教士墓碑在别处。

我们知道，1860 年法军在烟台时，把 18 名死亡军人葬在崆峒岛，当地村民称"法国茔""鬼子茔"，法国军人信奉天主教。而被害的两位美国传教士却是新教传教士，英军中当时也是信奉新教，故而信奉新教的传教士和英军另外选择了舵罗顶作为墓葬之地。

早期资料中均提及因为不允许外国人葬在陆地，传教士墓地因此选择了崆峒岛，应该是有一定依据的，虽然 1858 年《天津条约》中规定在开埠城市外国人可以拥有墓地，但因政策的延后性以及习惯势力所致，起初并未得到执行。

开平码头与大清冬季邮路

图 1 是一张北京寄往英国的
明信片，正面贴蟠龙 2 分邮票两
枚，加盖 2 月 17 日的北京中英文
小圆戳，另有两枚 2 月 22 日的上
海中转邮戳。在片的左面还有一
枚不太清晰的邮戳，戳内文字为
"直隶 / 丙午年正月廿四日 / 秦
王岛"，即公历 1906 年 2 月 17 日，
秦王岛即今日之秦皇岛。

图 1

按照正常邮路，当时寄往欧洲邮件应经西伯利亚铁路邮运更快捷，但因正
值一战期间，西伯利亚铁路中断，故信件经上海走苏伊士海上邮路，邮程要长
很多。为何这枚北京经上海经转的邮件，不直接南下，而是选择绕道北上秦皇
岛再回头转寄上海呢？这其中隐藏着一段重要邮史，而且与烟台紧密相关。

烟台开平码头

河北滦县的开平煤矿，早在明永乐年间（1403—1424 年）民间已开始土法
开采。1876 年，李鸿章派招商局总办唐廷枢前往开平矿区查勘，发现储量丰富、
煤质优良。次年 9 月 9 日，唐廷枢有《呈熔化煤铁成色译文并条陈开采事宜禀》，
论证了开平煤矿开采的可行性。9 月 15 日，李鸿章批示，要以官督商办的方式
开办。经清廷首肯，1878 年 7 月 24 日，在直隶唐山开平镇正式设立"开平矿务
局"。

1881 年，开平煤矿全面投产。当时雇工有 3000 人，当年产煤 36000 吨，次

年产煤 38000 吨，第三年产煤达 75000 吨。到 1889 年产煤达 24.7 万吨，1898 年更是增至 73 万吨。该局不断扩充设备，改善运输条件，1886 年设立开平铁路公司，1889 年购置运煤船，往来天津、牛庄、烟台之间，1894 年，船只增加到四艘，在塘沽、天津、烟台、上海、牛庄等港口设有专用码头和堆栈。

开平煤主要供应轮船招商局、天津机器局，也大量市场销售，获利甚厚，至 19 世纪末，资产达到 600 万两，是洋务派开办的重要企业之一。

开平煤矿丰厚的利润，引起列强眼热。1892 年唐廷枢死后，张翼接任督办。1900 年庚子之乱，八国联军进京，慈禧和光绪西遁，俄军趁机占据开平煤矿。列强觊觎煤矿利益已久，期间英军以张翼用信鸽私自外传情报为由，在天津张翼家中将其羁押。此后，张翼全权委托天津税务司德璀琳办理开平矿务局事宜，德璀琳与英国墨林公司代表胡华（即后来的美国总统胡佛）签订正、副合约，官督商办的开平矿务局改为中外合办的开平矿务公司。因正、副合约各执一词，引起旷日持久的中外矿权之争。

1861 年烟台开埠后，经济逐渐繁荣，海上轮船运输繁忙，成为南北海运枢纽之一。煤炭作为火轮动力的重要燃料，需求量不断增大。据《烟台港史》记载，1896 年，开平矿务局在烟台开设自有码头，烟台开平码头位于烟台山西侧、海关码头北侧。当时，开平矿务局开设有天津、新河、塘沽、秦皇岛、上海、烟台、营口、香港、广州共九处码头。

据 1901 年"张侍郎（张翼）与洋商胡华议定合同"凭单中记载，烟台开平码头面积为"口岸前升科地亩约一英亩半"。"升科地"指垦荒成熟后开始征收田赋的土地，可见用地是烟台山前垦荒填海的土地。面积 1 英亩半相当于 9 亩地，在烟台山下也算不小的面积。图 2

图 2

为烟台开平码头明信片，片中可见高墙围起的场地，门楼两侧分列"开平""分局"字样，场地内可见高耸的煤堆，以及高高竖起的避雷针。煤场外即为码头，可见拥挤的人群，围墙边是一溜儿待客的人力车。

1882年，烟台即设有开平煤场

"左过开平，历览矿局规模宏大，布置精详，于讲求西法之中寓参考中国之制，开四方风气，敌外国利源，富强之成效已收。叹为通商来中国所未有一大局业。……除块煤烟盛，极合轮船之用外，其余煤油、焦炭、火砖，各色皆定划一价值，货美而价平，邺销可操左券。该矿每日已出有二百数十墩（同"吨"，下同），在胥各庄屯煤如山，刻已运出，一千墩存大沽，数百墩存烟台，数百墩存天津招商局栈房。闻登州东渡水路各军，现奉大宪行知，以开平煤好价廉，通饬水师统带各官皆于烟台、天津招商局两处领煤，毋庸外购。即照矿局多备，源源续运，川济军需。凡生意以畅销为难，而矿煤则北方兵轮各船、制造机器等局皆取用于斯。"

以上这段文字摘自1882年9月7日的《申报》第三版，源自京东过客有心人稿"矿煤畅销"一文。由此文可知，早在开平矿务局成立之初，烟台已设有开平煤场，并常年存有数百吨煤，似为烟台轮船招商局管理。存煤除供轮船招商局船只使用，根据朝廷旨意，往来烟台的水师兵舰必须使用开平煤，不得外购。

另文中言及"本拟秋间运至上海，……现今每月加工，年内总可出五百墩一日，虽运上海，亦陆续不穷"。可见当时开平煤外运存储，还限于天津、烟台等北方地区，限于产量和运力，尚未南运（图3）。

图3

大清冬季邮路起因

1876 年，中英《烟台条约》谈判之际，总税务司赫德向总理衙门提出由总税务司兴办送信官局和银局的要求，总理衙门嘱李鸿章与赫德酌议。李鸿章以"因该总税务司欲信局银局两事皆由税司经理，银局关系较重，驳另由中国自办；信局则无庸禁止民局，无甚流弊，又牵涉洋商，可由总税司筹办"作答。

在烟谈判期间，东海关税务司德璀琳得到李鸿章的赏识。翌年德璀琳调任天津海关税务司。1878 年，由天津税务司德璀琳经办的大龙邮票开始在天津、北京、烟台、牛庄、上海发行，海关邮政时期开启。

当时邮件以领馆、海关、官署及洋人邮件为主，主要在沿海、长江流域通商口岸之间传递，由上海轮船招商局和英国太古轮船公司负责免费代运，李鸿章同时命令北洋各舰免费代运邮件。但因冬季天津海河入海口水淡结冰，轮船无法靠岸，快捷的海上邮运无法进行，故通过陆路骑差递送，当时有天津—镇江、天津—牛庄、天津—烟台三条邮路。

1880 年 1 月 15 日津海关公告称："由镇江至烟台也开辟邮路一条，每星期往返一次，约十五日寄到。"镇江到天津每星期往返三班，约十二日到达。如果通过海路运送，上海到烟台只需三天，而在冬季封冻季节，先走长江水路由上海到镇江、再由镇江到烟台旱路运送，则需时十五天，是原来的五倍，这引起洋人的不满。

光绪二十三年（1897 年）九月三十日，总税务司给总理衙门呈文中称："窃邮政冬季南北往来寄递之事，去岁冬令北方积雪，路途壅塞，车马难通，所有由陆路往来烟台、镇江寄递信件较为迟缓，以致各国使署人员纷纷讥怨。现值将界封河，须由陆路寄递之时，故宜预筹良策。窃维天津北河及大沽拦江沙沿海一带甚浅，甜水之处，每年冬季冻冰。而迤北俱系咸水，并非年年冻结。即使冻结，冰不坚厚，船只均可乘势冲激驶傍堤岸，即如北太河（即北戴河，下同）、山海关等处水势甚深，堤岸亦易拢泊。闻十年之间，竟有七八年并不冰冻。即偶凝结，距岸不远。近来烟台、上海冬季仍有轮船来往，但皆不向北行驶。

惟设有轮船自烟台径赴北太河递送信袋，在彼易于起岸由轮车接运，则由沪寄京之信件五日可达，较之由陆路寄递须二十日之久相去悬殊。查开平煤矿公司有平字号火轮数艘，每值冬令多无生理可作。若能派一艘在烟台过冬，则凡由沪寄来之信袋可令接递至北太河转交轮车递运，俾邮递之事可较迅捷矣！至该轮船因此役所需煤斤，嗣后可由邮政局照数付还价银。"

1894 年春，中国人第一条自办标准轨距铁路——津（天津）榆（榆关，即山海关）铁路开通，途经北戴河、秦皇岛（汤河设站，图 4、图 5）。为便利开平煤海上外运，清政府和北洋大臣命路矿督办张翼在秦皇岛沿岸选址开设码头。1897 年开始考察码头选址，原津海关税务司德璀琳意欲选址北戴河，张翼则看好秦皇岛，后经详细考察，最后选定更适合的秦皇岛（图 6）。

图 4

图 5

图 6

大清冬季邮路开办

总理衙门接到总税务司的呈文后，六天后的十月初六日即回复："……近来烟台、上海冬季仍有轮船来往，拟设轮船自烟台径赴北太河递送信袋，在彼起岸由轮车接运，则由沪寄京信件五日可达。查开平煤矿公司有平字号火轮，若能派令一艘在烟台过冬，则凡由沪寄来之信，即令接递至北太河转交轮车可较捷。……自是为邮政迅速起见，除咨北洋大臣转饬该公司迅与总税务司妥议外，相应札行总税务司遵照速与该公司商办可也。"至此，大清首条冬季由烟台中转的海上邮路正式得到官方认可开通。

1897 年 11 月 3 日，总税务司赫德致各海关税务司邮字第 42 号通告附件 1 中通知："有关今年冬季封河期由天津至各地的邮运安排，邮政总办会很快给您写信。由于今年封河期有提前征兆，因此我先提前通知您：一、根据法国和英国邮件到达的时间，轮船可能每星期由上海驶向烟台一次，轮船启航时将电告烟台。烟台收到上海的邮件后，立即用一艘事先准备好的平字号船将邮件运往北戴河。在该船启航时电告天津。天津邮局负责在北戴河接受平字号船运达的邮件，同时把寄往烟台和上海的邮件交付给平字号船返程带回。该船于交接邮件后立即返航，不得延误。以这种方式运输的邮件应与其他船运邮件同等看待。二、由天津税务司和开平矿务局经理张大人共同安排平字号船航行的具体细节。邮运所消耗的煤斤待封河期结束时一并结算。三、……"

文中的北太河、北戴河均指秦皇岛。这条由"上海—烟台—秦皇岛"往返的海上邮路，大大加快了冬季信件传递速度。由京津等地寄出的信件先经津榆铁路运至秦皇岛，然后由平字号船海路运至烟台，再经烟台、上海间的轮船运至上海，再转发各地和海外。

图 1 那张明信片，1906 年 2 月 17 日收寄，因此时京榆铁路已开通，邮件当天即乘火车到达秦皇岛，盖秦皇岛正月廿四日（2 月 17 日）中转邮戳，经烟台用时共 5 天（2 月 22 日）到上海。如走陆路，邮路则是北京—天津—镇江—上海，需时要半个月。

可见，1897 年大清冬季海上邮路的开通，烟台具备了三个条件：一是烟台为不冻港，二是冬季烟台有往来上海的轮船，三是烟台设有开平码头。

八国联军侵华期间的烟台冬季邮路

1897 年开始的大清冬季邮路大获成功，总理衙门 1898 年 9 月 20 日札行总税务司："窃邮政冬季南北往来寄递信袋系用开平公司火船帮扶速递一事，上

年曾请由贵衙门咨行北洋大臣转饬该公司照办在案。今年若能按照办理，实与
官民及各国使署商民大有裨益。除由本衙门咨行北洋大臣转饬该公司仍照前案
办理外，相应札行总税务司遵照可也。"也就是说，1898 年延续上年冬季邮路
之策，1899 年亦然。

1900 年，八国联军侵华，在占据京津地区后，进而占据山海关、秦皇岛等
港口，这使刚实施了三年的大清冬季邮路产生了不确定性。时年 9 月 19 日，总
税务司即行文天津邮政司，探讨冬季邮路问题。天津邮政司杜德维迟至 10 月 12
日呈文总税务司。

呈文大意是：来文早已收到，但因冬季邮路取决于（八国）联军方面的态度，
故迟付。因为天津到山海关的铁路发生中断，修复要待 12 月中旬才能完工。联
军总指挥西蒙尔将军昨天抵津，他的旗舰舰长告知我，联军的一部分军舰将在
秦皇岛港停泊越冬，这部分军舰将利用自己的交通船从海上维持与烟台的通信
联系。虽然交通船不可能每天都有，但也将是很频繁的，军邮邮件将由驻秦皇
岛的各国军队轮流负责运输。而且在夏季，塘沽（天津）与烟台间的联军邮件
就通过这种方式运送过。

美英两国军邮代办人也分别联系杜德维，表示出愿意在冬季邮运方面与大
清邮局合作的意向。最后杜德维的意见是："第一，上海和烟台间的往来邮件
将由我们发给津贴的船运送；第二，由联军提供的往来烟台和秦皇岛的运输将
足够用了。"烟台与秦皇岛邮运利用联军交通船，但邮件的装卸、押运由大清
邮政负责。

1901 年冬季邮路恢复正常，一直延续至 1911 年。1912 年随着津浦铁路的
全线贯通，南北冬季邮件全部通过火车运输，烟台作为大清冬季南北邮件的海
上中转站，至此也完成了历史使命。

1912 年，开平煤矿与 1907 年开办的滦州
煤矿合并，合称开滦煤矿，烟台开平码头也
改称开滦码头（图 7，煤栈围墙上的文字改为
"KAILAN COAL COKE"开滦煤炭）。

West View of Kailan Jetty Chefoo　滦海山栈芝

图 7

烟台俄国邮局建局及撤销时间考

按照《烟台邮电志》的记载，烟台俄国邮局开办于 1896 年，撤销于 1920 年 9 月 23 日。最初烟台俄国邮局的局址已无从查考，但由于外国在华邮局起初以受理领事邮件及本国侨民邮件为主，所以邮局一般附设于领事馆内。后来，随着业务量的增大和收入的增加，需要且有条件单独开设邮局。相信俄国邮局最初也设于烟台俄国领事馆内（图 1 为清末位于海岸路东段的俄国领事馆，此建筑现已不存）。

(芝罘山中) Consulat de Russie à Tchefou.　　The Consulat of Russia, Chefoo.　芝罘露國領事館

图 1

独立设立的烟台俄国邮局，已知就是烟台山下朝阳街上的克利顿饭店。克利顿饭店纪念铭牌上的文字是这样写的："克利顿饭店旧址 建于 1910 年。二层，砖木结构，四面坡铁皮瓦屋顶。一层转角大门上方外出拱券，支托二层凉台，墙角、

门窗、山花均为弧形,建筑面积1209平方米。该饭店为俄国人开设。1912年8月20日,孙中山先生来到烟台下榻于此。此后该饭店以孙中山先生下榻处而名声大振。"此建筑1996年列为市级文保单位,纪念文字应是当年考证的结果。但根据烟台文史研究者的最新考证,有充分证据显示,孙中山当年下榻的并非克利顿饭店,而是海岸街上的海滨旅馆。

关于此楼建筑年代,在1910年前的多种老明信片上,已见其身影,说明该建筑建成时间早于1910年。在该楼门口东墙根位置,有一块刻有文字和年代的石块(图2),上面的文字意即"俄国邮电局1904",这应该就是俄国邮电局的奠基石。此楼就是为俄国邮电局而建,建于1904年,而非1910年。

图2

哈利洋行曾发行过一套明信片,其中有4张是海岸街上的邮局,按自东向西的顺序分别为法国邮局、俄国邮局、大清邮局、德国邮局。同时在烟台存在的日本邮局、英国邮局为何没有发行明信片呢?因为当时这两家外国邮局没有独立的局址,日本邮局附设于日本正金银行内(1910年后的明信片中,此处才被命名为日本邮便局,正金银行已于1909年9月撤出烟台,此处成为日本邮局独立局址),英国邮局附设于海关街的西嘎子洋行内,所以没有独立发行明信片，但在其它明信片中仍可发现它们的身影。这从一个侧面也可印证，所谓的"克利顿饭店"整体就是俄国邮电局。

其中的俄国邮局明信片（图3），命名即为"Russian Post office"（俄国邮局），邮戳日期为1909年8月13日，此戳也可佐证，此建筑最晚在1909年即已存在。从有关实寄的明信片邮戳分析，此套明信片大约发行于1908—1909年间。至于"克利顿饭店"则是俄国邮局停办后的事，开办于何时不可考，1945年冬歇业。

图3

俄国邮局局长是威格斯（J.M.Weinglass）先生（图4），他的妻子开有公寓旅馆，女儿E.Weinglass曾在海关街的英商卜内门洋碱公司工作。俄国邮局关闭后，威格斯一家仍在烟台，1938年仍有寄其家人的信件，威格斯与人合伙在烟开办蓓利公司，此公司1941年仍有记录。

1917年11月俄国爆发十月革命，建立苏维埃政权。1920年9月27日，苏联政府发出告中华民国政府书，以备忘录形式递交当时在苏联访问的北洋政府代表团团长张思麟，宣告沙俄与中国签订的不平等条约无效。当时的北洋政府也向各地发出通告，要求接管俄国官产，代为管理，并接收俄租界的管理权与行政权。1920年10月24日，上海《申报》刊登《撤销在华俄邮局之部令》，文中称："接外交部电开，查驻华之俄国使领等官，因俄国内乱，统一民意政府迄未组成，已失其代表国家之资格，业由本部呈奉命令，宣布停止待遇在案。所有在华设立之俄国邮局亦系俄国政府所属机关之一，且此项机关自中国加入万国邮会后早无存在之理由，此时更不便任其继续任职。现经国务会议决议，应令中国邮局迅与在华所设之俄国邮局停止互换邮件，并令各省区军、民长官饬属查明，凡俄人在华所设之邮局及信箱，令其一律撤退。"当时的上海俄国邮局因中国邮局停止与其互换邮件，但进口邮件仍由其处理，无奈10月27日停办，但仍提出抗议。

《烟台邮电志》中记载，烟台俄国邮局于 1920 年 9 月 23 日撤销，这个时间有待商榷。1920 年 9 月 27 日苏联政府递交备忘录，10 月 24 日上海《申报》登载《撤销在华俄邮局之部令》，上海俄国邮局 10 月 27 日停办，烟台俄国邮局撤销按理不会早于这个时间。而根据史料记载，当时烟台俄国邮局的撤销，同样不顺利，经历了一波三折。

我们可以在时任胶东道道尹吴永发给北洋政府外交部的电报中看出端倪。1921 年 4 月 27 日电报称："至接收前俄邮局一节，迭经严催，近据该前俄局长声称，局内一切文件、器具，业已收拾，大致就绪。惟按照手续，应先送往俄领馆，再由俄领馆转交于中国官署。此系他处俄邮局交出办法，自当一律办理等语。究竟他处是否如此办法，无由得悉，除仍催令迅速点交外，所有奉令催交前俄领馆邮局情形，理合备文呈报，伏乞鉴察。谨呈外交部总长、次长。山东胶东道道尹兼外交部烟台交涉员吴永。民国十年四月二十七日。"由此可见，烟台俄领馆及邮局直至 1921 年 4 月 27 日，虽"奉令""迭经严催"，但仍未被接收。

5 月 6 日外交部回复吴永电称："据优林函称：现派前驻烟台领事穆留钦仍为驻烟代理事务员等语。查赤塔政府尚未经我承认，岂能允其派领驻烟，除驳覆外，仰接洽。再，该前领留京多日，竟至投入新党，现既被我拒绝，自必回烟交送案卷，接收后，仰即呈报。外。六日。"电报里提到的"优林"及"赤塔政府"，这里作一简单介绍。苏联政府为了避免与当时占领海参崴的日本发生直接交涉，于 1920 年 4 月 6 日，在俄国远东和西伯利亚贝加尔湖以东地区建立了一个远东共和国，作为与日占地区的一个缓冲地带。该共和国名义上是独立的，但受苏联政府控制，1922 年 11 月 5 日，日本撤出海参崴后，合并到苏联。电报里所称"赤塔政府"即指远东共和国，因其首都设在赤塔。优林时任远东共和国外交部长，曾两次作为团长率团访问北京，第一次 1920 年 8 月 21 日到京，1921 年 3 月返回，第二次是 1921 年 7 月。当时北洋政府与远东共和国均派代表团互访，开展了军事、外交、贸易等活动。

从电报内容可知，当时的前驻烟俄领事穆留钦，一直在北京活动，应与来访的优林代表团接上了头，并加入"新党"（苏共），优林举荐他代理烟台事务，但因北洋政府与远东共和国尚未建交而被拒绝。没有获得承认的穆留钦回烟后，应该办理了交接手续。在寄给威格斯的信件中，1921 年 4 月底寄来的收信地址仍写俄国邮局，6 月以后的不再有俄国邮局的称呼。

需要补充的是，优林的第二次来访，拿到了北洋政府外交部签发的在中国几个城市建立远东共和国半官方外交代表机构的许可，其中就包括烟台。穆留钦可能如愿以偿继续他的代理领事事务，威格斯只能与人合伙办洋行了。

威海卫的英国邮局

1894 年爆发的甲午战争，由于日本蓄谋已久，清政府仓皇应战，最后以中国战败、北洋水师全军覆没告终，1895 年 4 月 17 日签订《马关条约》割地赔款。日本以监督清政府赔款为由，占据威海卫。日占时期，日本在威海卫开设"威海卫第一邮便局"。1898 年 5 月 7 日，清政府甲午战争对日赔款全部还清，日军于 1898 年 5 月 23 日撤出威海卫，战地邮局也随之关闭。英军遂即侵占威海卫，5 月 24 日米字旗在刘公岛升起。1898 年 7 月 1 日中英《租威海卫专条》在北京签字，威海卫自此开始了长达 32 年的英国侵占统治。

按照《租威海卫专条》的规定，除威海卫城内仍由中国管理外，城外738.15 平方公里区域划为租借区。

英军进驻威海卫后，早期通信为随军野战军邮局，有记录的见有第 9、13、19 三局。

随着英军入驻威海卫及对租借区的开发建设，一些外国洋行、中国商号不断入驻，通信需求量猛增。英国租借威海卫初期，往来邮件一般由威海卫至烟台的军舰代运，但由于军舰航次不定和没有专责的邮局处理，一般短则几天、长则几个星期才能收发一次邮件，英

图 1

驻威人员深感不便。经驻威英军工程人员哈里森（Harrison）上尉与烟台和记洋行驻威海卫代理议定，在威海与烟台之间开办一条专差邮路，专司两地邮件运递。雇佣两名跑差，分驻威海、烟台两地，每周运送邮件两次，中途交换，这样，威海卫邮件的收寄就有了保障 (图 1)。此事得到了时任烟台邮政局长卡雷

尔（J.W.Carral）的同意，烟台和记洋行就位于烟台大清邮政局对面。

威海卫与烟台之间的跑差邮政开始于 1898 年 12 月 8 日，先行使用两种在当地土制的红纸上自行加盖的邮票，1899 年 1 月 15 日开始使用委托上海别发洋行印制的专差邮票。1899 年 3 月 15 日，随着大清邮政在刘公岛开设分局，跑差邮政也完成了使命。哈利森上尉卖掉了剩余的跑差邮票，利用跑差邮政和卖邮票赚的钱，英军在刘公岛修建了一个网球场。

大清在威海卫城内开设邮政分局的时间是 1898 年 11 月，码头设邮政支局。

1898—1900 年期间，英军在威海卫征募成立"第一中国军团"，八国联军侵华期间出征天津、北京。作为英国海军基地的威海卫，由印度人组成的中国远征军印度纵队，从香港开赴威海卫，曾在刘公岛和羊亭开设随军基地邮局。

随着英国在威海卫租借地统治的不断深化，开办英国邮局势在必行，1899 年 9 月 1 日，香港邮政总局首先在刘公岛开设英国邮局，由英商康来洋行代理。

刘公岛英国邮局开设后，其局址也几经变换。图 2 是早期的刘公岛英国邮局，局房是传统的中国式建筑；图 3 是 20 世纪的刘公岛英国邮局，可见清晰的"POST OFFICE"邮局局牌，其左边就是康来洋行；图 4 是 20 世纪的刘公岛英国邮局，局牌除英文外，两旁还加上了汉字，分别为"大英国""邮政局"字样。图 5 为加盖英国刘公岛邮局邮戳的明信片，图案为刘公岛上的国王饭店。

图 2

图 3

图 4

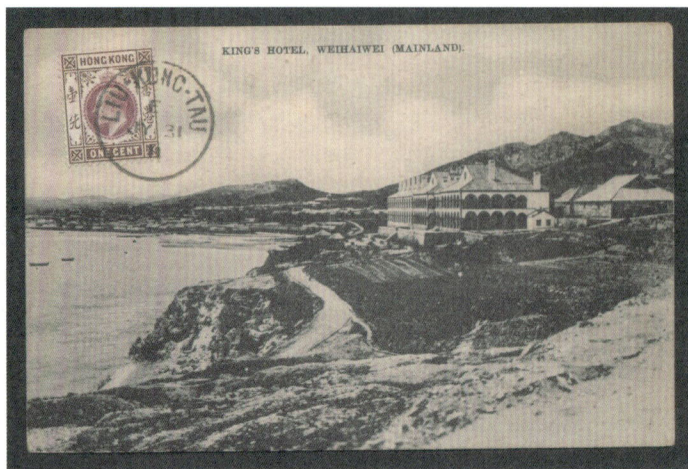

图 5

　　1903 年，香港邮政总局局长到威，要求关闭租借地内的中国邮局，以便建立由其控制的独立邮政体系。次年（1904）4 月 1 日，码头区（英方称"爱德华港"）中国邮局撤销，威海卫码头区英国邮政局随即设立（图 6）。其局房为中式建筑，局牌与图 4 相同，也为中英两种文字，附图为照片式明信片，摄于 1922 年。

图 6

　　爱德华港邮局起初使用的是矩形三格式邮戳，上格为地名"PORT EDWARD"（爱德华港），中格为日期，下格为"WEI—HAI—WEI"（威海卫），紫色加盖（图7）。图8为1905年1月18日由威海卫爱德华港邮局寄烟台实寄封，销爱德华港矩形邮戳，封背有烟台英国邮局1月19日到戳（图9）。

后期，爱德华港邮局改用小圆形日戳，上为"WEI HAI WEI"（威海卫），下为"PORT EDWARD"（爱德华港），中间为日期。图10为1924年1月23日烟台寄威海卫码头商号实寄封，1月24日到达卫城内中华邮局，次日加盖英方爱德华港邮局戳投递（图11）。

图 7

  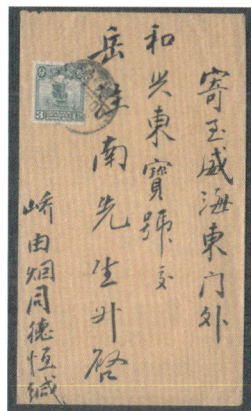 

图 8　　　　　　　图 9　　　　　　　图 10　　　　　　　图 11

有关资料记载，1904年两处英国邮局邮务人员的配备为：码头（爱德华港）邮局邮务官1名，助理邮务官1人，邮递员2人，专递信差2人；刘公岛邮局邮务官1人，助理邮务官1人，邮递员2人。

1930年10月1日，威海卫租借地被民国政府收回，威海卫管理公署派威海卫电报局局长陶学熔、业务长陈兴汉等人接管刘公岛、爱德华港两处英国邮局，接管后的刘公岛英国邮局已经换上中华邮政"刘公岛邮务支局"的局牌，边上

悬挂中华邮政邮旗 (图 12)。接收人员合影留念照片上的题字是"民国十九年十月一日威海卫客邮后华邮开幕时接受委员及全体同仁合影"。

图 12

日舰到访威海卫
——百年信件印证一段史实

1906 年 3 月的烟台，还是春寒料峭，而到了每年的 3 月中旬日本已进入"樱花节"时期，这不禁让在烟台的一位日本人心生怀乡之情，他叫青山孝人，时任烟台政记轮船公司事务员。

1906 年 3 月 8 日（阴历二月十四），他写信给日本朋友长谷川亮之（图 1），收信地址是伊势（旧地名，现三重县）白子町幸家（全酒店），信中写道："亮兄：近来日本繁花盛开，

图 1

心情愉快吧？在清国，在威海卫，此种令人愉快的春天尚未到来，赏花之事亦不可行。故此，我实在不堪于怀乡之情，日前在写给亮兄的信中，拜托你将（明治）卅四年的白子山开帐之际拍摄的照片寄来吧，我希望将其作为过去的履历加以保存，请你多多关照！今天在威海卫，因日本训练舰三艘入港，英国人举行了盛大的欢迎会。再见！威海卫温泉场。"有趣的是，这个日本人使用了中国阴历标注了写信日期。（图 2）

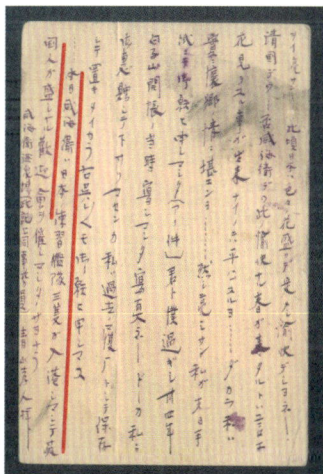

图 2

写信用的明信片，是大清壹分邮资明信片，加贴半分蟠龙邮票，合计邮资一分半，为当时寄往日本明信片资费。盖销山东威海卫全汉文双圈干支邮戳（图 3），时间是"丙午二月十五日（1906 年 3 月 9 日）"，该戳是位于租界内的威

海卫旧城大清邮政局所用，当时威海卫码头区及刘公岛已开设有英国邮局。该片由陆路发往烟台，烟台中转戳也是全汉文双圈干支戳（图4），日期是"丙午二月十七日（1906年3月11日）"，然后经海路去上海，上海大清邮局到戳日期是3月15日（图5），第二日转上海日本邮局再经海路发往日本，盖紫色上海日本邮局3月16日中转戳（图6）。四天后，3月20日信件到达日本神户，销"伊势神户卅九年（明治，1906年）三月二十日"中转戳（图7），最后到达白子町，销"伊势白子卅九年三月？日"到戳（图8）。从邮戳上可知，当时神户、白子町均属伊势范围，从地图上判断，神户到白子町邮程应不过两日。

图3　　　　图4　　　　图5　　　　图6　　　　图7　　　　图8

集邮之人除了信件上的邮票、邮戳、邮路之外，对信件内容透露出的历史信息也是极感兴趣的，那么信末提及的日本军舰来访威海卫，在日俄战争结束之际，又是一次怎样的活动呢？无法查询日方记录，此事也就搁了下来。

前日，与在威海刘公岛文博部门工作的邮友论及此事，他给笔者提供了一条重要线索，威海卫英租时期的首任文职行政长官骆克哈特（中文名字骆任廷）任职期间，与其女儿玛丽保持频繁的书信往来，这些信件除了叙及父女之情外，还蕴含当时威海卫的一些重要历史信息（图9 骆克哈特与玛丽）。2006年，这批共232封信件，由骆克哈特传记作者史奥娜·艾尔利女士捐赠给威海市档案馆，2017年其中文译本以《骆任廷家书》成书出版，1906年正在其任职期间。

正如所愿，笔者欣喜地在书中找到两封与此次日本军舰来访有关的信件。第一封写于1906年3月6日，信件在论及家事及天气寒冷之外，其中一段为："日本训练中队大约一天后到访威海卫，我们将招待他们全体官兵，他们仅在这里停留一天，所以必须尽最大努力让他们过得愉快——特别是后补少尉们！""一天后"当为3月8日。在3月11日的家信中，他记述了日军舰来访情况："日本训练中队由三艘战舰组成，在下村将军的率领下已经结束了威海之行。日俄战争中，他是东乡平八郎将军的首席参谋长。该中队将驶往澳大利亚，船上有 100 多名后补少尉。在硫磺浴，我请其中 40 位喝茶，他们十分高兴，饱餐了一顿蛋糕后，开始洗硫磺浴帮助消化。晚上，我们在岛上俱乐部招待将军及其军官们，共有 50 人参加晚宴，晚宴进行得非常顺利。"而后他又叙及与他人打猎之事，"昨天下午我们去打猎……"，昨天即 3 月 10 日，结合青山孝人的信件可知，日舰来访时间在 3 月 8 日，3 月 9 日离开。

图 9

这次日舰来访威海卫，与 1904 年爆发的日俄战争有关，骆克哈特在战争期间的信件中，流露出当时英国倾向于日本获胜。日本获胜后，1905 年 10 月举行庆祝和平活动，英方的舰队还自威海卫出发，去往日本参加庆祝典礼，这次日舰来访，应该是日本方面的"回礼"。由此可见，当时英日两国的暧昧关系。

这里的硫磺浴，即温泉浴，是日本人在威海卫开办的高档温泉场。威海温泉历史久远，早在战国时期，威海温泉就被人们发现，宋代已广泛利用，1885 年，日本人即已开始建温泉澡堂，英租威海卫期间，洋人更是大规模开发温泉洗浴。图 10 为 1905 年骆克哈特与山东巡抚杨士骧在日人开设的温泉浴池的合影。

图 10

　　写信人所在的政记轮船公司，为张本政 1901 年在烟台创办，在其烟台与东北往来的轮船上就开设有轮船邮局。

　　110 多年前的两封信件，再现了日俄战争后，日本舰队来访威海卫始末，在反映邮史的同时，也还原了一段史实。

终于揭开谜底的指示戳

附图是某拍卖公司春拍的一枚明信片（图1、图2），拍品说明文字如下："1909年山东宁海寄美国明信片，贴蟠龙2分两枚，国际明信片邮资4分相符，盖山东宁海己酉年三月初七英汉腰框干支日戳，有烟台1909年3月15日及客邮同日中转戳二枚，片上另盖'收信人……再给信盖投递'不多见邮政指示戳，保存完好。"

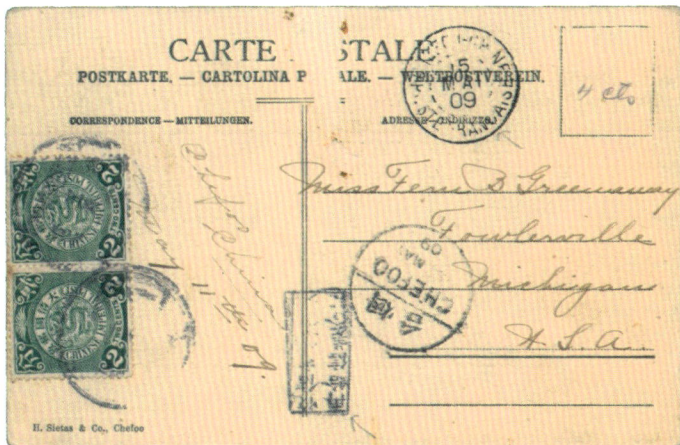

图1

图2

收到明信片后，仔细辨认，销票邮戳比较模糊，很难辨认出"宁海"英汉文地名，但大致可辨认出日期是"己酉三月廿四"或"廿五"（公历1909年5月13日或14日），并非说明中的"三月初七"。烟台大清邮局中转戳和烟台法国邮局中转戳日期皆为5月（MAY）15日"，而不是"3月15日"，可见邮程为1—2天。写信人注明的地址和日期是"中国芝罘（烟台），09年5月11日"。

宁海，即当时的宁海州，辖区为现烟台市牟平区和威海市的一部分，1913年改为宁海县，1914年因与浙江宁海县重名，改为牟平县。

我拍进此片，主要是为了那枚方形指示戳（图3）。此戳在孙君毅《清代邮戳志》一书中已有记载，收录在"信力已付戳"一节。民信局在收寄信件时，资费有寄件人支付、收件人支付或各付一半等情形，海关邮政及国家邮政开办后，为了提示收件人不需再支付邮资，而使用了一些诸如"信力已付，无索无给"等内容的戳记，此戳即为类似内容的戳记之一，孙君毅书中编为此类戳记的21号（图4），但却没有像其他戳记那样标明使用时间和地点，应该不是遗漏，而是缺乏相关资料。但从此书中，可知此戳内文字为"收信之人不必再给信差分文"。张恺升的《中国邮戳史》一书，在"无索无给戳"章中，也收录了此戳，但是照录自孙君毅《清代邮戳志》（图5），可见张恺升先生也未见此戳真容，这从另一方面也可看出此戳的稀少。

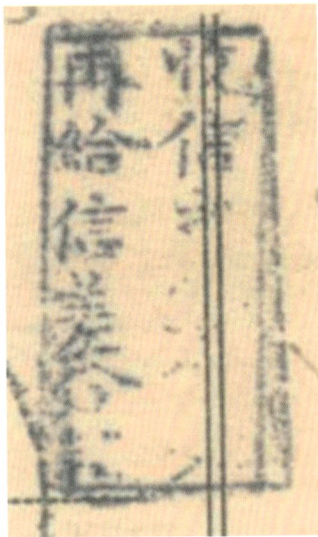
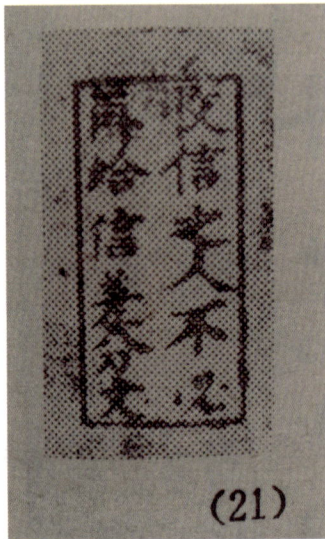
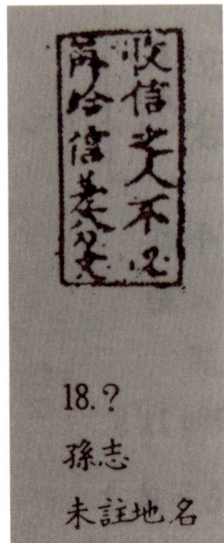

图3   图4   图5

该类戳记一般加盖在国内信件上，加盖在寄国外信件上的极为少见。

该枚指示戳加盖颜色为灰黑色，与烟台中转戳的深黑色明显不同，但与销票戳墨色一致，可见此戳为收寄局所盖。当时烟台作为邮政总局，早已不加盖此类戳记，更何况是寄国外邮件。

宁海西邻烟台，州府与烟台相距不到15公里，只有一天邮程，该片邮程1—2天，邮程倒也相符。

经在放大镜下仔细辨认，两枚邮票上面那枚销票邮戳，上框英文部分文字较多，但很难辨认，疑似有"N""W""H"等字母，再与烟台周围地名邮戳比对，初判为"HWNGHSIEN"（黄县）。拍目说明是"宁海（NINGHAI）"，估计也是根据几个字母判断。但到底为何地？一直无解。

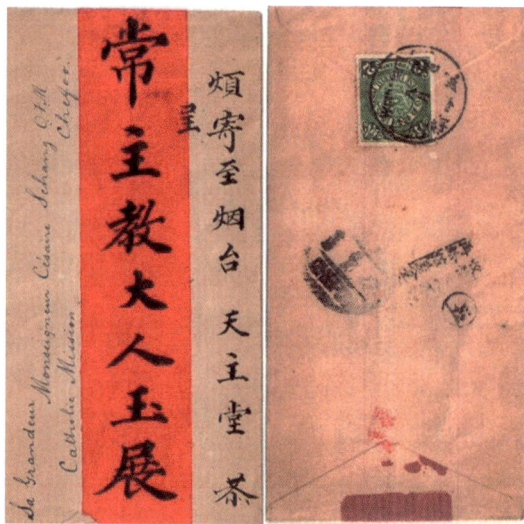

图6

直到近期一枚实寄封的出现，让我们解开了谜底。这是一枚威海卫寄烟台天主教堂常（明德）主教收的信函（图6），封背即加盖有这枚指示戳记。可见，此戳由大清威海卫邮局使用。威海卫与烟台之间邮程，亦在1—2天之间。

再说上面的明信片，是由位于烟台海岸街东首的哈利洋行发行，此街即为著名的烟台邮局一条街。1911年，著名教育家陆费逵先生赴京开中央教育会，6月13日路过烟台，在记录此行的《京津两月记》一文中，就有在此街买片寄片的经历。文中写道：此街"有外人设小肆，售烟台风景明信片者，以小银元二购四枚，旋往邮局发上海、南昌明信片各一"。

该片地址写的芝罘（烟台），而没有写具体寄片地址，也没有实质通信内容，只在图画一面用英文加注"中国土棚子"一句，作为画面说明，估计也是过客所为，作为一张风土人情明信片寄给亲朋好友。烟台自1861年开埠以来，包括周边地区多有洋人开办洋行以及传教士活动。

在以后的中国邮戳志书中，可以补录此戳已知使用时间为1909年，使用地为威海卫。

胶东学子信件中的民国元年国会选举

1911 年 10 月 10 日，武昌起义爆发，敲响了腐败无能的清王朝的丧钟，革命的烈焰开始在中国大地蔓延。11 月 12 日晚，烟台革命党人起义，为山东首义之地，山东军政府在烟台成立。1912 年，民国肇始，烟台大街小巷，革命党人开始剪辫子。

新的思潮也波及到了胶东的每个角落，远在海阳县留格庄镇八甲村的一位叫李志凯的青年学子，虽然还有些懵懂，但已开始接触民主与共和的新思想。李志凯家庭在当地也算富庶人家，但到了一定年龄，也不得不按照胶东习俗"住外"闯荡一番，以便掌握一门生存的本领。

这八甲村建村于明永乐二年，李姓先祖自江苏常州府无锡县迁此，因建村处有天自冢，故名天自冢村。清末，官府为了便于管理，将周围村庄划分为十个甲，该村按顺序列为八甲，改村名为八甲。

该村共有 13 个堂号，"南崇德堂"是李志凯这一支李姓堂号，家族在留格庄镇上经营有复聚成绸缎庄。李志凯的叔父李本藻（号文伯），是清末海阳县最后一位秀才，县令曾亲自为其插花，在本村开办有"礼耕堂书房"。

虽生不逢时，未能步步高升，但李文伯在当地也算见多识广，有一定的社会地位。故李志凯在外谋生，常与其通信，告知外界政事，畏难之事也征求叔父意见以求得指点。

民国元年岁末，山东施行新政，各县选举正盛。此时，李志凯先至博兴求职无果，转去省城济南奔同乡寻良策，此后，再返博兴。此间三番写信给叔父李文伯，因李文伯也参与海阳县的选举，故信中多次言及山东选情。

先看第一封信件（图 1），信文如下："大叔大人尊前：姪于廿四日，由城阳乘火车至青州府，便访问博兴县长名姓，该县人民进城负贩者，终日不绝，竟多有不知者，只有一二人皆言章姓（系前任）。姪无法，只得进省再定行止，现寓于薛君星九之寄宿处。星九言博兴事实系不佳，已有赵玉弦、许瑞五在彼，而薛文泉亦必赴彼，如姪不如即在省谋一枝栖也。与同乡赵星南君（省内财政科员）相见，姪之事尚不难谋。先此奉报，余容再详。再者，姪少年失学，此等浪遊，终非长策，他人之提携力，断难久靠，拟于明春仍以商人名义，另行谋事。近日之景况，万不必于他人言也，谨此敬请近安。回信寄济南省内大布政司街路西翠文斋内薛星九转递。"

此信大意是，李志凯由海阳到城阳（时属即墨，现青岛市城阳区），在城阳乘胶济铁路火车到青州府，前往博兴谋职。在寻找联系人无果情形下，前往济南，寄居在友人薛星九处。据薛告知，博兴一职已有多人盯着，不如在省城谋一职。在与省府任财政科员的同乡赵星南见面后，赵答复谋职一事尚不难。几番折腾下来，李志凯觉得靠人终不如靠己，经商赚钱还是他的本意。

民国元年，博兴首任民政长（县长）是海阳人薛丕沾，李家与薛家

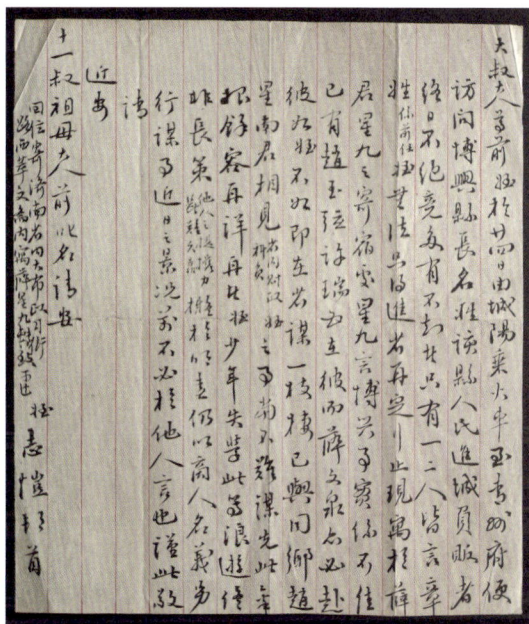

图1

在海阳当地也算名门望族，故多有交集，李志凯显然是投奔这位乡亲而去的。民国肇始，改县知事为民政长，政体变幻，问及县长谁人，当地百姓多有不知，只有极个别人答曰姓章，而章姓是博兴前任县长。

信中提及的薛星九、赵星南、叔玉弦、许瑞五、薛文泉等人，应皆为海阳人氏。

此函信封不存。

再看第二封信件（图2、图3、图4），信文如下："大叔大人尊前：前奉一函，谅收见矣。姪至济赋寓薛君星九处，终日两餐尽由星九借付。而谋事一节，赵星南为之奔走数日，迄无所得。近以选举期迫，共和党派星南往各县办理选举。此时，星南与赵良瑛（字中山）倡办一贫民教养所，已有端倪，言定以姪为会计，

星南临行时（初六启程）曾遗嘱再三，中山业已允首，乃数日来亦无信息。姪以此事兼有商业性质，故急欲就之，不思赴博（博兴）。前星九君曾有信与其兄，言姪在济无事，祈为谋之，今以省事无准，拟于明日由省赴博一观，倘省内之事一经有信，则星九为之函告，姪再返省。山川跋涉，耗费盘程，出门谋事在所难计者也。再选举一事，闻一县调查人数多至数万，而吾海阳仅逾二千人，为数已少，其内尚有党派之争，恐难有效，我叔可观察情形而行，果无能得之望，则若过之，补选即不必去。时在严冬，何苦受此风尘劳攘，况复选时尚恐有危险在焉。同盟共和二党各谋选行，共和人多（全省共和党人有选举权者六十余万），似觉能胜；而同盟人少（三十万之数，余皆超然），其党见最深团体自固，又恐其出激烈之手段。故人皆曰，此次山东之选举，诚一大竞争场也。姪闻如是，我叔在家审势行之。谨此敬请近安。回信仍寄济南大布政司街翠文斋内薛星九转递。"

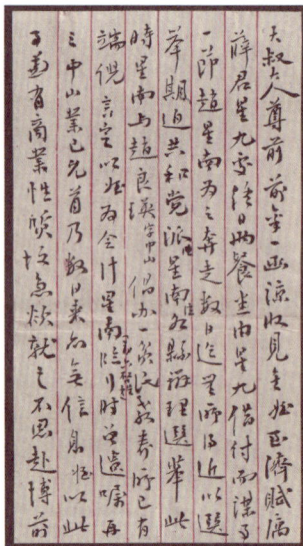

图2

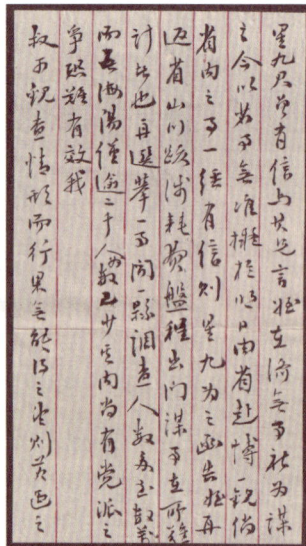

图3

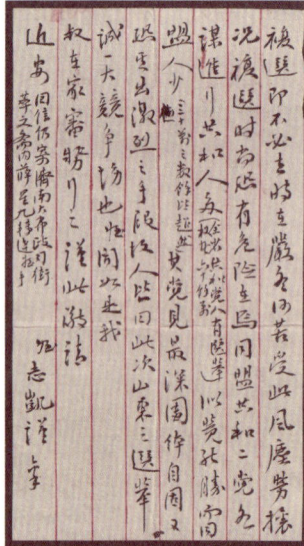

图4

该信大意是，李志凯在济南寄居期间，一直在为谋职奔波，餐费也是薛星九借付。赵星南与人要创办一所贫民教养院，欲让其任会计一职，但此事一时不会马上有着落。年关临近，省内选举紧迫，赵星南被共和党派往各县督战。薛星九此间写信给其兄（博兴民政长薛丕沾），让其帮助李志凯在博兴谋职，亟欲求职的李志凯，准备前往一试。李志凯叔父李文伯作为地方闻人，应也在海阳参选，李志凯将山东选情通报，言及山东共和党有选举权者六十余万人，同盟会（国民党）只有三十多万，共和党似乎胜券在握。但成立于1905年的同盟会，较之民国元年成立的共和党，在根基和凝聚力方面更胜一筹，故山东选情难测，恐有危险激烈之手段。李志凯劝其叔父见机行事，以免不测。另言及选举有的县调查人数达数万，这里的调查人数意为参选人数，而海阳县只有两千人，可见省内各县发动宣传力度差异极大。

该信收寄地址"登州府海阳县城东留格庄隆兴宝号转致／李先生文伯安启／志凯由济南缄"（图5、图6），正面左上角盖"留格庄／代办支局"戳，背面邮票脱落，留有四枚邮戳残迹，根据留存残迹可辩为四枚英汉腰框戳。其中中间两枚留有"济丁南"字样，为济南销票戳；左上角残戳中间时间栏可见"十二月初八"字样；右下角残戳地名可见"EN"，为海阳（HAIYANGHSIEN）最后两个字母、时间栏可见"元年"，为海阳县到达戳。

图5

图6

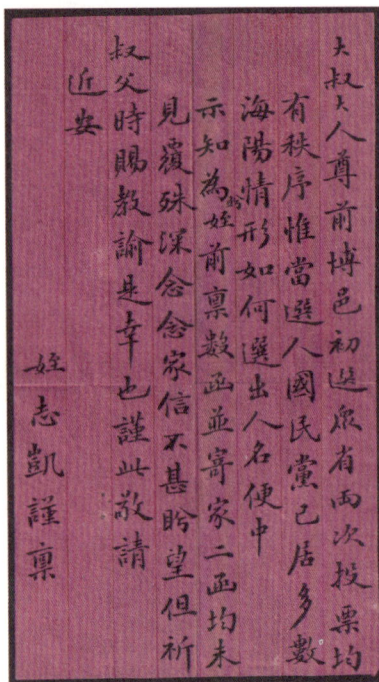

图7

最后一封信是李志凯到达博兴后写的，信文（图7）如下："大叔大人尊前：博邑初选众，省两次投票，均有秩序，惟当选人国民党已居多数。海阳情形如何，选出人名便中示知为盼。姪前禀数函并寄家二函，均未见覆，殊深念念，家信不甚盼望，但祈叔父时赐教谕是幸也。谨此敬请近安。"

该信意即博兴参选投票者众多，两次投票都很有秩序，国民党当选人数领先，另希望知道海阳选举结果。

从以上三封信可知，李志凯在外谋职之时，接触的都是本乡在外供职的政府人员，加上本人有一定文化，故对时局比较了解和关注，并有一定见解。虽是家信，但真实反映了山东省内包括胶东选情以及普通人对于选举的心态。

1912年8月10日，在大总统袁世凯的再三催促下，临时参议院在慌忙中通过了《国会组织法》《众议院议员选举法》《参议院议员选举法》，9月20日才公布《众议院议员选举法实施细则》，12月初就要开始选举。选举主要在共和党和国民党两大党之间展开。共和党主要以拥袁为己任，对中国同盟会攻击不遗余力，被称为袁世凯的御用党，国民党的前身主要是同盟会。

而时任国民党代理理事长的宋教仁，则认为：将来总统仍可选举袁世凯，但政治大权必须归内阁，这样国家才能走向民主政治正轨。故各级国民党支部，全力投入了此次选举，并大获全胜，在参议院占绝对多数、众议院占微弱多数。

该信收寄信地址"登州府海阳县城东留格庄交兴隆宝号转递 / 李先生文伯甫升启 / 志凯由博兴缄"，左上角贴蟠龙三分加盖"中华民国"邮票，销博兴元年十二月十六英汉腰框戳（图8）。背面盖有五枚邮戳，分别为"CHOWTSUN/元年十二月十七 / 周村""WEIHSIEN/ 元年十二月十八 / 潍县""LAIYANG/元年十二月十九 / 莱阳""HAIYANGHSIEN/ 元年十二月二十 / 海阳县""留格庄代办分局"，注明写信日期为"十二月十六日"（图9）。从两枚实寄封可知，山东各地邮局已普遍使用民国"元年"纪年邮戳。

根据《海阳市邮电志》记载，1914年，大清邮政始在留格庄设邮政代办，但从以上二封可知，最迟在1912年12月留格庄邮政代办已设立。

最后，李志凯在博兴和济南的求职均无果，而后又踏上了去往京城的路途，又有一番怎样的曲折，另文再叙。

图8

图9

烟台走出的集邮家梅赞文及其家人

　　1920 年 5 月 7 日，一架由英国飞行员驾驶的"海德利·佩季"式飞机，由北京南苑机场起飞，一小时后到达天津佟楼赛马场，机上共载有 15 人，其中包括三名交通部代表和英国驻华公使，下午飞机由天津返回北京。飞机往返均载有邮件，为纪念这次首航，有关邮政当局，刻制了首航纪念邮戳，加盖在首航飞机运送邮件上，这些邮件目前已知存世 46 枚。此条航线虽然只飞行了一班，但却被载入史册，为中国航空邮政开办之肇始。

　　2020 年为中国航空邮政开办 100 周年，集邮界在出版专刊、举办邮展等活动纪念这一盛事之时，都要提到一本重要文献——《中国航空邮鉴（1920—1935）》，其作者为施塔和梅赞文，梅赞文是一位烟台走出的著名集邮家，不仅如此，其父母也在烟台享有盛名。

梅理士——山东大花生引种第一人

图 1

　　梅赞文的父亲查理·罗杰斯·米尔斯（Charles Rogers Mille，1829—1895，图 1），1829 年 8 月 21 日出生于美国纽约，为美国纽约州的神学博士，1856 年 10 月受美国基督教北长老会派遣，携妻子及亲友多人来华，于次年 2 月抵达上海，先后在江苏昆山、上海等地宣教，并取中文名字"梅理士"。

　　1862 年 7 月，梅理士一行自上海乘船到达烟台，当时中国正流行霍乱，在船上他的一个孩子染病身亡。到达烟台后梅理士住在柯乐（Hall）牧师家里，7 月 20 日前往登州（今蓬莱），路上他的另一个孩子也因霍乱死去。到达登州后，与先期到达的狄考文、郭显德、倪维思等会合，并在此主持牧堂 30 多年。

梅理士除了在传教方面的亲力亲为之外，其令人称道的一大卓越贡献是将美国大花生引入胶东，并在山东乃至整个北方区传播，成为中国北方重要的经济作物之一。

原产美国的弗吉尼亚型花生有荚果大、产量高的特点，远胜于山东大部分地区种植的小粒龙生型品种。山东大花生由梅理士引种自美国，文献多有记载，学界没有争议，但具体时间上尚无定论。

梅理士曾先后三次回国休假，分别为 1869、1882、1892 年，故有学者根据文献记载及当事人回忆，认为其在 1869 年第一次休假后，将美国大花生带回登州，并将其分与教徒播种，言明连续播种三年后回收。这种果粒大、出油率高、产量多的花生新品种，适应了胶东的土壤及气候，迅速被胶东农民所接受，并传播至整个山东及北方地区，成为重要的出口及经济型作物之一。据 1891 年烟台海关资料，当年自烟埠出口大花生果达 2250 担，合 225000 市斤。也有学者认为，梅理士 1862 年到达登州时，即已将美国大花生带来并试种。

梅理士因身形高大颀长，有"梅花鹿"的雅称。

梅耐德——烟台启喑学校创办人

梅赞文的母亲是安妮特·汤普森（Annette E. Thompson，1853—1929），美国纽约人，为了其继母所生的聋哑孩子能够接受教育，她进入罗彻斯特的聋哑学校成为老师，在那里她认识了在中国传教的梅理士。1884 年，安妮特远涉重洋来到登州，成为丧偶多年的梅理士的继任妻子，按照中国习惯，起中国名字"梅耐德"。

梅耐德初来登州，即抓紧时间学习中文，她运用在美国教聋哑孩子学习的方法学习中文，成效显著，这令她的老师大为吃惊。同时，开始着手为中国聋哑孩子编写教材《启喑初阶》。

1887 年，中国第一所聋哑学校在登州诞生了，取名"登州启喑学馆"，开始只招收了两名学生。在梅耐德的努力下，学校渐有起色。1895 年梅理士去世后，北美长老会停止了对学校的经费支持，学校陷入困境，1896 年一度停办。为了筹措办校资金，梅耐德殚精竭虑，足迹遍布欧美及中国 16 个城市，她随身携带一百多张中国人生活的幻灯片，借此让外国人了解中国，募集资金。长期的劳累，让她身体每况愈下，患上了神经衰弱。

为了学校有一个好的发展，1898 年 5 月，梅耐德将聋哑学校迁至烟台通伸一所客栈，在那里租下两间平房。1899 年 11 月梅耐德利用亡夫的抚恤金、募款及贷款，在烟台东海岸买下 17.5 亩土地，建成了一幢二层楼房及数间平房，启暗学校有了正式的校舍。

为了推动中国的聋哑教育事业，梅耐德还组织学生到全国各地巡回表演，扩大影响。烟台启暗学校还举办了两期聋哑教师培训班，培训教师 40 余人，这些老师在全国创办了 11 所聋哑学校。

她在给朋友的信中深情地写道："每当遇到一个聪明伶俐的小男孩或小女孩，但他们的嘴却因聋哑而被紧紧地锁住、他们的心灵得不到丝毫阳光时，我就恨不能抛下所有的一切，对他（她）说：我想帮助你！"

梅耐德本打算一生留在中国，但 1927 年 3 月发生了袭击美英领事馆、劫杀传教士的"南京事件"，此时梅耐德正在南京探亲，无奈与儿子梅赞文随五千余名新教教士逃离中国。回国两年后梅耐德去世，享年 76 岁。

图 2 是梅耐德与聋哑孩子在一起，这是一张立体明信片，流传很广、很有名气。把图片放在特殊的视镜上，能够看出立体效果，在 20 世纪初曾流行一时。此片由英国知名摄影师赫伯特·庞丁（Herbert Ponting，1870—1935）拍摄于 1902 年，是其为 C.H.Graves'UNIVERSAL PHOTO ART 公司拍摄的 100 张中国立体照片中的一幅。图 3 是烟台启暗学校公函封，左上角印有学校英文名字，1926 年 2 月由烟台寄美国。

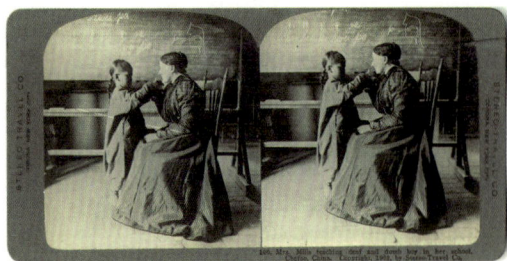

图 2

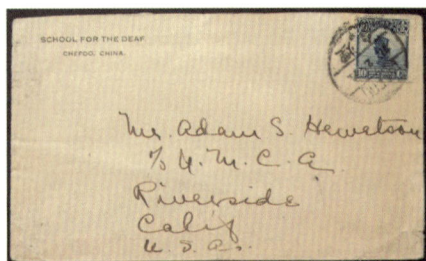

图 3

爱好集邮的梅赞文

萨缪尔 . J . 米尔斯（Samuel J.Mills）1889 年出生于登州，并被其父母取汉文名字"梅赞文"，他自幼勤奋学习中文，说得一口地道的胶东话。1895 年梅理士因病去世，年仅 6 岁的梅赞文与母亲相依为命。梅赞文少年就读于烟台的美国教会学校，青年时返回美国求学，毕业于宾夕法尼亚的名校——拉法耶特学院。在这期间，他喜欢上了集邮，并加入美国集邮协会。

1911 年梅赞文受美国北长老会派遣重返中国，在由登州文会馆迁往潍县成立的"广文学堂"里担任教习，1913 年奉命前往济南担任基督教青年会总干事，1918 年到南京金陵大学专门传授汉语的"华言科"任教授。

南京外国侨民众多，有着浓厚的集邮氛围，1924 年金陵大学的外侨发起成立"南京邮票会"，梅赞文积极参与。1925 年 7 月，有"中国邮王"之称的周今觉在上海创办"中华集邮会"，梅赞文很快成为其第 72 号会员，并一度担任会刊《邮乘》的英文编辑，梅赞文因此结识了众多中外集邮爱好者。

1927 年 3 月 24 日，北伐军攻克南京，一时局势失控，爆发了针对外侨的暴力惨案，时称"南京惨案"，以传教士为主的外籍人士纷纷逃离中国，梅赞文与正在南京探亲的母亲梅耐德一起回国。1928 年下半年，北伐战争结束，局势稳定，梅赞文重又返回南京，继续任教金陵大学。

1920 年 5 月 7 日中国航空邮政创办，航空集邮这一新的集邮领域，同样引起梅赞文的浓厚兴趣，并乐此不疲，成为伴随其一生的爱好。

此后，凡有新的航线开通，梅赞文都尽力委托朋友制作首航封（图 4 为梅赞文制作的首航封），其中国首航封的收藏与研究日渐引人注目，并留下了许多珍罕邮品与资料。

1930 年 10 月，同样酷爱华邮收藏的施塔少校来到上海，应约来沪的梅赞文陪同其拜访邮王周今觉，多位中国集邮家在座恭候"东西半球两大

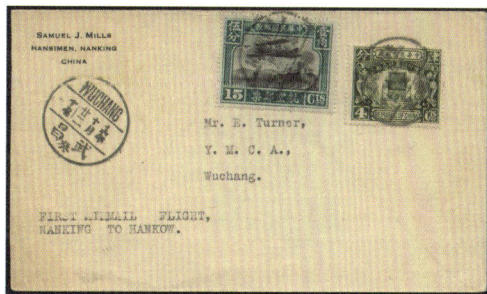

图 4

华邮之王"的会面，并留下珍贵照片。图 5 是当时的合影，左五的高个子就是梅赞文，可见其继承了父亲修长瘦削的身材，右四为施塔，左四为周今觉。

此前，梅赞文与施塔多有书信往来、神交已久，两人相见恨晚、相谈甚欢。

图 5

《中国航空邮鉴（1920—1935）》——中国航邮宝典

梅赞文离开中国的时间约在 1933 年以后，定居美国费城，并在附近的哈沃福德学院任教。施塔少校同样居住在费城，两个同样喜欢华邮的老友相聚在了一起，业余时间都花费在了欣赏邮品、切磋邮识上了。

20 世纪二三十年代，由于一战结束，许多闲置的军用飞机改为民用，由于飞机载人费用昂贵，所以很多飞机以运送邮件为主，邮政成为了航空公司的大客户，几乎每条航线开通，都有邮政配合开通航空邮路。飞机寄递邮件，加快了信息传递和社会各方面的交流，不啻是一场信息革命，同时催生了一个新的集邮类别——航空集邮。世界各国集邮人士，以收集航空邮票和首航封为时尚，各类航空集邮俱乐部和航空集邮图鉴纷纷出笼。

中国是世界上航空邮政开办较早国家之一，但当时却没有一份系统的航空邮政方面的资料，施塔少校作为西方华邮领域的领军人物，他觉得有责任编辑这样一本资料，这也是展示其在这个领域与时俱进风采的一个契机。而梅赞文作为一位精通汉语的中国通，加上颇丰的中国首航封收藏，无疑是一位最好的搭档。

为了编写这本书，梅赞文与中国集邮、邮政、航空界，进行了广泛的联系，多方面进行各类信息资料的求证核对，做了大量工作。1936 年 4 月至 1937 年 1 月，纽约集邮家俱乐部会刊《集邮家》，分四次连载了施梅合著的《中国航空邮鉴（1920—1935）》，以后又出版了单行本（图 6），该书在 1937 年的巴黎国际邮展上获铜奖。

此书是最早系统介绍中国早期航空邮政历史的专著，也是最早将中国航空邮政介绍到世界的英文专著，是中国航空邮政历史的宝典。限于当时历史条件的局限性，该书有许多不完善之处，但其开山鼻祖的地位无可替代。

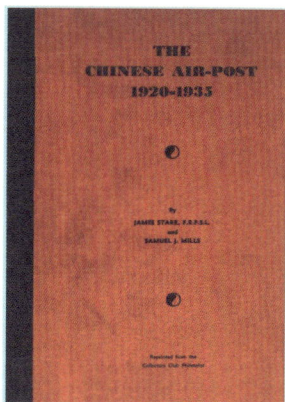

图 6

身在美国的梅赞文，仍然与中国集邮界保持着联系，对中国人民一贯秉持理解与同情的心态。他定期收阅来自中国的各类集邮刊物，担任美国集邮协会有关中国分会的负责人，接待来美的中国集邮家。

梅赞文去世后，其中国邮集也分散到了世界各地，很多也完好地保存在中国集邮家手里（图 7 为 1929 年梅赞文制作的孙中山奉安大典原地封）。

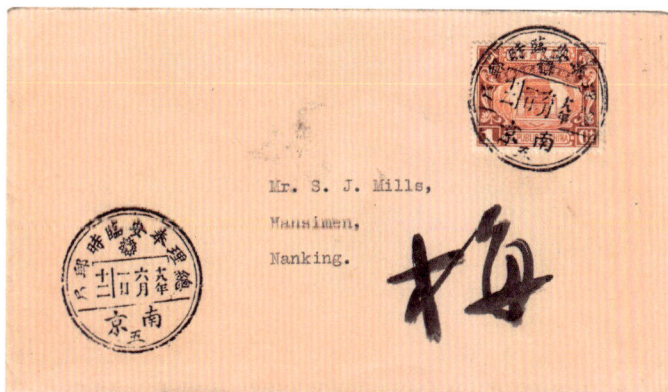

图 7

从北洋水师采办所到"飞鹰"号

烟台作为海防重地,自明代以来即受到重视。清代设立北洋水师后,大清军舰更是屡访烟台,但大清军舰与烟台有关的邮品却极为少见。图1是一枚1905年自上海寄给烟台"飞鹰"号的实寄封,收信地址是"烟台水师采办所/叶茂蕃大老爷收下祈即饬交飞鹰兵船/王帅老爷隽芸收感",寄信地址是"沪福寿里王公馆缄托"(图2,船头悬挂龙旗的"飞鹰"号)。

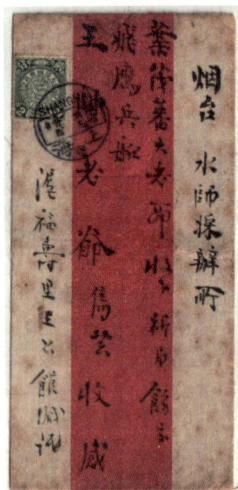

图1   图2

解读这枚信封背后的故事,还原一百多年前与烟台有关的风云往事。

冰心与烟台北洋水师采办所

位于烟台山下会英街的"北洋海军采办厅"旧址,烟台人已经熟知,墙上铭牌说明文字是"北洋海军采办厅旧址简介:三进六院组合式院落,有正房两排,楼房两层,其楼房为南、北双面挑廊,院落占地约1800平方米。1888年北洋海军创立后，在此设立采办厅，为北洋海军后勤服务。1895 年甲午海战，北洋海军战败，采办厅停办。"

除了这段不算详尽的说明文字，对于这座建筑很难查到更多的资料，如采办厅何年开始设立，何年撤销，历任采办厅负责人是谁，等等。笔者请教了海军史研究以及海军邮品研究方面的几位专家，都缺少这方面的史料。

说起北洋海军采办厅，就不得不提及冰心老人。1903 年深秋，冰心随父亲谢葆璋到烟台，起初就是落脚采办厅，一住就是三年。她在 1979 年 7 月 4 日清晨写就的《我的童年》一文中，有这样一段文字："一九〇三至一九〇四年之间，父亲奉命到山东烟台创办海军军官学校。我们搬到烟台，祖父和老姨太又回到福州去了。我们到了烟台，先住在市内的海军采办厅，所长叶茂蕃先生让出一间北屋给我们住。南屋是一排三间的客厅，就成了父亲会客和办公的地方。"

冰心老人的回忆，与信封上的地址与人名互为印证，同时说明海军采办厅至少在 1903 年仍然存在，并非如铭牌所言：1895 年甲午海战后停办。

另外，关于海军采办厅的正式名称，现在铭牌上是"北洋海军采办厅"，此名可能源自冰心的文章，但文中前面称"海军采办厅"，后面又称采办厅负责人叶茂蕃为"所长"，前后矛盾，从当年这封信件来看，正式名称应为"烟台水师采办所"。

北洋水师设在威海而没选择烟台，据说主要有两个原因，一是烟台港面北，不利舰船停泊，二是烟台当时已经开埠 20 余年，烟台山周围各国领馆林立，保密是一大问题。但烟台当时交通便利，物资丰富，所以将北洋水师的后勤物资供应基地——采办所设在了烟台。

1895 年甲午海战北洋水师覆灭后，1896 年开始复兴北洋水师，至 1909 年南、北洋水师改编为两个舰队，烟台一直是大清海防重地。不仅舰队常来巡防，常驻有海军练营和海军警卫队，还有海军军官学校，军舰给养补充、物资采购、来往海军官兵食宿等，迎来送往，水师采办所不仅没有撤销，应该一直处于繁忙之中。就连海军来往舰船的信件，也是由采办所中转移交的。

图 3 是 1908 年四月廿七日（5 月 26 日）由德州北洋机器制造总局寄驻烟台军舰"海圻"号的信件，写明由"烟台水师采办公所／叶老爷茂蕃代收／转致'海圻'

图3

兵船"，可见，至少自冰心来烟台的1903年深秋至1908年5月，烟台水师采办所不仅存在，而且一直由叶茂蕃任所长。此封再次验证正式名称应为"烟台水师采办（公）所"。

1913年"烟台兵变"立下头功的"飞鹰"号等海军人员

辛亥革命后，驻守烟台的主要有山东民军、来自辽东的关外军及南方的南军等几部分，南北政府统一后，这些军队需要遣撤。1913年1月5日，关外军因不满被遣散，加上军饷没有发放，遂发生兵变，史称"烟台兵变"。当时"飞鹰"号和"海圻"号正驻守烟台，加上海军练营的官兵及驻烟鲁军及时出手，弹压了这次兵变。

有关兵变来龙去脉，多有记述文章，不再赘述。但有关驻烟海军在此次兵变中发挥的举足轻重的作用，有关史料少有记载，今特将当时海军部呈请大总统袁世凯嘉奖电文照录于下，从中可见一斑：

海军部为保护烟台海军员弁请奖呈文，1913.3.28

为呈请：前准东海关监督王潜刚电称，关军哗变，保护烟台海军出力人员量予奖叙，以资激劝。当经据情呈请大总统监核示遵。一月二十二日奉大总统批：据呈已悉。该舰员兵保安弭变，克著勤劳，应准量予奖励，以昭激劝。即由该部酌议呈夺。此批。等因。奉此，当即抄录呈批。函知该监督查明，将海军在事出力人员核实开单送部核办去后。兹据该监督呈称，海（关）军滋事，保护外人居地全资"海圻""飞鹰"兵船及海军练营员兵巡防弹压之力，商埠赖以获安。所有当时出力各员，现已开据清单，应请从优奖励。其余炮弁、排长以下弁兵均轮流照料，出力人员众多，未能按名开报，并请传令嘉奖，以昭激劝等因。附请单一纸到部。查此次关军变起仓促，各舰长、员弁固能顾全大局，应变有方，然系军人应尽天职，本未敢仰邀褒奖。兹蒙大总统鉴其勤劳，准予奖叙，自系鼓励军人有加无已之至意。本部核与《陆海军奖章令》第五条乙款平时项内，镇压内乱时夺勇救护民人之生命财产致或保全者之例相符。理合将"海圻"舰长汤廷光等分别奖叙，开单呈请大总统鉴核批示，由部照章颁给。至其余出力弁兵人数众多，拟请由部分别给奖，以示鼓励。谨呈大总统。

其中"海圻"号舰长汤廷光、"飞鹰"号舰长陈鹏翔、海军练营营长邓家骅、前海军练营警队营长魏春泉，因"事前密筹防范，闻警派兵弹压，拟请奖以一等金色奖章"；另有"海圻""飞鹰"号及练营队官等副级官员8人，因"督兵巡防昼夜不懈"，拟请以二等银色奖章；再有"飞鹰"号、练营分队、海军警卫队等次级军官6人，拟请以三等蓝色奖章；还有"飞鹰"号副炮弁3人、海军警卫排长6人，拟请以四等白色奖章。

从上所列名单，可见褒奖人员不在少数，这还不包括由海军部奖励的低级军官和士兵。

以上拟请奖励，大总统批示"据呈已悉，应即照准"。有趣的是，两个月后，把两位虽未冲在第一线，但后勤工作出色的官员漏掉了，一位是海军练营次长谢滋年，骚乱时调兵遣将有方，一位是"海圻"号大副张曾存，在后方选派军队、护卫军舰有功，"以昭激劝而免向隅"，呈请给予两位二等银色奖章的奖励。两位级别不低，明显为了照顾面子。6月，大总统批示"照准"。

驻烟海军在此次兵变中所发挥的主要作用，有关地方史料鲜有记载，这与1912年7月始，烟台东西山两炮台收归海军部直属管辖有关，当时委任邓家骅为芝罘海军练营营长，并监管两炮台。而地方官员在这次兵变中，过多强调自身功劳。

命运多舛的"飞鹰"号

1894年甲午海战爆发，李鸿章一再被搁置的呈请朝廷添置新舰的奏章被批准，大清显示出异乎寻常的办事效率，资金迅速安排到位，明确提出"快船拟订四艘，海、户部共拨200万两"。

在英国购买了"飞霆"号，在德国购买了"飞鹰"号，但列强以中日海战保持中立为由，直至战争结束才予交付。1896年夏天，"飞鹰"号回国。

"飞鹰"号排水量850吨，舰长79米，宽8.71米，吃水4米，体型较大，乘员145人，是当时北洋海军唯一的一艘四囱舰船，与同期回国的"飞霆"号，填补了甲午海战后中国海防的空白。"飞鹰"号曾长期驻守大沽、烟台等北方港口。

1898年9月，戊戌变法失败后，康有为出走香港。当荣禄的大队人马追到塘沽码头时，康有为已乘坐"重庆"号客轮启航前往烟台。船上的康有为此时不知，慈禧太后的追缉令已经一路发往天津、烟台、上海。

荣禄马上命正在塘沽的"飞鹰"号，追赶"重庆"号，"飞鹰"号航速是"重庆"号的两倍。本来缉拿康有为胜券在握，谁知"飞鹰"号仓促出航，出发前没有备足燃料，中途无奈返航。还有一说，是"飞鹰"号舰长刘冠雄，有意借口燃煤将尽，下令停止追击、中途返航。

当密令发至烟台时，手握密令的道员不在衙门里，等道员回来，"重庆"号已经启航离开烟台驶往上海。康有为在烟台逗留期间，在海滩上捡了一袋彩石，还买了6篓烟台苹果。

1900年八国联军占领天津，多艘停泊在大沽的军舰落入敌手，"飞鹰"号因提前出坞而幸免于难。

1909年，海军舰船改组为巡洋和长江两舰队，"飞鹰"入列巡洋舰队。时年，"飞鹰"号巡查东沙、西沙群岛，在收回被日本人占领的东沙群岛过程中，立下了彪炳史册之功。

辛亥革命爆发后，1911年11月，"飞鹰"号在江苏镇江宣布起义。此后，先后参与二次革命、护法战争。1917年后，"飞鹰"号长期驻守粤桂，在军阀争斗中夹缝生存。1932年7月6日，"飞鹰"号被广东军阀陈济棠的空军击沉，可叹一代名舰"飞鹰"号，作为中国空军击沉的第一艘军舰，成为军阀混战的牺牲品（图4，民国时期的"飞鹰"号）。

图4

烟台的第一枚纪念邮戳

徐世昌（1855—1939 年，图 1），字卜五，号菊人，又号弢斋、东海、涛斋，直隶（今河北）天津人。徐世昌早年中举人，后中进士。自袁世凯小站练兵时即为袁的谋士，并为盟友，一文一武，互为同道。1905 年（光绪三十一年）曾任军机大臣。徐世昌深谋远虑，深得袁世凯器重，在袁世凯称帝时以沉默远离之。1916 年（民国 5 年）3 月，袁世凯被迫取消帝制，恢复民国年号，起用他为国务卿。1918 年（民国 7 年）10 月，徐世昌被国会选为大总统，邮政总局奉命发行徐世昌就任大总统纪念邮票。由于就职典礼在当年的

图 1

10 月 10 日，邮政总局提出时间紧迫，印制邮票一事，委实赶办不及，于是决定在全国邮务管理局及重要一等邮局使用纪念邮戳，以致庆贺。并在各大报刊发布邮政紧要布告："兹因徐大总统于双十节就任，邮局为申庆贺起见，特备纪念日期戳记，于十月十日在各邮务管理局及重要一等局以盖销各邮件上之邮票，各界人士等是日将邮票交由上述邮局加盖此项戳记，亦可照办。惟只以是日为限，幸勿错（过）机会。"此款纪念邮戳，也是首次全国行用的纪念邮戳。

烟台当时属布告中"重要一等邮局"，当然也使用了这款纪念邮戳，图 2 就是盖有此戳的信封。此封贴有帆船壹分邮票，加盖紫色纪念邮戳。邮戳中间为救生圈状双椭圆图案，两边为五条水波浪纹组成，尺寸为 50mm×15mm，上面文字为"徐大总统就任纪念 七年十月十日 烟台"等字样，并有一空心五角星，封上另外加盖了一枚清晰的烟台中英文小圆戳，正是当时海岸街烟台一等邮局使用的日戳。由于此戳是邮政总局统一下发戳式，各地根据戳样自行刻制，所以实际行用时戳式略有不同，此戳五角星应为实心，但烟台一等邮局将其制

成了空心，极为少见。据统计，此戳当时在全国四十余地使用。按照邮总通告，此戳可加盖在进出口实寄邮件之上，各界人士亦可到邮局求盖此戳以作纪念，但只限定 10 月 10 日当天，所以留存下来的实寄邮品十分少见。集邮当时在大城市比较流行，烟台集邮的人还比较少见，以洋人为主，图 2 就是一枚西式信封制作的纪念封，应该也是当时在烟洋人所做。

图 2

说到徐世昌，就不得不提徐世昌的弟弟徐世光（1857—1929 年），徐世光与哥哥徐世昌同年中举，因为徐世昌与袁世凯的特殊关系，袁执政山东期间，徐世光先后任青州知府、济南知府等职，1909 年（宣统元年）任登莱青道员，兼东海关监督。1911 年 11 月 12 日晚烟台革命党人攻占登莱青道署，徐世光携眷逃往青岛。

寻踪"图连达"

　　"图连达"的明信片，集邮人士特别是明信片爱好者都十分熟悉，图1、图2就是"图连达"发行的明信片，醒目的"圖連達 Tu— Lien— Ta"应该算作它的商标了，被用于每一张明信片上。片上注明的发行商是"Verlag: Gebr Trendel, Tientsin"，即天津特伦德尔兄弟公司。"Tu —Lien —Ta"是"Trendel"的汉语音译，中文写成了"图连达"，这个音译名称十分贴切，与其明信片发行商的身份相当吻合。

图 1

图 2

　　"图连达"在20世纪初，发行了大量明信片,题材十分广泛,涉及建筑、民俗、人物、风景等各个方面，地域以京津冀等北方地区为主，从实寄片使用上判断，时间集中在20世纪初，后期这家公司则销声匿迹了。

　　当然，这家公司发行的明信片是以赢利为目的，但这些中国北方20世纪初的画面，对于我们了解当时中国社会的各个方面，无疑是十分宝贵的财富。在欣赏和研究"图连达"留给我们的这些丰富多彩的明信片的同时，寻踪这家公司的前世今生，同样令人着迷。

　　1898年3月6日，中德签署《胶澳租界条约》，胶州湾成为德国的侵占地，这给德国的冒险家们带来了商机，各路人士接踵而来，这其中就有出生在德国巴伐利亚小城的威廉·特伦德尔，那年他 28 岁。

特伦德尔手里并没有多少资金，来到青岛后，他看到当地的居住条件十分简陋，于是，他从一个中国商人那里租下了一套带有小院的平房，开设了一间简陋的小旅馆。这间旅馆甚至没有一个正式的店名，但经常光顾这里的德国人称其为"Der Gruene Ochsen（绿牛）"，据说这是外国人在青岛开设得最早的旅馆。

特伦德尔慢慢积攒了一些资金，1899 年，他在靠近栈桥和火车站的地方，竞得了一块土地，开设了一家新的旅馆，并正式命名为"Hotel Trendel"。不久，特伦德尔的妻子也来到了中国，与他一起经营这家旅馆，1900 年，他们的孩子也出生了。遗憾的是孩子出生不久就夭折了，特伦德尔抱怨这是当地较差的卫生条件和气候造成的。于是，他们盘掉了经营一年的旅馆，离开青岛，前往开埠较早、各方面条件要好一些的天津发展。

也在这一年（1900），特伦德尔的两个弟弟，特奥尔多和弗里茨也来到了天津，兄弟三人开办了特伦德尔兄弟公司，即以发行明信片著称的图连达公司。1903 年，由于善于交际和从事旅馆业的经历，特伦德尔受到京城六国饭店的青睐，被聘为经理，特伦德尔和弟弟特奥尔多来到了北京，特奥尔多在一战结束后返回德国。弗里茨则来到济南开设了以特伦德尔命名的酒店。至此，经营时间两年左右的"图连达"歇业。

1914 年 8 月，日本对德国宣战，日德战争（也称青岛战役）爆发，德国政府号召远东德籍男子赴青参战，他们被编入现役或预备役部队，参加城市保卫战。特伦德尔放弃待遇优厚的经理职务，应召入伍，他被编入海岸炮兵，任预备役中尉。据记载，特伦德尔在战斗中表现机智勇敢，他担任指挥官的炮台，利用伪装的假炮台成功骗过了日军的侦察机，部下和炮台毫发无损。德国战败后，作为战俘，特伦德尔被关押在日本习志野俘虏所，1919 年特伦德尔被释放后又回到了中国。由于战俘生活，特伦德尔的身体受到了严重损伤，离开俘虏所不到一年，1920 年 8 月 23 日，年仅 50 岁的特伦德尔在上海去世。

1906 年，弗里茨在济南开办图连达酒店（Trendel Hotel），位于繁华的济南商埠区，是济南著名的西餐馆之一。由于与房东侯永魁的经济纠纷，而致对簿公堂，侯是济南有名的营造商。1921 年 10 月，弗里茨以烟台利丰洋行雇佣为名来到烟台。1923 年 10 月 6 日，弗里茨在烟台东马路 127 号开设西洋食品行，也称"图连达饭店"。图 3 就是以弗里茨肖像照片制作的明信片，贴帆船邮票，盖烟台 1930 年 12 月 10 日邮戳，经西伯利亚寄德国，片为弗里茨本人寄出并有他的签名（图 4）。

图 3

图 4

由于弗里茨曾有开办过明信片发行公司的经历，他在烟台西洋食品行的经营中，淋漓尽致地利用了这一特长。他不仅印有个人肖像明信片，还发行各种式样的广告明信片，中国传统画面的贺年明信片等，即便是普通的公司信函用封，也设计得与众不同，在同时代的商业营销中显得鹤立鸡群，这都得益于其明信片发行商的阅历。

图 5 是其广告明信片之一，海边树荫之下，图连达饭店隐身其中，远处的军舰和帆船，天空海鸥翱翔，近前的指示牌指向饭店，优雅的环境让人亟欲前往。图 6 则是一幅漫画式的广告明信片，一位美国大兵坐在洋车上，不断地催促着洋车夫"KWAI—KWAI DEE（快快地）！"，当然，目的地就是图连达饭店。烟台是美国太平洋舰队基地之一，每年夏天来烟台歇伏休整的美军军舰达几十艘，人员几千人，这让弗里茨的生意格外兴隆。明信片正面，则印着饭店名称以及创办时间（图 7）。

除了洋味道的明信片，弗里茨也没忘记他的中国客人。每年夏天来烟避暑的达官贵人也不在少数，加上当地人也偶尔开开洋荤，这也是一个不小的消费群体。图 8 这张就是专门设计的中国题材的明信片，1935 年圣诞和新年期间寄往德国（图 9）。图 10、图 11 是专为 1936 年复活节印制的明信片。图 12 算是饭店的公函封了，背面则印有一组鸡的图案，可见其独出心裁之处。此封盖烟台 1935 年 12 月 28 日戳，有天津 1936 年 1 月 2 日中转戳（图 13）。

图 5

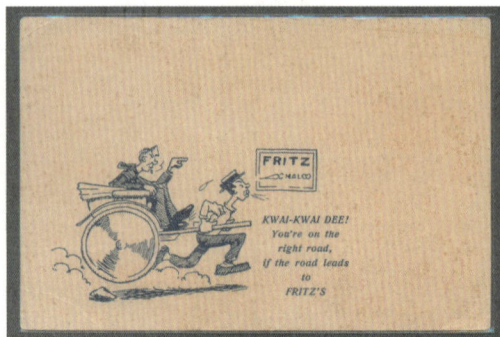

图 6

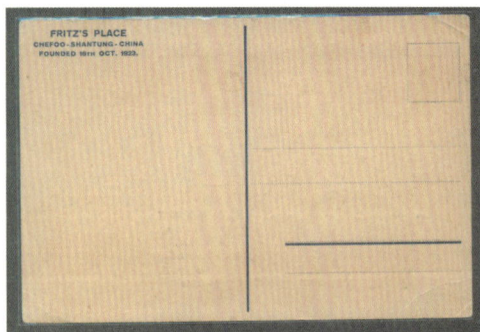

图 7

图 8

图 9

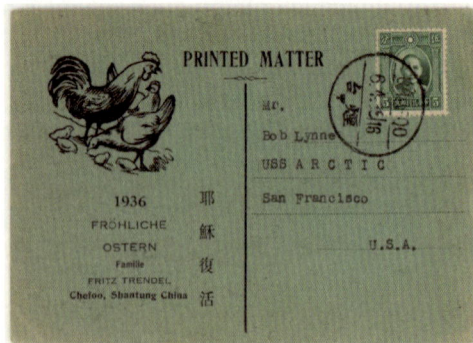

图 10

图 11

图 12

图 13

　　"七七事变"后，由于弗里茨的德国籍身份，没有受到多少冲击，但饭店生意却每况愈下。抗战胜利后，作为战败国人士，弗里茨被遣返回国。

"塔"缘

——烟台山守塔人寄罗星塔明信片

图1

人们常说收藏讲缘分，藏品与你有缘，早晚是你的，无缘，机会再好，也会擦肩而过。前段时间在网拍上见到一枚烟台山明信片（图1），画面上印有"芝罘烟台山 其二"及"Consulate Hill Chefoo"，英文的意思是"芝罘领事山"，因为烟台自1861年开埠后，烟台山周围先后有17个国家开设领事馆，故烟台山也被称为"领事山"。明信片上的烟台山最高处可见航标灯塔及高耸的信号杆，周围是错落有致的各国领事馆舍等建筑。片下边手写"riptail"，意为激流、海浪的意思。

明信片的印制商是日本的Pub by Nakayama（中山商社），约发行于民国初年，整套已收集到的编号有80多个，除开头编号的20枚左右为威海卫题材外，其余都是烟台题材，是烟台清末民初明信片中枚数最多的一套。该枚编号为"29"。

该片由烟台寄往福州海关（Maritime Customs Foochow），收信人是罗爱德夫妇（Lloyd）。片上写有："a merry xmas and a happy newyear."（圣诞新年快乐）的祝福语（图2）。

明信片贴帆船1分邮票，盖烟台汉英小圆戳，时间是1914年12月19

图2

日（图3），片上有上海12月25日汉英小圆中转戳（图4），用了6天，一般
情形烟台至上海走海路，邮程为3天，可见冬季气候影响船期。到达福州的邮
程又是6天，有福州府12月31日的汉英小圆戳（图5）。

　　明信片寄达位于泛船浦的福州海关，但罗爱德此时不在福州海关，故片上
用铅笔竖写"马尾"二字，马尾是当时马尾造船厂所在地。马尾距离福州只有
十余公里，明信片于第二天到达位于罗星村的罗星塔邮局，盖罗星塔1915年1
月1日英汉小圆戳（图6）。但此时罗爱德先生显然也不在马尾，铅笔手写的"马尾"
二字，被另一种颜色的铅笔圈涂，并手写一大大的"罗"字。经辨认，这个"罗"
字与圈涂"马尾"二字的铅笔颜色相同，此"罗"字应指罗星塔，意即罗爱德
在罗星塔海关。

　　罗星塔海关并不在罗星塔，而在与罗星塔隔江相望的伯牙谭罗星塔港。片
上的最后一个邮戳是"？／四年？月？日／罗星塔（一）"（图7）英汉腰框戳，
此戳正是罗星塔港的营前支局所用。因罗星塔邮局与营前支局仅一江之隔，故
判断邮戳日期也是一月一日。

图3　　　　　图4　　　　　图5　　　　　图6　　　　　图7

　　1842年《中英南京条约》签订，福州成为最早开埠的五大通商口岸之一，
1861年，福州海关在福州泛船浦开关。因大型船只无法进入泛船浦港，1867年，
在与罗星塔隔江相望的营前伯牙谭，开设罗星塔分关，两关相距约15公里。

　　罗星塔建于罗星山上，位于三江汇流之处，是国际公认的航标塔（图8）。
其隔江为罗星塔港，背倚马尾，1866年福州船政在马尾开办。

　　1897年2月20日，大清邮政在福建开办三局，为福州、厦门、罗星塔，
罗星塔隶属福州总局，其局址就设在罗星塔海关内。1912年5月，罗星塔邮局
迁往对岸罗星塔下的罗星村，至此，罗星塔邮局可谓实至名归。而原来的邮局
改为营前支局，隶属罗星塔邮局，使用编号为"罗星塔（一）"的邮戳，直至

1937 年，罗星塔支局不再隶属罗星塔邮局，邮戳改用"营前"地名。

图 8

此片寄件人落款" m.f "，即马福音（Mathias Foyn），此人正是烟台山灯塔守塔人，挪威籍。而同时期烟台东海关也有一位罗爱德（W.O.Lloyd），负责船只管理工作，此人在烟台和福州的海关都工作过。守塔人负责来往船只导航，与海关船只管理人自然关系密切。原在烟台海关工作的罗爱德，因故调往福州海关，马福音在圣诞新年之际给老朋友寄上一张贺卡。

你看，烟台山东海关灯塔守塔人，寄往福州罗星塔海关的烟台山灯塔明信片，除了邮人喜欢的邮史之外，两塔之间的问候，是否也很有趣？可惜因为出价低了一些，与此片失之交臂，十分懊悔。

由于 2020 年疫情影响，各大拍卖公司的邮品春拍，都延后到了 10 月份以后，这个时间往年都是秋拍的时间。在某拍卖公司的春拍邮品目录中，此片赫然在列，笔者兴奋不已。预展期间我正好在京城，来到拍卖公司预览了这件明信片及其它拍品，最后出了一个志在必得的价格，结果如愿以偿。虽然不是一件价值多高的邮品，但饶有趣味，失而复得，也是一种缘分。

众所周知，为防倭寇，明洪武年间在烟台山上设狼烟墩台，烟台因此得名。1868 年，东海关在烟台山原烽火台上建起木柱灯楼和旗杆，为来往船只导航和预报天气风信。图 9 是 1893 年烟台商埠发行的邮票，主图就是当时灯楼情形。1905 年新的灯塔建成，图 10 是该灯塔的近景明信片。

烟台海关就设在烟台山下海关街，1878 年大龙邮票在东海关开售。1897 年

2月20日，烟台山下海岸街上的大清邮政局开业。海岸街上还有法国、日本、俄国、德国、英国等国客邮局设于此街，故清代即被称为"邮局一条街"。

有趣的是，福州也有一座烟台山，而且也是因为抗倭设置烽火台而得名。1844年"五口通商"福州开埠，烟台山上亦设有17国领事馆，周围同样也开设洋行、教堂等，同烟台的烟台山情形有许多相同之处。无怪乎"百度百科"词条也将两山混淆，在烟台的烟台山词条下有这样一段："明洪武三十一年（1398年）在藤峰顶设立烽烟台，作为报警的场所，因而称为烟台山，后来烟台市也由此得名。山下至今还有明代抗倭名将戚继光驻兵饮马的营房里、马房里、马厂街等遗迹。"这其实说的是福州的烟台山。

你看，人缘、塔缘、城缘，这因邮而生的缘分、邮趣，不正是邮味人生。

图9

图10

烟台邮戳上的外文地名

前几天，"烟台街"上的一篇关于芝罘地名由来的文章，让笔者想起烟台邮戳上的外文地名这个话题。邮票上要加盖邮戳，一是为了注销邮票，二是邮戳上有地名和日期，可以知道信件寄出地和时间，以便明确责任。中国近代邮政起源于外国人把持的海关，为了便于外国人辨识，就出现了中英文地名邮戳，以后又有中文地名邮戳用于国内、中英文地名邮戳用于国外信件的规定，但实际执行中并不严格，大多混用。

图1

烟台的英文地名一直使用的是"CHEFOO"，它是由芝罘发音而来。大清邮政时期的烟台中英文大圆戳（图1），后来的小圆戳、民国邮戳、新中国至20世纪70年代，有关烟台邮戳的英文地名皆为"CHEFOO"，而其他地名都是根据中文发音采用韦氏拼音法，如黄县为HWANGHSIEN、莱州为LAICHOW、张裕公司为CHANGYU。据笔者所知，全国只有烟台一例，中英文地名发音不同。

18世纪60年代发明韦氏拼音法。韦氏拼音法主要用于地名和人名的拼写，由英国人威妥玛（1818—1895，又译"韦德"）发明，也称威妥玛拼音法和威氏拼音法。威妥玛1841年随英军侵华，曾任英军驻华使馆参赞、英国驻华使馆公使等职。1876年8月因马嘉理事件来烟台与李鸿章谈判，最终签订不平等的《烟台条约》。除了中国邮局使用的CHEFOO英文地名外，当年的烟台英国客邮局、日本客邮局邮戳上使用的也是这个地名，烟台法国邮局使用的是法文CHEFOU、德国邮局使用的是德文TSCHIFU、俄国邮局使用的是俄文Чифу，但无一例外，都来源于芝罘的发音。在烟台老明信片中，除了常用的CHEFOO这个地名，还有写作"CHEEFOO"的，但数量不多，见有十余种。图 2 就是知名度很高的一枚，是烟台海盗在汕头海关被砍头的场景，共有三种图案，版本很多，流传很广。

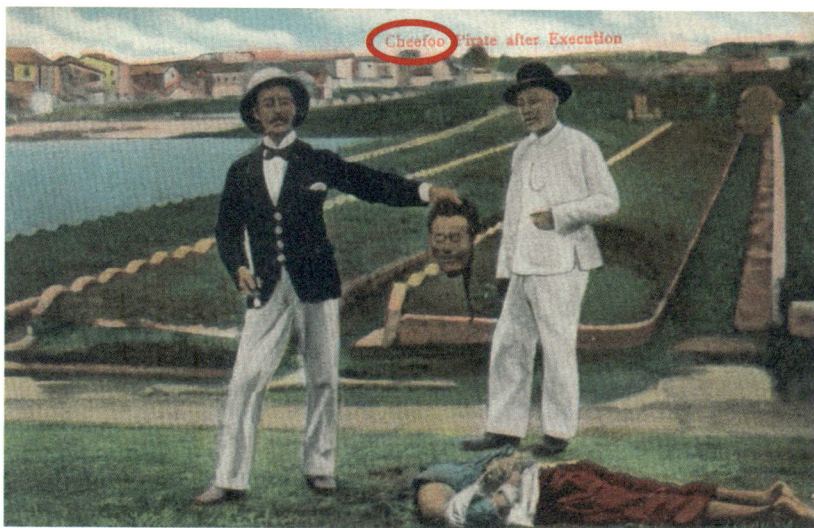

图 2

1950 年朝鲜战争爆发，中国人民志愿军奔赴朝鲜与美国为首的联合国军作战。全国也掀起反帝、反洋高潮，其中就包括含有英文地名的邮戳。邮电部 1951 年在"关于邮戳上英文译名事项"中就规定："现用带有洋文字的国内旧日戳，可将洋文先行錾去使用，以后根据经济情况，再按照新规定式样陆续更换新戳。"1951 年邮业通字第 300 号通知亦规定："盖用在国内邮件上的各项

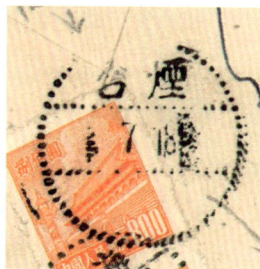

图 3

戳记，应以仅列中文者为限，其中文洋文并列的戳记，应将洋文凿去使用；其完全洋文者，应即废止改刻中文者使用。"图 3 就是一枚铲去下格 CHEFOO 英文的烟台邮戳，俗称"铲英戳"。毓璜顶包括郭显德在内的外国人墓地，也是在那时被铲平的。

虽然邮戳上不再使用洋文地名，但对外交往中，烟台还是使用 CHEFOO 的英文地名（图 4）。但在"文革"时期，这一情况也发生变化，一直未被使用的韦氏拼音地名 YENTAI 取代 CHEFOO 开始在信件中出现，图 5 是一枚 1970 年烟台中国银行寄香港封，左上角的 CHEFOO 地名被划去，另外加盖了 YENTAI

的韦氏拼音地名，这个一直未被使用的韦氏拼音地名，百年后派上了用场，同时期的香港一度被改称"驱帝城"。此后的烟台地名，一直使用YENTAI（图6）

1979年6月1日，根据国务院批转的"关于改用汉语拼音方案作为中国人名、地名罗马字母拼写法的统一规范的报告"，邮政总局规定在国际业务中，对中国邮局局名一律改用汉语拼音拼写，停止使用威妥玛拼写法的局名，烟台的邮戳英文地名遂改为"YANTAI"（图7，1983年的实寄封，老信封还是YENTAI，但挂号签条已改为YANTAI）。

图4

图5

图6

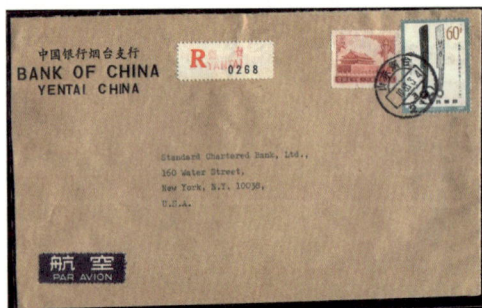

图7

看似普通的一枚小小邮戳，自烟台创办邮政以来，随着历史变迁，几经变化，无不打上时代的烙印。

老烟台的那些集邮往事

　　集邮是一种西风东渐的外来爱好，烟台作为山东最早的开埠地，当然也留下了它的足迹。大龙邮票首发五地之一，近代邮政开办地之一，著名的胶东战邮，都在邮史上具有重要地位。我一直关注老烟台的集邮人，那些与老烟台有关的集邮往事，他们留下的集邮品，等等，无奈沧海桑田，能够留存至今的资料少之又少。仅就多年所藏的一鳞半爪，说说老烟台的那些集邮往事。

被誉为"华邮第二大藏家"的刘子惠

　　说起烟台的集邮，就一定要提及刘子惠。红印花加盖小字当一元，是著名华邮珍宝，共存世31枚，其中新票30枚，旧票存世仅一枚，为孤品（图1）。1956年7月，这枚孤品，由著名集邮家马任全捐献给国家，现收藏在中国邮政邮票博物馆。此票是1944年，刘子惠以1000美金让予马任全的。

　　1908年前后，在烟台的两位栖霞同乡合办烟台发业公司，一位是中西大药房的王启典，另一位是大北电报局的王华亭（栖霞朱元沟村人，英文馆夜

图 1

校的学生），由大北电报局德国技师石乐德负责发网技艺传授。先由王家的亲眷学习发网编织技艺，就近在栖霞推广，而后扩大到整个胶东地区。

　　此后，石乐德返回德国做起了发业公司的代理，直到第一次世界大战。一战前，发网贸易主要由德国人控制，主要生产基地在欧洲。一战后，欧美发网消费量剧增，生产基地也转向中国，烟台成为当时最大的发网贸易出口中心。战后，王华亭去世，公司由王启典独自经营，遂在德法国境——边城斯特拉斯

图 2

堡（Strasbourg 战前为德境，战后法取之）设行，派遣同乡刘子惠（1897—195？，图 2）、王启光负责，后来又派其长子王洪尧前去德国。20 世纪 30 年代，刘子惠与王启光均请辞，合设万福隆，专营发网等国货外销，刘子惠驻法国，王启光驻烟台，刘子惠成为当时留法著名华商。二战爆发后，欧洲的发网市场逐渐萧条。

留法经商期间的刘子惠，受西人影响开始集邮，并参加法国有影响的三大邮会，由于其财力雄厚、兼具烟台人豪爽性格，初期即几乎收集齐了欧陆各国邮票。1926 年接触中华邮票会后，改集华邮，不惜高价、大量搜求。曾在瑞士拍卖公司一次拍得价值六千美金的华邮，1931年该公司拍品中的华邮珍品部分，被其悉数收入囊中，一时震惊欧陆邮坛。

中华邮票会 1925 年成立于上海，为中国早期三大邮会之一，会长周今觉，被誉为中国"邮王"，其会员有烟台人 3 名，刘子惠为终身会员。刘子惠拥有的红印花小字当一元旧票，是 1931 年在国外购自西人。除此华邮孤品外，他还收藏有大量华邮珍品，令人叹为观止，被邮人推崇为仅次于"邮王"的华邮第二大收藏家。

刘子惠初入会地址登记为"烟台发业公司"，1930 年改为法国，1936 年改为"烟台邮政信箱 39 号"，1947 年为"上海天平路 129 号"，晚年迁居青岛"齐东路7 号一楼"。

此外，刘子惠还乐善好施，对各大邮会及会刊均捐助大额资金。他曾在中华邮票会发起赞助会，在会刊发文称："鄙人经商泰西，不忘国粹，而于国邮尤有深嗜。见夫英法德美之邮会蓬蓬勃勃，如雨后春笋之怒放，而迥顾吾国，仅此硕果仅存一邮会，尚不知爱惜而维护之，窃有所痛心焉。"

开办"义舟邮票社"的孙义舟

中国早期三大邮会分别是中华、新光和甲戌邮票会，刘子惠为三大邮会会员。除刘子惠外，烟台还有一人也是三大邮会会员，他就是牟平人孙义舟（1914—

2000）。1931 年，孙义舟跟随亲戚到朝鲜当店员，同事中有一个日本人集邮，他观看了他的集邮册，对琳琅满目的邮票产生了兴趣，也开始集邮。他写信给国内的弟兄和同学，让他们帮助收集邮票，寄来的邮票还分给了那个日本人一些。

"九一八事变"后，他返回国内，在牟平县城经商。在清理商号时，发现一大批早期商家通信，都是清末民初的信件，其中一部分贴有珍贵邮票，意外的收获让他集邮的兴趣和信心大增。此后，先后加入三大邮会，与各地集邮人士交往，增加了邮识，藏品不断丰富，并开办"义舟邮票社"，开始经营邮票、钱币生意。

1938 年，烟台沦陷后，孙义舟的集邮活动沉寂了一段时间。1940 年，孙义舟到烟台经商，同时继续经营"义舟邮票社"。1942 年返回牟平。1943 年孙义舟到牟平山区教学，当了 3 年教师，期间接受抗日民主政府领导。这期间，出于集邮的爱好，他与胶东战邮局交通员丛滋永有了联系，通过丛滋永收集了不少解放区新旧邮票，后来丢失也不少。丛滋永曾赠送给他一个"牟平战邮"信袋，他一直保存着。

抗战胜利后，念念不忘集邮的孙义舟，感到乡村还是闭塞，不如城市集邮条件好，1946 年他又回到烟台，在升平街租了一间房，开办了商店和邮社。1954 年，孙义舟返回牟平老家。

在烟外国人中的集邮爱好者

烟台是山东最早的开埠地，大龙邮票始发地之一，集邮这种开端于欧美的爱好，也随着传教士等各色洋人的进入，成为山东最早开始集邮活动的地方。

烟台开埠后，海关洋员中就有人开始收集邮票，其中最有成就者当属东海关税务司德璀琳（1842—1913），后任天津税务司。德璀琳是中国邮政创办人之一，主持了大龙邮票的印制和发行。他利用职务之便，收集了十余厚册的中国邮票，其中包括许多珍品，死后邮集陆续被拍卖。

1896 年始任美国驻烟台领事的法勒（John Fowler）也有集邮爱好。1902 年和 1907 年，鉴于在烟美国人利益的考量，以及烟台在邮运方面的重要地理位置，法勒先后两次向美国政府提议在烟台设立美国邮局，囿于美国政府的多方考虑，终未实现，上海美国邮局成为美方在中国设立的唯一邮局。也是在其任内的1904年，烟台美国领事馆升格为总领事馆，这是烟台唯一存在过的总领事馆。图3是1901年，一位美国人寄烟台美国领事馆的明信片，内容是要他帮助收集旧邮票。

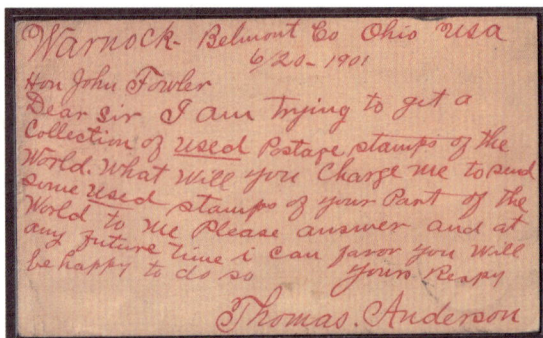

图3

哈利洋行是烟台明信片最早的印制发行商，其最早印制的烟台明信片见于1898年，几乎与上海、北京等大城市同步。哈利洋行不仅印制烟台题材的明信片，还顺应各国集邮爱好者的口味，制作了一批实寄邮品，如用烟台商埠邮票、明信片、邮简、包封纸等加盖烟台邮戳寄往上海，盖到戳后回收，出售给各国集邮爱好者。

说到烟台商埠邮品，与各商埠发行的邮品一样，当时实际使用者并不多，大部分被作为集邮品出售给各国集邮者牟利。

此外，《烟台历史一瞥》的作者史米德，《中国航空邮鉴（1920—1935）》的作者之一梅赞文，都是知名集邮者。此二人已有专文介绍，不再赘述。

从收集到的集邮品中可知，哈利洋行、盎斯洋行、芝罘学校、美国基督教长老会都有集邮爱好者。图4是1937年寄毓璜顶美国长老会的"中国飞剪"首航封。

图4

每年来烟台休整的美国亚洲舰队官兵，其中也有一众集邮爱好者。美军舰艇都设有军邮局，以方便公务和私人通信需求，邮资按国内资费执行，由其军邮系统负责运送回国内。舰载邮局由专人或兼职人员负责邮务工作，配备专用邮戳，邮戳上除了必备的时间外，还刻有军舰名称，以及军舰所在地名。

海军官兵将这些加盖舰载邮局军邮戳的信件寄回国内，供集邮爱好者和亲友收藏。在一些特殊的节日，例如海军节、国庆日等，他们还会刻制纪念图章盖在信封上，制成纪念封寄回国内。

烟台民间的集邮爱好者

除了上面提到的刘子惠、孙义舟，烟台还有一些集邮爱好者。三大邮会中的烟台籍会员有：中华邮票会会员刘子惠、卞希程、孙义舟；新光邮票会刘子惠、卞希程、宫蓝田、孙义舟、王安邦、刘滋堂、陈德高（龙口）；甲戌邮票会刘子惠、孙义舟、常选廷（牟平）、孙青选（牟平）。当然，加入邮会的集邮人还是少数，还有很多没有入会的集邮爱好者。

有些人虽然没有加入邮会，但集邮水平不一定低，从我收集的邮品中可见一斑。图5是寄上海国粹邮票公司订阅《国粹邮刊》的明信片，寄信人是烟台广仁路共和里七号的杨继彰。国粹邮票社是当时有名的邮票社，能在那里订阅邮刊、购买邮票，可见此人有一定集邮水平。图6这枚实寄封，寄信人是住址为烟台葡萄园路1号的张姓邮人，信件直接寄给了美国著名大邮商斯科特邮币公司，可见水平更是不一般。

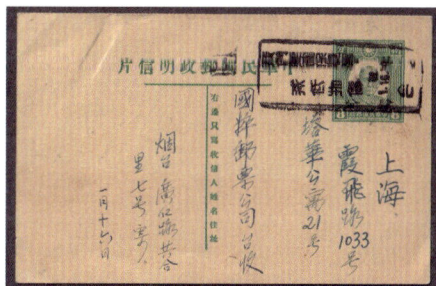

图5

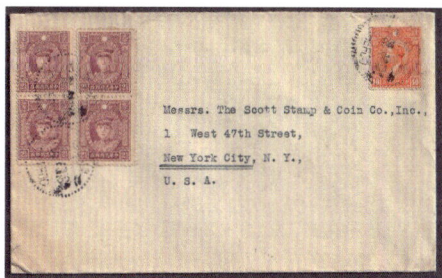

图6

1940 年 4 月 20 日的《鲁东日报》，登出了一则“组织一烟台邮票会，收集古今中外邮票”的启示（图 7），文中称：“收集邮票，为最高尚之公余消遣，中外各大都市，皆有集邮家，组织集邮会，收集古今中外邮票，不遗余力，籍供各界人士赏鉴，每月除例会外，更有会刊之发行，登载集邮常识，以资交换集邮界消息，本布（埠）近有中外集邮家数人，拟发起召集中日欧美集邮家，定期开会，讨论组织一烟台邮票会，现托本市广仁路中国基督教青年会，代为办理，入会姓名住址登记手续，俾可通讯，凡我收集中外邮票诸君，盍与乎来。”

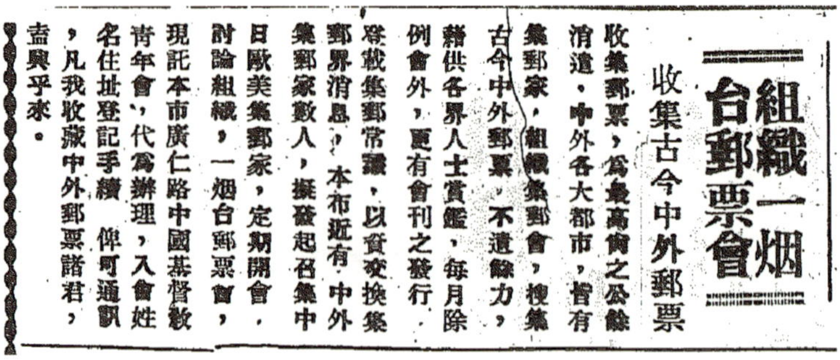
組織一烟台郵票會
收集古今中外郵票
收集郵票，爲最高尙之公餘消遣，中外各大都市，皆有集郵家，組織集郵會，搜集古今中外郵票，不遺餘力，藉供各界人士賞鑑，每月除例會外，更有會刊之發行，登載集郵常識，以資交換集郵界消息，本布近有中外集郵家數人，擬發起召集中日歐美集郵家，定期開會，討論組織一烟台郵票會，現託本市廣仁路中國基督教青年會，代爲辦理，入會姓名住址登記手續，俾可通訊，凡我收藏中外郵票諸君，盍與乎來。

图 7

烟台虽为山东最早开埠地，但后期随着青岛、济南先后开埠，以及胶济铁路开通，经济明显受到影响而落后于济青，集邮方面也有显现。青岛、济南均先于烟台成立邮会、开办邮社。据资料记载，烟台并未成立过集邮组织，如上《鲁东日报》的启示，亦未见后续邮会成立消息。

胶东解放区的集邮活动

抗战时期，胶东战邮为了配合抗战，不仅发行邮票，还印制了多种免资封片简，在解放区邮政史中具有重要地位。虽然身处艰苦的战时环境，仍有一些具有一定文化水平的人喜欢收集邮票。

王武夫（1915—2006），黄县（今龙口）人，1942 年调入胶东战邮管理局工作，期间开始收集山东解放区邮票，后来一直在邮政部门工作，并延续了集邮的爱好，新中国成立后发表多篇解放区邮票研究论文。

韩居宣（1920—？），黄县（今龙口）人，自幼喜欢集邮，主集清朝、民国邮票，抗战后期收集解放区邮票和信封，拥有多件胶东拥军免资函件珍品。

　　王殿文（1922—?），烟台人，在山东解放区文协任秘书工作期间，每天收到几十封信件，他根据上级用邮票换外汇的要求，不到一年时间就收集了数千枚邮票，从此开始喜欢集邮。1947年5月，他在邮寄的油印小报上发现一枚"县办报刊专用"邮票，此票现为解放区珍邮之一。

　　王文正，荣成人，1939年参加革命，1945年1月，胶东区党委召开"胶东区生产劳动民兵英雄代表大会"，他是筹委会秘书处负责人之一，期间收集了为此次大会发行的珍邮"赠给英雄们"免资封（图8），并收集了部分解放区邮票。

图 8

　　抗战胜利后，烟台作为被民主政府接收的最大的港口城市，迎来了一批批民主人士和国际友人来访，其中不乏集邮爱好者。由于抗战时期，日伪及国民党方面对解放区邮票采取封锁政策，人们了解甚少，所以，他们迫切希望收集山东解放区邮票。

　　1946年初，胶东行署和胶东战邮局下令，邮政窗口要尽量满足他们的要求。另外国统区邮商也联系胶东战邮局，要求大量收购解放区邮票，提供给国外集邮爱好者。胶东邮政管理分局就接到上级指示，要求广泛收集解放区邮票，以供外销换取美元支援解放区建设。

　　胶东区邮政管理分局专门印制了贴有山东解放区邮票的《各类邮票粘存簿》，用于赠送国内外友人，还印制过邮票汇编本，这些都成为了珍贵的胶东集邮史料。

　　1946年夏，集邮家戴无涯参加联合国善后救济总署的工作来到烟台，期间，他收集了大量的山东解放区邮票，并通过邮刊向外推介，是南方人进入胶东收集区票第一人，也是向国统区集邮界系统介绍山东战邮的最早者。

　　1946年参加工作的王景文，1947年参军的栖霞人战寿庆，也收集解放区邮票，集邮成为伴随他们一生的爱好。

福山兜余天主教堂往事

福山兜余天主教堂，位于福山城东南约十华里的原兜余镇（现合并到门楼镇）家后村，当地人习称家后教堂。笔者对于这座教堂早有耳闻，有关史料志书中也常有提及，一般附有教堂一角照片，三五间房子的样子，感觉中就是村中的一座小教堂。

前段时间，笔者收藏了一套烟台天主教的明信片，发行年代在 1920 年左右，图案有位于烟台山的天主教堂、教堂所办学校、下乡传教的神甫等，其中有一枚是一座颇有规模的教堂（图 1），因为其他明信片都是与烟台有关的，所以估计这座教堂也在烟台周围。经请教对烟台天主教颇有研究的曲先生，他十分肯定地告知，这就是福山兜余家后村的天主教堂。

图 1

这让笔者有些震惊，百年前，在离福山县城十余里的乡村，竟有如此规模的一座天主教堂！在它身上究竟发生过怎样的故事？这座教堂现状如何？我们急切地想了解这些。

地方志书中的记载

原福山区兜余镇驻地，地势比较平坦，全镇地势北低南高，北部为平原，南部为丘陵，早年是著名的烟台苹果产区，南部绍瑞口的青香蕉、紫埠的红香蕉都是当年声名远扬的苹果品种。兜余片村于元代至元年间建村，取"兜里有余钱"之意。兜余片村周围早年由家后、蔡家夼、贾家疃、楼底、东碓、西庄、沟西、果子园等九个自然村落组成，在福山有"七旺远、八道平、九兜余"之说。可见，当时教堂的选址也是考虑到该地村落集中、人口稠密、经济相对较好等因素。

1990 年版的《福山区志》在"天主教"一节有如下记载："1915 年，法人郭神甫 (CORMERAIS) 来福山传教，发展教徒，并在福山兜余家后村北买地 11.6 亩，建房 22 间，设立教堂，进行教务活动。1919 年，郭神甫去博山传教，由华人万神甫主持。1923 年烟台教区派法人安神甫来教堂主持教务。同年，教区在善疃买房 3 间，设堂传教，发展教徒 10 余人，由赵玉才主持。抗日战争时期，日本多方限制美、英、法等国教徒在中国的活动，福山天主教于 1939 年停止活动。1946 年土改时，善疃教堂房产被村政没收。1948 年 1 月，家后教堂由加拿大神甫江世范代替。1950 年由中籍神甫张曰津代管。1951 年结束土改时，人民政府将家后教堂修女院 3 间房和院外 4.1 亩土地，分归原在教堂做饭女工李素贞所有，教堂内其它房屋和土地被学校占用。"

1993 年版的《烟台市民族宗教志》是这样记载的："1915 年法籍郭神甫在兜余家后村北占地 11.6 亩，建教堂共 22 间。1919 年郭神甫去博山，由中籍万神甫负责。1923 年烟台教区派法籍神甫安圣模到此主持教务，同年在善疃买房 3 间，发展教徒 10 余人，由赵玉才主持，归兜余家后村教堂代管。1934 年安神甫死后，由中籍神甫马焕章、纪元华、马文苑等人负责，1939 年因日本侵略军干涉而停办。1948 年兜余家后教堂由加拿大籍神甫江世范代理，1950 年由中籍神甫张曰津代管，教徒约有 60 人。"

2003 年版的《福山区地名志》中在"家后""家后天主教堂"条下的释词，

基本与上述记载大同小异，只是增加了"李淑贞去世后，（房屋）由董文卿接管。整个教堂房舍完好，已列为重点保护单位""十一届三中全会后，落实宗教政策，（教堂）权属不变。现为烟台市优秀建筑"等内容。

兜余天主教堂的神甫们

《山东东界教务报》是一份完整记录天主教在烟台及山东东部活动情况的文献，其中可以查到有关兜余天主教堂神甫变动的一些原始记录。

郭神甫，法国人，法语名字 Marcel Cormerais，早期文献中他的中文名字为廊鸿猷，当时在烟台天主教总教府工作，1915 年筹建福山兜余教堂并主持教务，1919 年被派往博山传教，1923 年转往临淄地区，在 1938 年的寿光天主教传教士中也查到了他的名字。

有趣的是郭神甫的中文姓氏，在博山时姓氏为"廊（廊鸿猷）"，临淄时为"廓"，寿光时为"郭"，文献中两次用"廊"，"廓"和"郭"各出现一次。一个人有三个字形相近的姓氏，令人生疑，是排版时因字形相近误用？还是真的改过姓氏？是否有这样一种可能，因信教民众多为贫苦百姓，大多文化不高甚至不识字，将"廊"读作 guo，郭神甫从善如流改"廊"为相近的"廓"，最后索性改为"郭"姓？

郭神甫文笔很好，对中国园林艺术也颇有研究。在 1923 年出版的双月刊《山东东界教务报》中，他分别撰写了一二、三四、九十、十一十二月的教区之声，介绍他所在的教区发生的轶闻趣事，在五六月刊、七八月刊上还连载了《中国园林景观的艺术》的文章。这位有文采、艺术造诣很深的神甫，给自己起了一个含义深邃的名字，并改姓为大家所知的姓氏。

郭神甫走后，由爱天理（EngenePandelle）神甫负责兜余天主堂教务，协助他的是中国人张安德 (Ant Tchang)。爱天理在兜余教堂主持了很长时间，1925 年他的助手换成孙教士（Louis Suin）。20 世纪二三十年代是福山天主教繁盛时期，从 1931 年兜余天主教堂的神甫阵容就可看出端倪，烟台天主教会的重要人物周道范 (Inenee Frederic)、孟国祯 (Msnduct Masson)、安圣谟 (Ansel Clavel) 都聚集在兜余教堂，负责福山教区的教务，足见当时兜余教堂的影响力。1938年杜安坤担任烟台的大主教后，对包含兜余教堂在内的神甫做了系列调整，把在沙河天主堂的安圣谟又重新调回兜余教堂主持教务，安圣模同时担任烟台教区的副主教一职。

志书中提及的加拿大籍神甫江世范 (Didaco Arcand)，于1911年来中国传教，1948年1月至1951年6月担任烟台教区代主教。张曰津 (Francois Tchang)，又名张济川，1950年代管福山兜余教堂，1951年6月代理主教。

以上记录均取自当年烟台天主教会原始记录，具有一定权威性，这与现有志书史料中的记载不尽相同。

记忆中的兜余天主教堂

家后村不大，是个百十户的村子，建村于明弘治年间，据传由东碓村迁来，因位于原"老家"之北，故名"家后"。

家后村的刘淑敏老人，当年就住在教堂旁边，虽然已经86岁高龄，但精神矍铄，说起记忆中的教堂往事，仍然记忆犹新，如数家珍。按

图2

照老人86虚岁推算，她应出生于1934年。由于老人少时聪明伶俐，神甫便有意发展她入教，便与教堂有了很多交集。

据老人回忆，教堂西边耳房是洋神甫住所（图2左边的一门三窗建筑），里面摆着精致的桌椅，大桌子擦得锃亮，平常外人不让进入。"我小时候顽皮，进去翻过抽屉，神甫也没有恼。"老人回忆起往事，脸上露出童真的微笑。

洋神甫是从烟台市里下来的，来时坐着四人抬的骄子，晚上回市里，一般不在教堂里住。记忆中的洋神甫，高高的个子，满脸胡须，穿着大皮靴。正房最西边的两间分别是厨房和厨师住所，做饭的叫李淑贤，莱阳人，此人应该就

是《福山区志》中记载的"做饭女工李素贞",李素贞估计为教名,后改名李淑贤,村里人后来都叫她"大姑"(年轻的修女习称"姑娘")。

再往东的几间房是神甫的住所,最东边的是做礼拜的教堂,教堂向后延伸呈南北走向,有三间,最后一间北立面呈六边形结构。再往东是一座三间的修女房,被围墙围成了一个独立的院落,门户开在西南角。最东边是一排南北走向的房子(东厢房),教堂的学校就在这里上课。

现在整个教堂的屋顶是后来翻修过的,瓦换成了常见的红瓦。家后村民都记得,当年教堂屋顶覆盖的是大白瓦,一种少见的机制水泥瓦,与当地民居普遍使用的小黑瓦,区别明显。

老人还记得院子里有五棵李子树,一棵梨树,两棵大杨树,还种有当地少见的洋莓(草莓),另有一口水井。她曾和玩伴用木棍挑开教堂的门闩,进去摘梨吃。从照片上看,院子里的果木植株均不大,判断照片应为教堂初建成时所摄。

教堂的后面,有一大片土地,归教堂所有,种植的作物与当地村民大致相同,一般为小麦和玉米,雇人耕种。

教堂还单独建有一座钟楼,挂着一个大铜钟,由一工友负责敲钟,声音传得很远,周围村民习惯按照钟声作为作息时间。

新中国成立后,教堂停止活动,铜钟被县里拉走,两颗大杨树也被割倒作村用。

我在教堂读书

刘淑敏老人小的时候,教堂里只有一位马神甫和两个姑娘,两个姑娘一位姓由、一位哑嗓姑娘,还有一位做饭的雇佣。时间推算应该在1940年前后,由于日本人限制,加上战乱时期,从神甫和修女的人数上也可以看出,教堂已经开始衰败。

为了发展新人入教,教堂也采取了一些措施吸引周遭村民。早晨做礼拜时,由姑娘领唱,附近的小孩也去跪堂,并非他们喜欢听歌,而是跪完堂后,教堂会分发一些花生、瓜子和糖块给孩子们。每次做礼拜的人并不多，也只有十几、二十几个人。过大月的时候人多一些，远处村子的人骑着骡子、毛驴赶过来。

马神甫一直喜欢这个悟性很高的小女孩，"你领洗吧！"马神甫多次劝刘淑敏。"可我不会唱歌"，"我会教你！"有时，马神甫会多给她几块糖。

教堂还开办了习字班，就在东边的那排厢房里，免费入读，免费发放课本，但只招收教徒的孩子。刘淑敏的家人没有信教的，但她被破例入学，教书的先生是教堂专门聘请的杜老师。马神甫一心想让她"领洗"，让这个有悟性的孩子能够皈依天主教并将之发扬光大。

刘淑敏回家和父亲商议入教的事情，但不信教的父亲和祖父，终也未同意她"领洗"。在教堂学习了两年后，刘淑敏又在村里张家祠堂的学校里继续读了两年书。

解放后，村里传说马神甫坐飞机去了台湾。不久，位于楼底村三宫庙的小学搬迁进了天主教堂。后来，学校规模不断扩大，又在院子里新盖了几排校舍，成为了兜余中心小学。兜余小学在此办学 60 多年，直至 2017 年搬进新建的教学楼。

教堂总体结构没有大的变化，除了钟楼早年就已拆除，其它保存完好。由于后建教室的遮挡，无法拍摄到教堂的全貌照片，所以我们见到的照片都是教堂的某一角，给人以规模不大的误解。目前，教堂已经清空，文保单位安排保安日夜值守。

当年的郭神甫怎么也不会想到，这座用来教化人们信奉天主的教堂，后来成为了教书育人的学校。现在，这座百年教堂又归于寂静，等待人们的维修与保护。偶尔，还会有人想起这些尘封往事。

悦宾楼来信
——重温福山大厨津门往事

这是一封寄自天津悦宾楼的信件（图1），收信人地址写为"胶东福山县西高疃集邮政局费神交兰（栾）家村"，贴用的是民国孙中山像加盖"华北人民邮政改做贰拾圆"邮票，销票邮戳是"天津赤峰道邮亭 卅八 七月 十八"，即1949年7月18日。天津于1949年1月15日解放，人民邮政来不及发行新的邮票，利用民国邮票加盖使用，邮戳也是延用的民国邮戳。

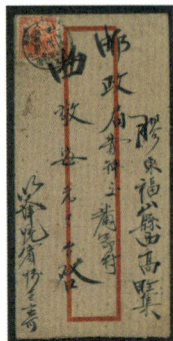

图1

在集邮圈，天津赤峰道邮亭邮戳的知名度很高。邮亭，是民国时期为方便大众用邮，在人流较多的地方设置的亭子，可以办理简单的邮政业务，类似于现在的报刊亭。赤峰道曾是当年的法租界所在地，先后有直、奉、皖十五位督军在此设有别墅私宅，著名的少帅府、瓷房子就位于此道。解放后，人民邮政也沿用了邮亭这一便民设施，烟台也曾设置有两个邮亭，分别使用"烟台亭1""烟台亭2"邮戳。

信件主要内容为告知其表叔：二婶生子；表叔寄津的各种米面尚未收到，只收到玉米叶一种；另请"叔有暇尚希示教为盼"（图2）。

引起笔者兴趣的并非这枚特别的邮亭邮戳，而是来信地址"天津悦宾楼王寄"。大家都知道，福山乃鲁菜发源地之一，"东洋的女人西洋的楼，福山的大师傅（厨师）压全球""要想吃得好，围着福山跑"，是大家打小耳熟能详的谚语。当年，福山厨师为了养家糊口，靠厨艺闯荡海内外，以书信维系亲情联系，按理说应该留下不少往来信件，但笔者关注多年，这类信件却不易见到，而这枚天津悦宾楼寄来的信件，就与福山烹饪密切相关。

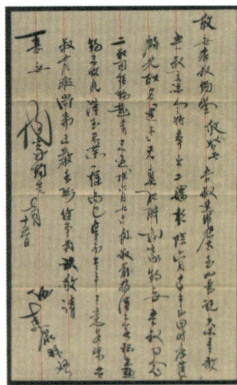

图2

要说悦宾楼，就不得不先说登瀛楼。登瀛楼饭庄是中华老字号企业，以经营鲁菜为主，是当年天津规模最大的饭店，已有一百多年历史。1913年，蓬莱人苏振芝在繁华的天津南市建物大街开办了登瀛楼饭庄。"瀛洲"取自秦始皇本纪"海中有三神山，名曰蓬莱、方丈、瀛洲，仙人居之"，唐王李世民的文学馆取名"登瀛洲"，可见，以"登瀛楼"命名，即暗喻家乡地名，亦有文化内涵。登瀛楼开办之初，建筑简易，店面不大，营业尚佳，但到了20世纪20年代，经营出现困难，又遭火灾，加之创办人年老体弱，无力经营，但几位股东雄心未泯，决意重筑新楼，在南市东兴大街新建了登瀛楼，由福山大王家人王桂任经理。王桂，堪称登瀛楼发展历程中的转折性人物，由于他经营有方，使登瀛楼名震津门，先后开办"登瀛楼雅座""登瀛楼支店"两处分号。因生意兴隆，1939年又在法租界山东路开设"悦宾楼"新号，此信即寄自法租界的赤峰道邮亭。

这些饭庄的掌柜及当灶厨师，大多为福山人，有大王家、马家、潘家、下刘家、南张家、东吴家、八角等村人。至此，登瀛楼开设四个分号，有员工四百余人，

图3

经营高、中、低档菜品五百余种，加之严格的管理、精致的厨艺、精细的核算，登瀛楼克服重重困难、历经艰辛，营业收入一度占全市饭店业的四成之多，成为天津最大的饭店。王桂病逝后，由其弟王梅继任，后由福山人栾希堂接任。王梅曾任"天津市旅饭业商会"总会长。图3就是当年位于南市东兴大街上的登瀛楼饭庄。

解放后，登瀛楼四个商号被收归国营，"文革"期间改名"井冈山食堂"，1973年恢复"登瀛楼"老字号，1984年原地重建，登瀛楼恢复了新的生机。

收件人所在栾家村，位于福山城西南约10公里，有200余户，1958年修建门楼水库时，村子北移三百米。早年村里有厨师在外打拼，村中还出过两位知名人物：剧作家栾少山及其子漠雁（与人合作话剧《霓虹灯下的哨兵》）。

借助这样一封普通的家信，我们得以翻开一段尘封的历史，重温福山厨师名震津门的辉煌。

这是白姑塔吗？

图1是不久前在某网站成交的一枚明信片，这是一张照片型明信片，图案是一座位于山坳里的宝塔，塔前是一段石墙，周围树木葱茏，细数塔有九级，右下角注有英文"PAGODA NEAR CHEFOO"，意即芝罘附近的宝塔。明信片正面贴有三枚帆船邮票（图2），合计邮资15分，加盖有"CHEFOO（16）2.8.33. 烟台（甲）"英汉右读日戳，即烟台甲等邮局1933年8月2日16时，写信人注明"芝罘8月1日"并有签名，明信片寄往意大利。此片片名注明为芝罘宝塔，又是自烟台寄出，应该是烟台周围的塔无疑，但这是烟台的哪座塔呢？

图3是笔者收藏的一张老照片，从图案上可以看出与图1出自同一版，下边文字为"WHITE PAGODA NEAR CHEFOO"意即芝罘附近的白塔，比上一张片多了一个"白"字，范围缩小了，难道这就是传说中的"白姑塔"？

图1

图2

图3

据史料记载及当事人回忆，白姑塔位于莱山区远陵夼村，早年这里毒蛇为患，常常伤及人畜，尤其村西山谷中尤多，被称为"蛇夼"。村民为驱蛇患，建白姑塔，塔前有庙三间，白姑即《白蛇传》里的白娘子白素贞。建白姑塔，并非为祭祀蛇，而是仿效《白蛇传》的传说镇压蛇。原拟再修黑姑塔一座，但只建了一个底座，可能因先建的白姑塔已"显灵"或其他缘故而作罢。1948年庙被国民党军队拆了修村南碉堡，塔在"文革"初期被毁。上面两张片上的塔就是这座白姑塔吗？

图 4 是武直先生十年前根据记忆绘制的白姑塔图，这与上面的照片显然有区别，其一，照片上的塔为九级，而绘制的白姑塔为七级；其二，照片上的塔底层三级皆为双檐，而绘制白姑塔均为单檐；其三，两座塔的造型也有区别。武直先生出生地距远陵夼只有五华里，1954 年曾绘制过此塔，所以他绘制的白姑塔应该比较接近原型。

图 4

那么照片上的塔又是哪座塔呢？为此，笔者专门请教了烟台建筑民俗专家解焕新老师，解老师多年前就专门考察研究过烟台周围的塔，他说："烟台（芝罘）周围共有这样几座塔，分别是塔顶的塔、阳主庙的道士塔、奇山的玲珑塔、远陵夼的白姑塔、东珠岩村严因寺南北的两座塔，留下照片的只有阳主庙的道士塔，其它几座塔都没有留下照片资料。""这张照片上的塔不是烟台的！是位于泰山西北、济南长清灵岩寺的辟支塔。"他十分肯定的回答道，这让笔者十分吃惊。接着，解老师发来两张辟支塔的照片（图 5 为旧时辟支塔，图 6 为现时照），两相比较，一目了然。

图 5

图 6

谁能想到，明确标明烟台塔、烟台白塔的明信片和照片，竟是千里之外的辟支塔！这大约是因为当年这些明信片均为在烟外国人所制、所用，他们不了解烟台周围地理，所以张冠李戴，这种情况在烟台老明信片中虽然不多，但也有一些，如把著名的上海龙华塔标为烟台的塔，谬传一时。

烟台广东小学校刊创刊号

烟台私立广东小学创办于 1912 年，是广东旅烟同乡会为培养旅烟子弟创办的学校，1937 年停办。校址初设东太平街，后在广仁路中段建新校。学校起初不收学费，后因经费拮据，1926 年开始酌收学费。学校前期只招收广东同乡会子弟入学，1928 年，始不局限省界招收男女学生。该校校训：忠孝、仁爱、信义、和平。

该校在烟创办历二十五载，详情并不为人所熟知，目前能查到的只是一个学校概况。近收集到一本 1935 年 4 月 4 日（民国儿童节日）出版的私立广东小学校刊创刊号，从中可以对该校有进一步的了解。

私立广东小学校史

因为海运的关系，广东人较早来烟闯荡，至民国初年，来烟已近百年。为了同乡间的交流与互助，广帮在烟成立广东旅烟同乡会。民国初年，为了培养广东在烟子弟，同乡会在烟台东太平街开办了广东小学，名为旅烟广东同乡会附设小学校。但此校址狭窄，学校难有拓展空间。

在这种情况下，校董李载之、陈季安、黄湘甫、谭仲常、陈绮垣、杨梅南、谭虚谷、关瑞芬、杨雨初、唐锦英、吴斗南、范香山、郑玉岗、王滋源、刘玉樨等发起筹划募捐，以建新的学校。

位居校董首位的李载之，广东香山人，1880 年即到烟台招商局任职，历任首席帮办、总办等职，曾任广东旅烟同乡会会长，其他在烟卓有建树的广东籍人士尽列其中。在各位校董的率先垂范下，在烟广东人士，莫不解囊义助，集腋成裘，共募捐资金 6200 余元。遂在广仁路中段购得一处地皮，建筑新式楼房为校舍（图 1），1917 年新校落成迁入，公举范叔瑜为校长。此间，学生免收学费，

图 1

经费全赖捐助。

1919 年，范叔瑜因事归故里，先后接任校长职务的有佘玉生、张绥清、陈介夫、郑侯东、罗镇寰等。1922 年，范叔瑜返烟再任校长。但此时烟埠商情淡漠、同乡认捐大不如前，而学校费用日渐增加，不得已于 1926 年开始酌收学费，以补经费之不足。

1928 年，范叔瑜又因事南归，公推郑百维为校长。郑百维思想新进，积极贯彻孙总理"发扬家族观念为国族观念"的主张，打破省界，不再局限只招收广东子弟入学。1931 年冬，郑百维因事赴哈尔滨，由张荣广代理校长一年。1933 年春，郑百维返烟仍续前职。此时，日寇侵占东三省，地方不靖、民心不宁，学生人数不断减少，学校经费日渐拮据，郑百维迫于琐务请辞，虽经校董再三挽留，但去意已决。

经校董委员会议决，由校董委员会主席李子居兼任校长。李子居为人精明强干，热心教育，会同校务主任于骏英夙夜整顿，不遗余力，学校各方面工作都得到了进一步改善。是年秋，李子居以身兼岭南山庄董事长，此番复任校长实属无暇兼顾为由，特召开校董委员会陈情隐退，得众同意后，另行选举海关帮办劳杰荣为校长。但劳以公事繁重为由即席退让，唯因众情难却，始允出任，此外加推蔡敏超为校长助理。

以上为广东小学民国初年创办至 1935 年 4 月之校史概略，可见此时学校已举步维艰，再至 1937 年无奈停办（图 2 教室、图 3 办公室、图 4 为校园内的游乐转塔）。

图 2　　　　　　　　图 3　　　　　　　　图 4

在张荣广任校长期间，1932 年，日本蓄意挑起"一·二八事变"，第十九路军在总指挥蒋光鼐、军长蔡廷锴的指挥下奋起抵抗。广东小学师生为鼓舞士气、慰劳上海御侮将士，立即组织募捐队，分头募捐，共募集大洋 579 元。

募集资金通过烟台中国银行汇沪转交，并发电文："上海十九路军蔡军长钧鉴：暴日横蛮，相迫不已，天人公愤，公法不容！幸我将士为国干城，一再挫敌，民族争光。本校学生逖闻之下，欣愤交骈，擦掌摩拳即集果饵费，并分向亲属募捐，共计五百七十九元，交由中国银行汇上。敬乞慨纳，尚祈努力杀贼，灭此朝食，特电奉达，并祝捷祺！烟台广东小学校长张荣广暨全体员生通叩。1932 年 2 月 23 日。"

广东旅烟同乡会旧址现存广仁路中段（图 5），其身后有一铭牌标注为"烟台绣花商行"的两层楼建筑，实为广东小学校旧址（图 6），两建筑同时建于 1917 年，正南正北相对，东西两道矮墙相连，组成了一个四合院结构。

图 5　　　　　　　　　　　　图 6

广东小学校刊创刊号

此本广东小学校创刊号出版于 1935 年儿童节（4 月 4 日），由创刊号可知此时学校全称为"烟台特区私立广东小学"。创刊号有 120 余页，前有目录，分祝词、发刊词、论著、学生习作、小品文、日记、诗歌、戏剧等几个板块。

在"祝词"部分，共有 10 位各界政商人士的题词，排在首位的是时任烟台特区专员公署专员、兼任公安局长的张奎文。张奎文（1885—？），河北人，冯玉祥旧部，1932 年 11 月任烟台公安局长，1934 年省政府决议设立烟台特区专员公署，张奎文为首任公署专员兼公安局长。张奎文的题词为"岭海人文"（图 7）。

排在第二位的是张书平题词："大辂椎轮"（图 8），语出南朝·梁·萧统《文选序》："若夫椎轮为大辂之始，大辂宁有椎轮之质？"意思是华美的大车是从无辐车轮的原始车开始的。比喻事物的进化，是从简到繁，从粗到精。张书平时任烟台国民党执行委员会负责人、兼任烟台进德会执行委员。

接下来的是校董委员会主席李子居的题词："吾乡绲诵"（图 9），"绲"通"弦"，有成语"春诵夏弦"，"绲诵"有两层含义，一为"诵读诗歌"，二为"礼乐教化"，原意为根据季节采取不同的教学方式。

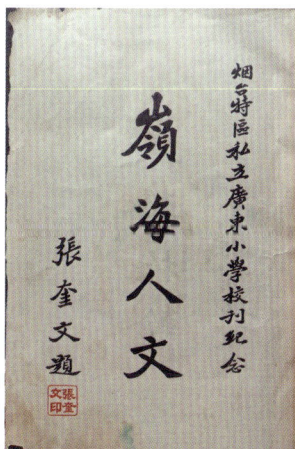
图 7

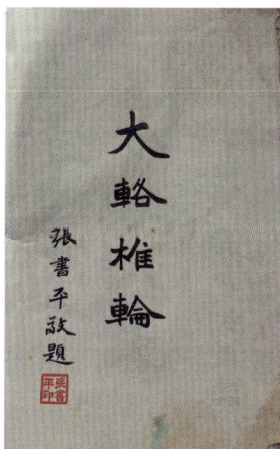
图 8

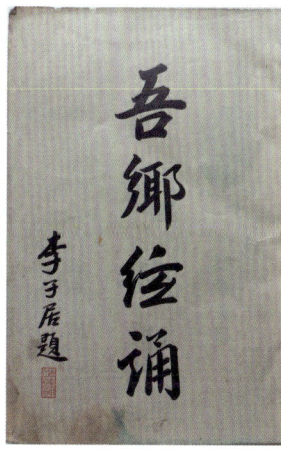
图 9

李子居为李载之之子，借父荫任烟台招商局局长，任职期达十余年之久。1945 年烟台解放后，在人民政府和市商会扶持下，李子居积极筹划，于 1946 年 1 月 4 日成立烟台招商局。李子居任局长，该局职员 15 人，均系旧人，对航运业颇富经验，表示愿在民主政府领导下为人民服务，尽快恢复烟埠航运业。

后面的题词依次为招耀云"文坛初步"、黎占元"发扬教育"、中山杨倬如"培养天真"、志宏"材备栋梁"、关瑞芬"奋学"、南海杨履初"贯输智能"、卢雄远"培材育英"。

论著部分内容丰富多彩，有教师文章，大部分为学生习作。开始部分为老师作品，内容有《自修读书法》《青年烦闷的分析》等文章，教授学生读书学习方法，以及面对社会现状诸多烦闷的排解之法。

学生习作涉及面广泛，既有中国传统文化方面的《论孝》《孝顺父母》《幼不学老何为》《学生要注意品行》等，其中不免有某些封建思想的糟粕；也有少年对美好生活的憧憬，如《春神》《我愿意》《我们的园地》等；还有相当大的篇章是对当时社会问题的思考，如《蓄婢纳妾论》《乞丐是怎样形成的》《石工》《文儿的死》《一个贫妇的死》，等等；再有几篇是对日寇侵占东三省的愤懑，如《最后一面》《蝉的呼声》《哀满洲诗》等。很难想象这些作文出自八九岁、十四五岁的学生笔下，可见在努力学习、赏物喻志的同时，面对外敌入侵、军阀混战、民不聊生的社会现状，已引起这些少年学子的思考。

学生作文选读

现选读学生作文三篇，一篇可以通过学生的目光参观学校新建的图书馆，另一篇可以管窥学生们面对社会现状的思考与觉醒，第三篇是《哀满洲诗》，可见一个少年对倭寇侵占中国东北的愤懑。

——《学校的图书馆》（蔡书琴 六年级 十五岁）：

我们的图书馆，今天开始阅书了，并且欢迎校外人士进来参观，果然热闹起来了，一个个男的、女的、老的、幼的。诸位小同学们都挽着手儿，来来往往的都表现着很欢喜的面色。好宽敞的屋子，里面陈列得多么华丽而美观呀！

招待员很客气的领导者人们，一样一样的看过去，这里有古代史料，小朋友丛书；那里还有小朋友图书；什么童话书、理论书、故事书、教育学，等等的书籍。配置得各样各色的，多么匀调呢！多么鲜明呢！那里有报纸，北方的《大公报》，南方的《申报》；烟台的《东海日报》，应有尽有了。那里是杂志，什么《小学生》《儿童杂志》《现代儿童》《小朋友》《中学生》《论语》《新生》《生活教育》，也无不完备。

参观的人，许多的三人一簇，两人一堆。坐着的，站着的，都看得很出神。墙壁上还有各名人所写的"小琅环"，真令人流连忘返啊！

——《悲壮的五月》（阮蔚震 三年级 11 岁）：

我们现在所过的五月，不是国耻就是国庆，这些纪念里面，有五一——是劳动节，就是在这一天，工人才得做八小时的工作。

有五三——是民国十七年，革命军北伐到了山东，这时有个军阀张宗昌，盘踞济南，勾结日本帝国主义，便在五月三日，开炮轰炸我们的济南城，残杀我们的交涉员蔡公时氏，我们的同胞三千多人都惨死在暴日的大屠杀之下。但蒋总司令仍下令继续北伐，不为所阻。再有五四是在民国八年，北平有很多学生游行请愿，这是国气应有的表现。

还有五五——是在民国十年，国内军阀勾结帝国主义，因有很大的阴谋，所以大家推举孙中山先生于五月五日在广州就任大总统，与军阀奋斗。

五九是在民国四年，我们的总统袁世凯想做皇帝，便勾结日本帝国主义帮助他，那时日本驻华公使日直益因提出最痛心的二十一条件，令我承认……中国倘不承认，日政府就要施出断然的手段和严厉的办法对付。袁世凯吓得头也昏了，不承认又怕失去了他的皇帝梦……

还有五一八足孙中山先生的同志陈英士在这天被杀害了。

再有五卅是在民国十四年二月时，日本在上海的棉纱厂因压迫工人的缘故，于是引起全厂大罢工。工人代表顾正红被开枪打死，同时把七个代表也刺伤，请愿的学生在五月三十日那天，又被英国老闸捕房开枪——死伤共有五十人以上。

亲爱的同胞们呀！这些国耻是何等的令人气愤呢？我们要努力奋斗，雪去我们这些耻辱！打倒那些万恶可恨的帝国主义。

　　——《哀满洲诗》（李建勋 六年级 14 岁）：

　　哀我满洲之三省兮，

　　掘地三尺见金砾，

　　郁郁森林连接千里兮，

　　枝叶密密不见天日，

　　辽河大豆销售国内兮，

　　沿海各省富有渔利，

　　无价之宝人参，貂皮，东珠兮，

　　亦产于此地。

　　可怜我东北几千里锦绣江山兮，

　　蹂躏于日人之铁蹄。

　　同胞！同胞！

　　速醒努力兮！

　　打倒日本帝国主义。

　　挽回满洲三省兮，

　　恢复我国之领域。

美舰登陆烟台事件中的"希尔兹"号实寄封

这是一枚美国海军军舰航空实寄封,贴美国 6 美分航空邮票,销美国海军军邮局"1945 年 9 月 16 日"邮戳,寄信人为美国海军"希尔兹(Shields)"号驱逐舰上的哈罗德·布鲁厄姆,信件寄往美国犹他州的奥格登市。信封有铅笔标注的"Chefoo CHINA(at sea)"等字样(图 1)。这枚抗战胜利后寄出的美军军舰封,为什么标注在中国芝罘(烟台)海上寄出呢?背后有着怎样的故事呢?

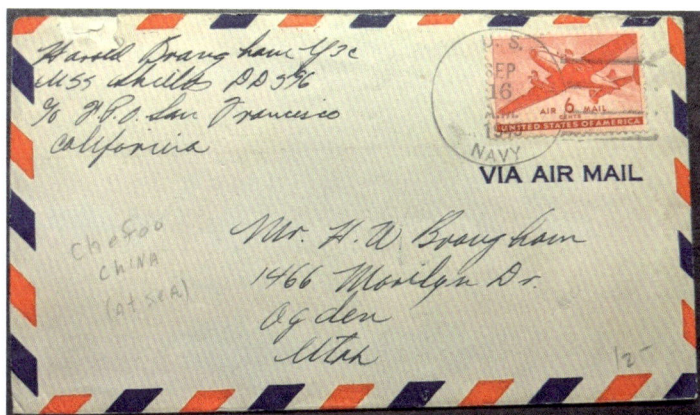

图 1

1945 年 8 月 15 日,日本宣布无条件投降后,驻烟台敌伪在只接受国军受降的授意之下,拒不向八路军缴械。8 月 19 日八路军向烟台守敌发起进攻,8 月 24 日解放了烟台。烟台成为当时解放区最大的港口城市,整个山东除济南、青岛等几个大城市外,均在八路军掌握之中。

希尔兹号驱逐舰,于 1944 年 9 月 25 日下水,1945 年 2 月 8 日交付使用,指挥官是乔治·马登。二战期间,希尔兹号一直在马绍尔群岛、乌利西、莱特、琉球、马来西亚婆罗洲之间担当巡逻和护航任务。它唯一的一次实战,是 1945 年 6 月 26 日,为了支援澳大利亚地面部队,炮击了马来西亚婆罗洲米里的日军海岸设施。1945 年 8 月 15 日日本投降,此时正在琉球巴克纳湾的希尔兹号,接到了"停止一切针对日本人的活动"的命令。随后，希尔兹号护送到朝鲜受降的美军。9 月 12 日，希尔兹号受命离开朝鲜，前往中国北部海域。

关于此后希尔兹号的活动，美方是这样记录的："在 1945 年余下的大部分时间里，希尔兹号一直待在渤海湾地区。它在这里的主要任务是参加在中国北部沿海进行的海军演习。在此期间，它还侦察了芝罘港的不稳定局势。它在中国北方期间几乎去了渤海湾的大部分主要港口，包括芝罘、秦皇岛、威海卫、塘沽、大连和旅顺港。"

希尔兹号等美方军舰在渤海湾的活动，难道仅仅是海上演习那么简单吗？非也！美方实际上是在配合国民党方面，阻碍共产党"向南防御，向北发展"的战略。对于已被八路军解放的烟台、威海卫等城市，则是赤裸裸的要求登陆接防。此封正是希尔兹号在"侦查芝罘港的不稳定局势"期间寄出的。

对于美军意欲在烟台登陆的企图，延安方面已经察觉。9 月 27 日，中共中央电示胶东区委书记林浩和山东分局，指出"美方有即在烟台、威海、秦皇岛登陆消息，延安已向美军观察组询问，并已告该地为我军占领，已无敌人，请其不要登陆，免干涉内政之嫌。"同时，中共山东分局也要求胶东区党委派专人到烟台做外事工作，配合军事斗争，守住烟台。胶东区党委经过研究，决定派区党委海外工作部部长于谷莺到烟台任外事特派员兼烟台市代市长。

9 月 29 日晨，美方五艘军舰驶抵烟台崆峒岛海面，美方派舍尔托夫少校登岸，要求允许美国海军第七舰队的赛特尔少将与中方会见。10 月 1 日至 3 日，中方与美方会见，在谈判时，对于美方的无理要求，中方严词拒绝（图 2 为中方在中兴楼宴请美方谈判代表合影，图 3 为双方在美舰上谈判合影）。

图 2

图 3

　　10 月 4 日拂晓，崆峒岛海面又增加了两艘美舰，上午十时美方派员向中方送来一份通牒，根据美海军金盖德上将的来电，要求十八集团军部队及烟台市政府撤离，要求负责有秩序地将烟台市交给美方接管，中方断然拒绝。10 月 5 日，崆峒岛海面又增加了一批美舰，远远望去，黑压压一片。10 月 6 日，中共中央再次电示胶东区委和山东军区，要求强硬拒绝美军登陆；同日，十八集团军参谋长叶剑英受总司令朱德之命发表郑重声明，如美军强行登陆，因而发生任何严重事件，由美方负其全责。10 月 9 日。山东军区发布《为增强沿海防务，准备给任何侵犯的反动势力以打击》的命令。

　　同时，烟台市各界也发起了声势浩大的抗议活动。10 月 4 日，驻烟台 11 国 41 名侨民联名向美国爱好民主和自由人士呼吁和平，反对美国干涉中国内政。10 月 8 日，3 万多市民举行了反侵略集会和游行。10 月 10 日，数万烟台民众集会纪念"双十节"，反对美军登陆烟台，以及国民党借用外国势力抢夺抗战胜利果实；胶东参议会的代表，在集会上代表八百万胶东人民，通电苏、美及反法西斯各同盟国，反对美军登陆烟台。

　　10 月 9 日，美方主力舰撤出烟台海面。10 月 10 日，美国驻华两栖作战部队司令丹尼尔·巴比在重庆发布公告，称美军不在烟台登陆。10 月 30 日，美国军舰全部撤离烟台海面，至此，中方挫败了美军登陆烟台的企图。史沫特莱在《伟大的道路》一书中，记录了美军企图登陆烟台事件，她写道："美国人在烟台事件上低了头。"

　　反对美军登陆烟台斗争的胜利，保住了烟台，控制了烟台及以西港口，保证了山东主力部队顺利北上。从 9 月底至 12 月初，5 万多山东主力部队和四千多地方干部，自蓬莱、龙口等港口跨海北上，开辟了东北解放区，为赢得东北解放战争的胜利，直至全国解放战争的胜利，奠定了坚实基础。

　　希尔兹号完成了渤海湾的行动之后，护送安蒂特姆号和鲍克瑟号到上海美国第七舰队的长江巡逻队。1946 年 2 月 19 日，在经过马绍尔群岛和珍珠港的停留后，返回加利福尼亚圣佩德罗湾。

　　朝鲜战争爆发后，希尔兹号参战。1972 年 7 月 1 日，希尔兹号退役，出售给了巴西海军。

《一封寄往印度的欠资信》的后续故事

2012 年 3 月 7 日，《烟台晚报》发表了笔者的《一封寄往印度的欠资信》一文，介绍了烟台沦陷后的 1940 年，经营发网的烟台亿中公司的故事。文章发表时，这枚自国外买来的欠资封还在邮寄的路上。可惜，最后还是没有收到这枚封，它在邮寄途中丢失了。

封虽然丢失了，但文章发表后，笔者却收获了与这枚封有关的故事。虽然过去 10 年了，但回忆起这段往事，还是让笔者感慨不已。

看到晚报，她来打听父亲生前的往事

文章发表后，笔者接到一位陌生女士的电话，她叫蔡爱珍，看到《一封寄往印度的欠资信》一文后，想了解她的父亲的事情，她的父亲当年追随孙伯峨在亿中公司工作。其父英年早逝，母亲后来改嫁，所以，对父亲的事情知之甚少。父亲去世后，连一张照片也没有留下来，她的记忆中没有父亲的模样。

交谈中得知，她的父亲叫蔡秉卿，栖霞县（现栖霞市）唐家泊镇东野村人，是孙伯峨的副手，也是公司的翻译，他的外语水平很高，会四国语言，这枚欠资信很可能就出自其父亲的手笔。

太平洋战争爆发后，烟台亿中公司倒闭，蔡秉卿跟随孙伯峨一起到上海开办养鸭厂。他的父亲是个孝顺人，挂记着老家的父母，有了钱都寄回了老家。

1945 年末，蔡秉卿突患急性阑尾炎，在烟台法国医院（现烟台山医院）抢救两天两夜后身亡，共花费了一百个大洋的医药费，由孙伯峨先生支付。

蔡秉卿去世后，蔡爱珍母亲李秀英把家里最好的毛毯铺进棺材，雇了一辆板车，把父亲的灵柩送回了栖霞老家。当时其母亲已怀着她 5 个月。

听母亲说，父亲是个好人，有人向他借钱，有求必应，借款明细用毛笔写在一个账册上。她母亲不识字，父亲走后不知道该找谁去要钱。这本账册母亲保存了30多年，最后付之一炬。

"父亲去世时身上只有一个大洋，那时候一个大洋可以买一袋白面。母亲在最艰难的时候，也没舍得动它，这是父亲留给我的唯一信物。"蔡女士说。

母亲改嫁后，不再提及生父的任何事情。蔡爱珍女士对于父亲所知仅限于上，她想了解父亲更多的往事。

笔者只是在买到这枚信封后，觉得其反映了一段烟台历史，修成小文，对亿中公司并未做深入研究，所以，提供不出更多资料。

笔者想起《烟台通志》中，有关于亿中公司的专门介绍，并刊有两幅照片，一张是公司同仁合影（图1，一排左四为孙伯峨），一张为公司厂貌（图2），便把照片和有关资料转给了蔡爱珍女士。

Staff, The Chefoo Hair Net Co.

图1

图2

收到资料后，蔡女士很快告知，从图1合影中，一眼就辨认出紧靠孙伯峨右首（左三）的就是其父亲蔡秉卿。虽然她是第一次看到父亲的照片，但父亲的脸型和体态，都是如此的熟悉。蔡女士儿子的膀式、脸盘和额头都遗传了姥爷的体貌特征，其定居长春的堂姐，88岁（2012年）的蔡永真女士，一眼也认出了照片中的蔡秉卿先生。

家里还珍藏着 副古董眼镜，一直不知是谁留下的，现在知道了，就是照片上架在其父亲鼻梁上的那副。

找到了父亲的照片，蔡女士激动地说："我的心情无法表达！"她又向笔者讲述了其母亲后来的经历。

父亲去世后，母亲带着女儿卖菜为生

1946年春，蔡爱珍在东野村出生，几个月后母亲抱着她回到烟台。父亲去世，家里断了经济来源。母亲只好在三马路东头摆了个摊，卖洋火和针头线脑。母亲出摊，把她放在旁边。有一次她哭，母亲哄她的工夫，被人偷走一把剪刀，母亲气得直拧她。

邻居田大娘，丈夫是卖菜的，看到她母亲挣不出吃来，便说："蔡氏娘，你不如跟我老头学着卖菜吧。"就这样，母亲开始卖菜。没有本钱，只能进些烂菜，边择边卖。

后来，院里搬来了邻居栾大大两口子，看着孤儿寡母可怜，向她们伸出了援手。母亲天不亮要上市，多少个凌晨，母亲敲敲小窗，栾大大夫妇接过襁褓中的孩子。

刮台风那年她4岁，栾大大回老家了，她被锁在院子里，急得使劲地晃荡门。对面街坊看不下去，跑到解放路把她母亲叫回来，说这孩子锁不住了，母亲把她送回栖霞东野三叔家。

三婶心地善良，无奈家里孩子多，她在东野一年，没有裤子穿，冬天穿个包腔的小黑大衣，两只袄袖不停地擦鼻涕，仿佛两道明镜。一年后母亲回东野接她，她知道是母亲，可不会叫妈，母亲走到那里她跟到那里，母亲上茅房她也跟进去，生怕母亲离开。

她母亲早年寡居，性格孤僻，劳作一天回到家就睡觉，和她没有交流，所以蔡爱珍一直不会说话，母亲曾怀疑她是哑巴。回到烟台，她在南山路幼儿园上学，有个林淑卿老师，看到她的头发长了，让她站在小凳上，给她剪头。林老师眼睛不太好，有一次剪刀碰到她的耳朵了。

南山路小学的张荫香老师，一直很同情她，待她很好，二年级结束后还特地领她到照相馆照了相。烟台一中的张佩义老师，正义善良，了解到她的情况后，亲自来她家那个8平方米小厢房家访，鼓励她努力学习。蔡爱珍说："这一切，恍如昨天。"

母亲是个要强的人，有人问起来，她说男人在上海没回来。她靠卖菜维持生活，和男人干一样的活儿，推个小车上市进菜，吃了很多苦。

蔡秉卿去世后，孙伯峨每年从上海寄来少许的花红接济她们，直至公私合营。

蔡爱珍还有一个哥哥叫蔡率真，因为其父母婚后一直没有孩子，就过继其大伯的儿子并接到烟台读书，哥哥后来参加了解放军并升了职。1952年，在长春解放军某部的哥哥来信，要接她们母女到长春。母亲欢喜地把消息告诉了所有认识的人，并开始收拾东西准备去东北。一天，部队来信了，母亲照例让栾大大读信。

1952年6月20日，蔡率真在与苏联专家验炮时，最后一发炮弹未出膛爆炸，其胸左侧受伤肺部渗沙，经三军医院抢救无效，于当天夜里牺牲，就地安葬在长春东大稗子沟军官墓地，现改为九龙源烈士陵园。母亲听到消息后，坐在院子的地上号啕大哭。公开资料显示：蔡率真，男，1924年生，烈士，山东省栖霞市唐家泊镇东野村人，1952年6月20日在长春因公牺牲，长春炮校教练员。

母亲再婚后，父亲再也没被提起过

1956年公私合营，蔡爱珍的母亲拿着一杆秤、一个筐在烟台蔬菜公司就了业，有了稳定的工作和收入，生活才算安定了下来。

给母亲介绍对象的不少，都是有孩子的男人，母亲怕她受欺负，一直没有再婚。后来，住在东升街的乔大大，给母亲介绍了自己的同事。那年蔡爱珍14岁，母亲同她商量，她说："好。"

1959年，46岁的继父邹润章，拎着装衣服的小箱子，从烟台印刷厂宿舍搬到位于静安路16号（现周乐街）的家里做了上门女婿。1960年，蔡爱珍同母异父的妹妹出生。

她的母亲之所以同意这门婚事，有两个原因。继父厚道老实，母亲一眼看好；继父的三个孩子分别是16岁、8岁和5岁，跟着爷爷在南上坊，不用一起同住。母亲担心前窝后轧在一起会有矛盾。三个孩子每人每月5元钱生活费，直至工作。

继弟当年5岁，戴着兜兜来的她家。1977年，她的继弟邹本勤到了结婚的年龄，母亲犯了愁，下班后和继父一起捡起了破烂。上哪儿去弄盖婚房的钱？
母亲做主，卖掉蔡爱珍生父在东野的祖产，一半钱给她，另一半钱给继弟盖了
婚房。并要她每月再增加 10 元养老费，直到继弟结婚为止。继弟结婚的那个月，
母亲卖掉了自己的自行车，走着上下班。继弟夫妇对她母亲一直非常尊重。

继父对蔡爱珍很好，1959 至 1989 年她们在一起生活了 30 年。遗憾的是，
她始终叫不出一声父亲，"或许继父来到我家时，我已经大了，或许我从来就
没有叫过父亲这个称呼。您一定要原谅我，亲爱的父亲。"蔡爱珍哽咽了。

母亲再婚后，蔡爱珍的亲生父亲再也没被提起过。母亲临终前，蔡爱珍很
想问问父亲的事情，但怕母亲不高兴，便又搁置了下来。2009 年，93 岁的母亲
李秀英去世，按照母亲的心愿，和继父葬在一起。

2014 年清明节，蔡爱珍委婉地和妹妹邹爱玲提起，想回老家看看其亲生父
亲的坟，这是 55 年以来，她们之间第一次谈到她的父亲。妹妹说："应该回去
看看。"回到东野，堂兄蔡运高大哥不住地说："没想到你还能回来，我以为
你永远不会回来了。"这是她第一次祭拜父亲。

"人不能忘记过去，也不能悲在其中。无论多么艰难，走过去，都能跨越。
像我的母亲，年轻时丈夫能干，养子争气，谁知接连失去。她这一生，大男人
也没出过她那个力，晚年反倒收获了稳定的退休金，像她那个年纪的妇女，有
退休金的并不多见。再如我的继父，也是不幸之人，生活
困苦，当初想过将我继弟送人。继父没有能力，和我母亲
的结合，未尝不是一件好事，重要的是，和母亲三十年的
相敬如宾。还有在我们困难的时候，帮助过我们的孙伯峨
（图 3）、田大娘、栾大大等许多好人，还有林淑卿、张
荫香、张佩义等老师，都让我终生难忘！"这是蔡爱珍女
士 10 年前发给作者的原话，照录于此，作为本文结语。

图 3

烟台老明信片概览

烟台老明信片简况

这里说的烟台老明信片，是指图画明信片，是有图案的明信片（下同），大清邮政发行的邮资明信片、烟台商埠邮政发行的商埠邮资明信片，不在此统计范围内。

从时间跨度上来说，包含清末烟台自有明信片始，至1945年抗战胜利这一段时间。目前大家能够见到的最早的图画明信片，是张裕酿酒师拔宝家族企业于1898年发行的。

哈利洋行无疑是烟台明信片中发行品种最多、数量最大的公司，除了哈利洋行，永盛洋行、中山商社、烟台天主教会、日本叶书会、日华商铺等，都发行了不同套数和数量的烟台题材明信片。

如按国家分类，则是德商背景的为多，有哈利洋行、永盛洋行；日本据第二，有中山商社、日本叶书会、日华商铺等；法国第三，以教会题材为主。

清末以哈利洋行为代表，有哈利洋行、永盛洋行（J.G.Myrciades）、日本叶书会、天主教圣约瑟印书坊；民初有中山商社、永盛洋行（Ch.J.Paizis）、烟台天主堂印书馆、天主教东界烟台主教府；民国中期图画明信片较少见，1930年前后以美国海军照片版明信片为主；日占时期，在烟日商日华商铺等发行烟台题材明信片多套。

1898年到一次世界大战开始前的1913年，是公认的明信片"黄金时代"。1898年，美国政府解除了邮政对于明信片印刷的垄断，授权私人可以印刷明信片。这一时期也是欧美社会和经济发展的黄金时期，为明信片的流行奠定了基础。

早期的传媒并不发达，报纸上图片也极少见，新闻传播时，人们普遍希望看到图片。由于交通工具的限制，绝大多数人没有条件周游各地，人们对于异域风光都有一种好奇心。而图画明信片的产生，能够满足人们以上欲望，并通过明信片邮寄传播到世界各地。

很快，明信片的寄递与收藏在世界各地流行开来，并迅速成为一种时尚。商家、个人、家庭，各行各业都可以印制各种用途的明信片，低廉的邮资，让明信片寄达世界各个角落，迅速成为一种广泛的爱好。各类明信片收藏俱乐部也应运而生，人们争相收藏和交换，这些明信片被放在相册中保存，许多家庭把明信片册放置在客厅显著位置，并以此为荣。这也是为什么大家今天见到的许多明信片，四角留下了压痕的原因。这一时期明信片的销量远远超过了书籍。

德国明信片印刷设备、明信片用卡纸、油墨的质量居于领先地位，包括美国在内的各国明信片印刷商，都是以德国或者德国背景的印刷商为主，这样，大量的利润被德国赚取。

1909 年，在美国商人的极力游说下，美国政府提高了包括明信片在内的二百多种商品的关税，而美国自身明信片的印刷质量和纸质，都无法与德国比肩，加上关税实施前，商家和相关人员大量囤积明信片，极大压低价格，动摇了市场，明信片热潮逐渐降温，价格也降至低点。至一战开始前的 1913 年，图画明信片的"黄金时代"基本结束。

回头再说烟台，与世界明信片发行节奏也是吻合的。1861 年烟台开埠，西风东渐，烟台这个往日的小渔村，与世界潮流几乎同步。1898 年烟台第一枚图画明信片已经问世，这与北京、上海、广州、天津等大城市已是同步。

1900—1909 年被称为图画明信片"黄金十年"，这一时期，同样也是烟台明信片的"黄金十年"。该时期的哈利洋行、日本叶书会、天主教会圣约瑟印书坊的彩绘明信片等，是烟台老明信片中的精品，从题材、明信片用卡纸、印制等都是烟台老明信片中最好的。民国时期的明信片不仅数量少，印刷质量下滑严重，明信片用卡纸质量也较差，与清末"黄金十年"期间的明信片相去甚远。

至于烟台老明信片的数量具体有多少种，这一看似简单的问题，却不好回答。因为除了以上提及的有关烟台老明信片的系列品种外，还有在其它类别明信片中包含的烟台题材明信片，民国中期流行的照片版明信片等，加上这些明信片流散世界各地，没有一个人能够收集齐全，很多品种连面都没有见过，故具体数量不好估计。如果非要说一个数字的话，个人认为在 800 ~ 1000 种之间。

烟台最早的图画明信片

目前已知中国发行图画明信片始自 1898 年，烟台题材明信片于这一年同步发行。此枚明信片为彩色，印制精美，由 3 幅图画组成，有汉字右读"烟台"、英文"Chefoo China"字样，右下角留白，这是书写内容的空间（图 1，按国内习惯，称背面，下同）。另一面用于书写寄信人、收信人名址和粘贴邮票（图 2，习称正面，下同）。

该片与早期明信片特征相同，背面不是满幅画面，一般由多幅图画组成，也有一幅或两幅的，留有书写文字的空间，而正面只能书写收信人名址，不得书写其它文字。后期逐渐演变为背面一般只有一幅图画，图画所占面积也逐渐增至满幅，正面名址面增加间隔线，右半部分书写收寄名址，左半部分书写内容。

图 1   图 2

三幅画面分别为烟台全景、海滨旅馆、葡萄山和塔山远眺。三幅图画有别于常见的照相版图画，而是彩色手绘。烟台全景一图，远景为烟台山、中景为所城、近景为农田，海岸路一带几乎没有建筑，中间有一洋房，应为家庭旅馆（后被内地会学校买下，作为预备学校）；中间一图标注"Beach Hotel"，即海滨旅馆，海里有游船和游泳的人，岸边有许多更衣小木屋；最下一图近景为葡萄山、远景疑为塔山，山上有一塔状建筑，名称标注为"Baby Tower Hill"，直译为婴儿塔山。

塔山之塔并无"婴儿塔"的称谓。1936 年出版的《烟台通志》，有这样一

图 3

段文字："一个小石塔，这种石塔在中国已经很少看到了。但是在烟台，它有一个神奇的传说。这座石塔位于烟台东山，被称为'婴儿塔'。这是因为，传说在过去，穷人家的死婴常被丢弃在这儿，以喂狗或狼"。题图是魁星楼，可见"婴儿塔"即魁星楼（图3）。

画面上还有两组水果图案，一组是葡萄，分别是白色和紫色葡萄，另一组由洋梨（葫芦梨）、苹果、桃子组成。

那么，这枚烟台最早的明信片是由什么机构发行的呢？从有关图画和文字分析，更像是一枚烟台的形象宣传广告明信片。在120多年前，有谁可能发行这样一枚明信片呢?

在有的明信片的左边有印有一行小字："Weinlaube,Klosterneuburg"，也有的片没有印这段文字。这个位置，按照当时惯例，一般是印明信片发行商或者印制商版权名称的地方。经辨认这段文字是德语，"Klosterneuburg"即现奥地利的克洛斯特新堡市。继续查找与"Weinlaube"有关信息，我们惊喜地发现，"葡萄叶（Weinlaube）"公司正是张裕公司奥地利酿酒师拔宝的家族企业名称，而克洛斯特新堡市是拔宝出生地，拔宝家族在这里创造了辉煌的葡萄酒事业。

图 4

图4是1910年Weinlaube的一份营销期刊，有12页之多，既有葡萄酒销售，还有葡萄种植技术推广、各种酿酒器械经销等内容。

可见，该片正是由拔宝家族企业印制的。虽然没有直接宣传葡萄酒，但从图画中的葡萄山、两串白色和紫色葡萄，无不昭示着与葡萄酒有关的主题；优美的海岸风光、舒适的海滨酒店，则显示着烟台有着适宜的气候和居住环境，适合葡萄种植和观光。

拔宝家族印制这张明信片，表面上看是宣传烟台风光和物产，实际上也是一种软广告。其一，拔宝在张裕公司任酿酒师，张裕公司很有可能已经采用拔宝家族企业经销的酿酒器械；其二，张裕作为中国最早的葡萄酒企业之一，其客户群已经遍及国内和涉足海外，并拥有一定的知名度，作为兼营葡萄种苗、酿酒器械的企业，可以借助张裕这个平台扩大营销和知名度，可谓一举多得。

这是烟台最早的一张图画明信片，无疑也是一张最早的烟台葡萄酒城名片。

该片发行范围并不只限于烟台一地，图1为青岛使用，还见有1898年7月在香港使用例。

哈利洋行发行的明信片

1861年，烟台开埠后，德国人即在烟台开设哈利洋行，19世纪末，其洋行地址位于海岸街东首路南。哈利洋行早期被称作西塔斯洋行、沙泰洋行、赛达斯洋行等，其中文名称哈利洋行，最早还是在其发行的明信片上被确认。

哈利洋行是烟台明信片发行较早、品种最多、总量最大的机构。德商当时控制了世界明信片产业，这与当时德国先进的印刷术、优质的明信片用卡纸、优质的油墨密切相关。哈利洋行作为一家德商，在烟台老明信片发行上独占鳌头也就顺理成章了。

1899年(因具体发行时间没有原始资料，故以最早实寄时间作为参考，下同)，哈利洋行就开始发行成套的烟台题材明信片，涉猎范围很广，有民俗、宗教、市井人物、官员、学校、教堂等各种题材，堪称清末民初烟台的一部小型百科全书。哈利洋行发行单张明信片的时间可能还要早。

哈利洋行在明信片用纸上十分精良，即便用现在的眼光来衡量，这些明信片的纸张也毫不逊色。除了常规的白卡纸外，还有采用瓦楞纸印制的明信片，即使现在也是少见和时髦的；在印刷技术上，采用多种印刷工艺，如凹凸版，既有边饰、也有图案部分采用凹凸版的，有的采用烫金工艺，在历经110多年后，烫金部分依然金光闪闪；除了单张明信片，还有本册式明信片，一本一般10枚明信片，装订处打有齿孔，使用时可以沿齿孔轻易撕开，携带、收藏和使用都很方便；还发行有三联张、四联张连印明信片，有的虽然不是连印，但几张明信片连续摆放在一起，就是一幅连贯的全景式风景，这在一百多年前是十分少见的；此外，哈利洋行还为各行各业发行广告明信片、贺年明信片，可谓涉猎了明信片的各个领域。

明信片是哈利洋行的经营项目之一，洋行应有自己专业的摄影师。此外，哈利洋行还专门制作了一些实寄烟台商埠邮品，满足世界各地集邮爱好者的需求。

下面逐一介绍哈利洋行发行的各类明信片：

一、1899年哈利洋行发行第一套明信片

1899年，哈利洋行发行最早的成套明信片，这套明信片目前已见有近30种，图案大致可分为风景和人物两部分。风景部分主要为烟台山和毓璜顶两部分，烟台山周围有山上建筑、烟台山远眺、海边帆船、山下洋房、法国医院、大庙戏台等，毓璜顶主要为毓璜顶建筑、美国长老会等。人物部分有婚嫁打牌、车马骡轿、戏剧人物、磨面做饭、官员出行、监狱犯人等。

除烟台风景部分片外，人物部分的明信片还见有其他版本，主要有俄文版（图5）和青岛哈利洋行版，俄文版出版商不详，青岛哈利洋行版可能为借用烟台版。

此套明信片最早见有1899年使用例，故判断为1899年发行。现存的此套明信片，实寄和未使用白片几乎各占一半，

图 5

可见在明信片流行之初，人们还是习惯实寄给收件人，不像后期以收藏白片为主，实寄的则少见。此套片使用时间多在1900—1903年之间。

二、1900年哈利洋行发行的凹凸版编号明信片

此套明信片发行时间在1900年，实用时间主要在1900—1903年间，为哈利洋行首套编号发行的明信片，边框采用凹凸造型，图案则居框中，犹如照片装在相框里，十分别致（图6）。目前已知此套片最大编号为22，总枚数应不

超过 30 枚。印制这套明信片的卡纸，比哈利洋行第一套明信片用纸还要好许多，卡纸洁白密实挺括。

这套明信片的图案大致也可分为烟台风光和市井人物两部分。风光部分有烟台全景、东海岸、毓璜顶、崆峒岛灯塔、南山花园、芝罘学校等；市井人物部分则很精彩，有富人家庭、

图 6

理发师、大清炮队、水果小贩、鞋匠、算命先生、驳船上的老外、美人、演员、京剧演出，等等。这套片中还有一些至今没有见过的片，仅就所见部分，特别是人物部分，已经是十分精彩了，从中可见 120 多年前，老烟台那些已经消失的风景，还有百姓的生活场景。

与同期明信片一样，这套明信片正面也是通栏式没有间隔线的。

留存下来的明信片也是实寄和白片各占一半，再一次说明早期明信片实用和收藏各占半壁江山，而不是后期明信片以收藏为主。

三、1904 年哈利洋行"Chefoo"版无编号明信片

这套明信片最早见有1904年使用例，正面通栏式无间隔线，主要使用在1904—1907年之间。

这套片的显著特点是图画面印有"Chefoo"名称，其中第一个字母大写，后面小写（图 7），目前这套明信片所见有近 40 种。

图 7

早期（1903 年前正面无间隔线）烟台明信片，图案往往风景和人物各占一半，但 1903 年以后的明信片，主要以风景为主，人物则很少入画了。此套片以风景建筑为主，没有人物。有烟台山的领馆建筑群、海上外国舰船、东海岸建筑群、芝罘学校、毓璜顶及周边建筑、小黄山王氏墓地牌坊、万氏"乐善好施"牌坊、南山花园、南山梨花、芝罘岛、芝罘岛石门、崆峒岛灯塔、崆峒岛、福山城墙等，是研究清末烟台城市格局、建筑形制的重要参考资料。

此套片曾经过多次印刷，部分片有黑白、彩色（人工上色，下同）两种版别存世。与前几套片不同，这套片实寄较少见，未使用的白片居多。说明这一时期的图画明信片，书信实用功能已经退为其次，而以收藏欣赏为主。

四、1907年哈利洋行"CHEFOO"版明信片

图 8

哈利洋行的这套系列明信片，数量有20多种，特点是地名英文全部为大写"CHEFOO"，因为是1907年的片了，正面全部印有间隔线，背面图画则是满幅的。

这套片的图画部分也是以风光为主，除了常见的烟台山、毓璜顶、东海岸风光建筑外，还有竹林寺、圣若望修道院、芝罘岛公公石（图8）、美孚洋行芝罘岛油库、阳主庙塔、俄国邮局、芝罘俱乐部等。

全部大写英文"CHEFOO"的这套系列片，明信片制式相同，但用纸有普通和光面之分，色彩有彩色和黑白之分，大体可分为三版，即彩色、黑白、光面三种。

该套片发行时间由1907年开始，正处于全球明信片繁荣时期，显然经过多次印刷，实寄的明信片时间在1907—1913年间，时间跨度很大。三版片既有图案相似的，也有不同的，因为很难把各版所有片收集齐全，故暂无法判断是同一套片的不同版式，还是不同的三套片。

五、1907年哈利洋行瓦楞纸版明信片

此套明信片边框采用凹凸的瓦楞纸，瓦楞边框有四种颜色，分别为紫、橘黄、浅蓝、浅灰色，中间是图案，如同相框般，十分精美（图9）。目前所见不到10枚，考虑到瓦楞纸虽然精美，但成本较高，数量估计为一套十枚。

该套片图案以烟台风景为主，有烟台山天主教修女院、西炮台、阳主庙塔、烟台山码头等。最早见有1907年使用两例，其他年份未见使用，故判断为1907年出版，

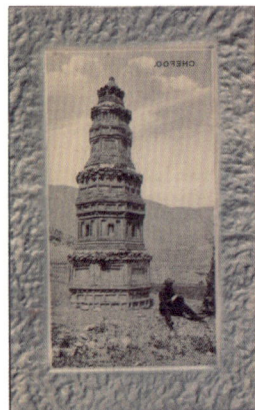

图 9

印量较少。

六、1908 年哈利洋行本册式明信片

本册式明信片，即把多张（一般为 10 张、12 张）明信片装订成册（本），在左边装订处打有齿孔，使用时可以沿齿孔撕下，本册式明信片的优点是便于携带和保存。该套片使用优质光面纸精印、图案清晰、纸面挺括光洁，十分精美。

此套片估计一套为 10 枚，图案有公公石、烟台山、安立甘教堂、圣若望修道院等，为哈利洋行其它明信片中常见图案，并非独立图案。

该套片最早见有 1908 年盖戳片，另见有盖 1912 年邮戳片，分析该片发行时间在 1907—1908 年间，很可能与瓦楞纸明信片同期发行，是哈利洋行明信片的创新产品。估计因为成本问题，印量不大，实寄使用少见。

七、1904 年三联张和四联张明信片

哈利洋行发行的烟台明信片品种，除了以上的凹凸版、瓦楞纸版、本册式等创新版式外，还有两套联张明信片，也很新颖。分别是自毓璜顶向北拍摄的烟台全景四联张明信片、自烟台山向南拍摄的烟台全景的三联张明信片，这两套明信片分别自南、北两个俯瞰角度，将烟台全境尽收眼底。

四联张有黑白和彩色两种片存世，与 1904 年"Chefoo"版片为同一版式，同样见有最早 1904 年的使用例。三联张目前仅见黑白片一种。完整的联张明信片少见，有单张片存世。

八、1907 年哈利洋行彩色版明信片

1907 年哈利洋行发行了一套彩色版的烟台明信片，特点是英文芝罘为斜体"Chefoo"，目前已见该套片不到十枚，有威海卫路、烟台山、德国领事馆、阳主庙塔（图 10）、塔山等。

图 10

九、哈利洋行的广告明信片

除了以上的明信片外，哈利洋行还印制发行了多种广告明信片，在那个时代可谓少见。近水楼台先得月，哈利洋行首先为自己印制了多款广告片。1902 年的一款由三幅图画组成，分别是洋行正门、洋行内部经销商品陈列、堆满货物的院子（图 11）；1904 年的一款是哈利洋行位于海岸街

正门的彩色片，公司招牌横跨海岸街，压凸边框，周边再饰以压凸的花饰图案，可谓精致（图12）。可见哈利洋行为自己的广告片，使出了浑身解数。

图11   图12

哈利洋行为海滨旅馆设计印制的两款广告片，也独具匠心。两枚片图案相同，皆为海滨旅馆照片，但边饰不同。一款里外两道凹凸设计，中间为密集的乳钉状压凸，素雅精美；一款也采用压凸设计，但边饰采用烫金花饰，两边渐变的暗红底色上各有一朵盛开的墨菊，红花绿叶，可谓富丽堂皇。

哈利洋行还为圣玛利亚教堂印制了一款圣诞新年贺年片，采用中国喜庆的大红底色，明信片上贴一张圣玛利亚教堂照片，边饰为方框外加花枝压凸烫金，中西合璧，庄重喜庆。

还见有一枚哈利洋行发行的袁世凯头像的明信片，时间在1904年，袁世凯时任直隶总督。不像其他人物明信片，一般一个系列有多位名人组成，此种版式目前只见此一枚，在袁世凯明信片中是较少见的一种。该枚片不知是定制片、还是专为袁世凯发行。

十、"Greetings from chefoo"来自chefoo的问候系列明信片

这种问候题材的明信片，也曾风行一时，主要为了满足外籍人士寄给亲朋好友之用，图案一般为驻在地的风情，并印有"Greetings from ××（来自××地的问候）"英文，如来自青岛、上海、广州等地的问候明信片就常见到。

图13

烟台的这种片见有4种，皆为哈利洋行发行。一种为镂空的"CHEFOO"英文中为各色中国人头像，一种为各色洋人头像（图13），另外两种为烟台风光。

哈利洋行明信片中，还见有一种毛边、边框花饰压凸烫金的系列片，比较少见，笔者只见有两种，图案分别为富人家的房子和贫民草屋，是一套独立的图片，画面未见哈利洋行其它片中采用。可能同样因为印制成本高的原因，这套片也比较少见。

除此以外，哈利洋行还发行有多种图案的明信片，一部分可能为定制片，一部分可能是为了市场需求，因为不成系列，在此不做专门介绍。

烟台天主教会发行的明信片

烟台宗教团体发行的明信片，以天主教会的为多。1839 年，罗马教廷将山东从北京教区中独立出来，成立山东代牧区，设主教并由方济各会代管。1885 年，山东分为南北两教区，鲁南归圣言会，鲁北归方济各会。1894 年，方济各会北界教区中又划出登州、莱州、青州三府，成立山东东界代牧区，主教府设在烟台。

烟台天主教会发行的明信片，可分为两大类，一类为白描彩绘明信片（先在明信片上印出白描图案，然后人工填绘不同的颜色），时在清末民初；一类为教会明信片，时在 1920—1930 年代，图案以教会活动、民情民俗为主。教会发行明信片的目的，一是为了宣传教义，二是为了募集资金，而早期发行的彩绘明信片，则是以募集资金为主。

一、天主教会发行的彩绘明信片

所谓彩绘明信片，有两种，一种是直接在明信片上作画，每一种都是唯一的；另一种则是先在明信片上印出白描图案，然后手工上色。就白描图案本身是批量生产，但因手工上色部分，颜色上可以自由发挥，所以每一幅色彩都不一样，从这个意义上来讲，每一副也是唯一的。烟台天主教会发行的彩绘明信片属后者。

烟台天主教会彩绘明信片，由烟台天主教会自有印刷厂印制，地址在烟台山下，手工上色部分由教会的学生们完成。这些明信片主要销往海外，国内也有少量销售。

烟台天主教会的彩绘明信片，图案以外国人感兴趣的中国（烟台）民俗为主，内容有婚丧嫁娶、宗教活动、民间艺人、日常生活、童乐童趣、历代帝王、官员平民、佳人乞丐，等等，可谓一部烟台民俗风情的小型图画百科全书。

这套明信片分多个系列，比较常见的是婚丧嫁娶，其中嫁娶和丧葬各有 12 枚片组成一个小系列。例如嫁娶从下聘换帖开始，到定亲、迎娶、下轿、跪拜、鞭炮、奏乐、婚宴等各个场景，从中可以了解中式（烟台）婚礼的整个流程。宗教系列有礼拜、夜读、传教、收养孤婴等场景。

每个系列都由若干枚明信片组成，一般在片上印有编号，既有此片小系列编号，也有在大系列中的编号，如编号"S:5 No.54"，即该片小系列编号为"5"，在整个大系列里总编号为"54"。最大编号见有 104，可见此套片总量很壮观，加上未编号的，品种估计不低于 200 种。

这种线描图加彩色手绘的明信片，为烟台天主教会首创并大量印制，国内其它地方偶见，但没有批量发行的。需要说明的是，这种明信片也是经过了一个不断完善的发行过程，起初随意性较大，一组只有几种题材相似的，没有编号；后来开始形成小的系列并编号，如婚嫁和丧葬各有 12 片，但编号还是各自为政；再后来，所有小系列归于一个大的系列，每枚片既有小系列编号，又在大系列里有一个总的编号，这样人们收集起来就方便多了。

天主教彩绘明信片按发行机构名称分类，大致可分为三个时期，分别为：

1. 通栏式没有发行机构名称

图 14

最早的彩绘明信片应为 1904 年之前就有了，特点是正面为通栏式，中间没有间隔线，前面说过间隔线是 1903 年之后才有的；背面图画不是满幅，留白用于书写；有大写花体"CHEFOO"及"邮政明信片"（图 14）字样。稍晚的明信片上，已没有花体"CHEFOO"字样，只有"邮政明信片"几个字。

还有一个特点，就是片上没有印制发行机构名称。因其风格与后来发行的彩绘明信片如出一脉，故认定为烟台天主教会发行。

这一时期明信片彩绘比较细致讲究，但题材范围较窄，以婴戏图、人物、民俗、喜庆等为主，早期没有编号，后期开始编号，但编号最大为 30 左右，而不似后期动辄 50 以上至 100 多号。由于年代较早、印量少等原因，故留存下来较少。

2. 圣约瑟印书坊 Edit,Ateliers S. Joseph.chefoo china 明信片

1903 年以后的明信片，顺应趋势，正面开始印有间隔线，背面画面也开始使用满幅，烟台天主教的彩绘片也如此。有间隔线的明信片应该在 1904 年以后开始出现，这一时期的明信片见有少量有"邮政明信片"字样的，可见为承上启下的过渡品种，后期大量彩绘片上不再有这一段文字。

自有间隔线彩绘片开始，全部加印发行机构名称，版权文字为："Edit,Ateliers S. Joseph.chefoo china"，直译为烟台圣约瑟印书坊，约瑟为耶稣养父，1870 年被天主教封圣。烟台天主教会的彩绘片，经过一段时间的发行，已经开始得到大众和市场的认可，教会开始注重版权，并借此扩大教会影响。

彩绘片的题材也更趋丰富，出现有多枚片组成的系列片，是这一时期彩绘片的特点。为了便于公众收藏，彩绘片开始编号，目前所见有编号的有三个系列。一是婚嫁系列，由 12 枚片组成，按 1—12 逐张编号（图15）；二是丧葬系列，同样由 12 枚片组成，亦按 1—12 编号；三是民俗系列，内容较杂，

图 15

包罗万象，笔者收藏的最大编号到 43。还有一些没有编号的，有宗教活动的，也有婚丧嫁娶的，具体有多少种不好统计。

用于实寄的彩绘片很少见，可知，这种精美的彩绘片，大多被用于收藏。因为实寄可能丢失，或者在寄递过程中被折损，故人们更多选择收而藏之。

3. 烟台天主堂印书馆 CATHOLIC MISSION PRESS. Chefoo N China 明信片

后期天主教会把彩绘片的版权名称，由圣约瑟印书坊更改为烟台天主堂印书馆，但只是名称的更替，明信片格式及内容延续，没有什么大的变化。

最大的变化，是在编号上更趋合理，即保留了婚嫁、丧葬两个系列，分别编为"S1"和"S2"，每张片仍按 1—12 顺序排列；原来的大套编号片，按内容归类拆分成多个小系列，依次编为"S3""S4"等，最大见有"S9"编号，

每个系列均由 12 枚片组成。

这样的编号方式，将所有彩绘片统一在一个大的系列编号里，而每个分系列由 12 枚片组成，即"S1"分系列编号为"1—12"号，"S2"编号为"13—24"号，依次类推。这样便于收集，即可收集大全套，也可分开收集几个 12 枚的小全套。

就收集的片可知，S1 为婚嫁、S2 为丧葬、S3 为手艺人、S5 富人生活、S6 为平民生活、S9 为传教活动，按照每个分系列 12 枚片计算，这套片最少有 108 枚。

也见有圣约瑟印书坊和天主堂印书馆两种版权标识同时使用的明信片（图

图 16

16），可见为交替期间的产物，后期全部使用天主堂印书馆的名称。

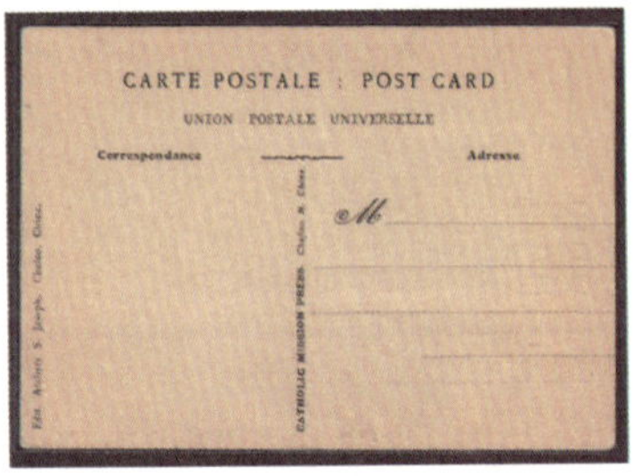

由于没有原始资料可以查询，加上两种标识的明信片没有明显区别，另外实寄片极少见，故具体更替时间无法判断。最早见有 1912 年前后使用例，晚期有 1920—1930 年代使用例。

二、天主教会发行的系列明信片

烟台作为天主教会山东东界教区，发行了多套以教会内容为主的明信片，既有编号发行的，也有无编号的，还有每本 12 枚的本册式。加上范围包括整个东界教区，总量比较大，由于个人所集有限，到底有多少套，每套多少枚，尚不好判断，但其中有一套编号在 100 号以上。

这些明信片的题材主要分两部分，主要是教会活动，其次是当地民生场景，发行时间主要在清末民初至 1930 年代之间。

由于东界主教区在烟台，故这些明信片的内容很多与烟台有关。如其中一

图 17

套片中，宗教活动的有烟台山圣玛利亚教堂宗教仪式（图 17，图片的说明文字是"一群孤儿穿着丧服，前往芝罘教堂"，主教常明德于 1911 年 9 月去世，估计应为其举行的仪式）、传教、烟台女公教进行会合影、辛亥革命军赠匾教会医院、雷斯修道院等场景，平民生活有烟台骡轿、烟台街卖水果小贩、威海卫路上行进的骡马队伍、烟台山码头驳船等。

还有一套片中也有众多烟台内容，有烟台主教常明德、烟台法国学校、烟台教会养老院、烟台法国医院、烟台儿童，等等。

永盛洋行版明信片

在 1909 年版行名录中，烟台永盛洋行（J.G.Myrciades & Co.）经营主业为烟草和明信片，其合伙人为 J.G.Myreiades 和 A.G.Capnias。后来由于合伙人变更，洋行名称变更为 Ch.J.Paizis。

明信片发行作为其主业之一，新老永盛洋行均发行过成套的明信片。

一、J.G.Myrciades & Co.,Chefoo 永盛洋行版明信片

永盛洋行共发行了两套明信片，一套黑白片发行时间约在 1908 年，一套彩色片发行时间晚于黑白片，时间约在 1911 年。两套片图画各不相同，均有编号，每套各为 30 枚。

永盛洋行虽然只发行了两套明信片，单从摄影技术到题材选择来看，可以说是老烟台明信片中的精品（明信片为其经营主业之一，估计有自己的专业摄影师）。由于当时印量较大，或者喜欢者众多，故留存下来的片比较多见。

最后一枚编号为 30 的片，题图为海岸街的法国邮局，图中可见法国邮局东侧是哈利洋行，西侧即为永盛洋行。永盛洋行为一平房建筑，屋顶店招上排是洋行名称"J.G.MYRCIADES& Co."，下排一行小字"GENERAL TOBACCONISTS（烟草）"（图 18），可见，永盛洋行是一家经营烟草为主的洋行。

图 18

这两套片以建筑和海岸风光为主，如各国领事馆、各国邮局、电报局、芝罘俱乐部、学校、教堂、酒店、海岸街、朝阳街、码头、毓璜庙等，是研究烟台近代建筑和近代开埠史的重要参考资料。

二、Ch.J.Paizis，Chefoo 永盛洋行版明信片

Ch.J.Paizis,Chefoo 版明信片见到的有两套彩色片，还有一套黑白片。第一套

彩片发行时间约在 1914 年，有编号，其图案、编号、版式与老永盛洋行彩色版完全相同，只是发行年代要晚几年，数量也是 30 枚一套。

第二套彩色片发行时间约在 1920 年初，图画面为大写"CHEFOO"（图19），目前所见数量不到 10 枚。黑白片版式与第二套彩色片相同，为同期发行片，所见数量也不到 10 枚。这两套明信片仍以烟台风光为主，每套枚数应有 20 枚左右。

图 19

Ch.J.Paizis，Chefoo 版明信片由于发行时间较晚，或者洋行存在时间较短，发行量少等原因，故留存下来的片比较少见。

日文版明信片

烟台日商发行的明信片，在总量上虽不抵哈利洋行，但与天主教会片不相上下。除中山商社片有明确版权外，其他几套片没有明确的发行机构，但从片上使用日文明信片等字样可以断为日商发行。

烟台沦陷后，烟台只有日商日华商铺发行了几套明信片。

一、Nakayama 中山商社版明信片

该套明信片是除天主教版彩绘片外，烟台明信片中数量第二多的一套，目前已知最大编号为 83。该套片编号 5—23 为威海卫题材明信片，其余均为烟台（图20）。

图 20

1911 年见有该片使用例，主要以民国时期使用为主，最晚有 1920 年代使用例。除黑白片外，还有部分彩色片存世，正面文字分别有土黄、蓝、黑色等几种版别，可见经过多次印刷。在图片清晰度、用纸方面明显逊色于哈利洋行发行的明信片。

画面为满幅，分别用英、日、法三种文字标注图案说明文字，每张标有编号；名址面有日文"邮便"字样，并标注"MADE IN JAPAN"。

由于数量较多，该套片内容十分丰富，既有海岸风光，也有各类建筑，还有各类生活场景，可谓应有尽有。如其中的东海关署、东口关卡、西口圩子墙、基督教青年会、毓璜顶墓地等都是难得一见的画面。

有资料记载，中山商社位于海岸街东头北侧。

二、1905 年"芝罘 CHEFOO"版明信片

该套明信片没有标注发行机构，图画面标有中英两种文字地名"芝罘 CHEFOO"（图 21），正面为通栏式，有日文"邮便"，故应为日本洋行发行。

此套片目前见有近 30 种，图案是一套独立的画面，有比较常见的烟台山、东海岸、安立甘教堂等，还有毓璜顶庙会、朝阳所城街巷、开平码头等少见画面，比较难得。

从使用年代看，此套片也经过多次印刷，版别各个时间段也有些许变化。

图 21

三、"日本叶书会制"版明信片

该系列明信片的特点是，在贴邮票处的小方框里有"日本叶书会制"几个字（图 22），"叶书"是日文明信片的意思，另有日文"邮便"字样，图画面有英、日、法三种文字说明。

目前所见最早使用时间为 1906 年，这套片显然也经过多次印刷，有多种版本存世，每种版本在文字颜色、格式、文字排列方式上都有所不同。

叶书会的这套片主要有两种版本，区别在明信片法语"CARTE POSTTALE"，一种是正体字，一种是美术体字。正体字正面主要有通栏式和有间隔线两种，通栏式发行时间早于有间隔线的；美术体字也分多种版本，主要有彩色片、黑白片、图画面另标注"中山发行"（图 23）等几种。

图 22

图 23

就目前收集到的片，每版种类应不低于 20 种，是否每版数量相同，因没有编号，收集又不齐全，故

不好判断。另外，几种版别的片中，有少量片图案相同。

除了较常见的画面，此套系列片中的日本邮局、德国领事馆、俄国领事馆、电报局、烟台山灯塔、芝罘学校、西海岸、威海卫路等片图比较少见。

四、1920 年代的日文版明信片

明信片盛行期在清末民初，到了 1920 年代，人们收藏明信片的热情不再，图画明信片发行很少见了。目前所见有一套明信片，发行机构不详，画面反映的是民国时期烟台风情，每张片标有中英文说明。

主要见有两种版式，从图画面看不出任何区别，如同一套片，但正面有英

图 24

文和日文两种格式。两套片图案不同，英文片有朝阳街、海岸街、东山路、海岸农人做工、崆峒岛灯塔、玉皇顶庙等画面；日文版有烟台全景、西海岸、毓璜顶长老会教区、烟台山后海景（图 24）等画面。估计每套片的数量在 20 种左右。

从明信片版式、说明文字用语分析，发行者可能是日商。

以上"二、三、四"项风格基本一致，估计为同一机构发行。与"一"项相比，虽然风格迥异，但极有可能同为中山商社发行（其中花体法文邮政明信片那套，就标明"中山发行"）。

五、烟台沦陷后"日华商铺"发行的明信片

1938 年 2 月，烟台沦陷后，百业凋零，烟台明信片的发行也戛然而止。目前见到的片为日商或日伪机构发行，位于大马路的日商日华商铺发行了几套明信片，另有青岛产业馆发行的一套烟台明信片。

日华商铺已知发行有三套烟台明信片，均有封套，印制精美。其中一套为 8 枚，封套印有日本国旗，并有"日华满亲善"的文字，名称为"明朗芝罘（烟台）景观"，编号为"No 1"（图 25），图案有码头、街景、海水浴场、东炮台、林立帆船、取水、黄包车、公共市场等。再一套也为 8 枚片，图案分别为鲁东道尹公署、芝罘旧城门、花市街景、新年踩高跷、梁帝庙、烟台山等，未见封套，从风格及枚数上分析，应为编号"No 2"。还有一套彩色片，封套印有片名"渤

海湾头美丽芝罘(豪华版)"(图26)，此套片共4枚，彩色，图案分别为毓璜庙、东海岸全景、烟台山全景、港内渔船。

三套片显然是为日本侵华战争服务，鼓吹"日华满亲善"，极力渲染烟台在日寇铁蹄下的虚假繁荣。

还有一套伪青岛山东产业馆发行、青岛新民报印务

图 25

图 26

局印制的烟台明信片，发行时间注明为1940年12月，具体枚数不详，从已知枚数看，应不低于6枚。已知图案分别为烟台街景、烟台全景、烟台海岸之城砦、烟台之工业（一）（二）等。

1903 年 Cliche L.M. 法语版明信片

该套明信片发行机构为法语名称，正面名址面标有法语说明，故判断为法商发行。正面为通栏式，最早见有 1903 年使用例。已知数量有近 20 种，画面有烟台山（图27）、载人驳船、骡轿、赶脚的骡马队伍、安立甘教堂等。

图 27

无发行机构明信片

有一些明信片，因为片上没有印制机构名称，故无法做出判断。这种片不多，约有五六套，在此介绍以下几种。

一、1903 年斜体"CHEFOO"版明信片

这套明信片芝罘采用斜体字"CHEFOO"，从印制风格来看，属于早期片，

见有 1904 年初的实寄片，故判断发行时间在 1903 年。

整套片已知数量有十余种，图案有烟台山、朝阳街、码头渔船、东海岸、毓璜顶长老会教堂、毓璜顶庙（图 28）、集市等，这些片在其它套片里未见使用，是一套图案独立的明信片。

图 28

二、1903 年"Cheefoo"版明信片

该套片正面为通栏式，显著特点是芝罘英文多一个"e"字，以烟台远眺全景照为主（图 29），目前所见不超过 10 枚。

三、1912 年"Cheefoo"版明信片

该套片正面有间隔线，芝罘英文也是多一个"e"字，目前所见不过 5 枚（图 30），发行者不详。

图 29

图 30

照片版明信片

对于照片版明信片，当年邮政部门有相关规定，符合标准的照片版明信片可以直接交邮。1902 年，美国柯达公司生产出了 Velox 相纸，这标志着照片版明信片生产的开始。柯达公司后来发明的廉价的折叠式照相机，所有照片都可以按照明信片的格式拍摄并印制出来，许多明信片可以现场制作，照相馆几乎都有提供印制照片版明信片的服务。

照片版明信片较之印刷版明信片，画面质量要好许多，清晰度高，真实感强，

再是时效性强,照完相后,可以马上制作明信片,寄给远方的亲朋好友。

　　烟台的照片版明信片于 1911—1913 年间已开始批量出现,题材有烟台全景(图31)、毓璜顶、民俗、烟台革命军等。照片版明信片受限于当时照相器材少和成本高,初期制作量和品种均比较少,故留存数量不多。

图 31

图 32

　　烟台照片版明信片的繁盛期,在 1920—1930 年代,此时照相器材价格更亲民,来烟休整的美国海军大兵,成为照片版明信片的制作主力。

　　这一时期的照片版明信片,题材更为广泛,风光、民俗(图32)、人物、街景等,都是拍摄者感兴趣的内容,可能只有一张,也可能制作多张,很多寄给了美国的亲朋好友,向他们分享异国风情。

　　烟台各大照相馆的招牌上,都列有制作明信片的服务项目,也有照相馆制作有成套的烟台风光明信片出售,故具体数量不好估计,虽然大部分湮灭在了历史的长河中,但留下的少说也有上百种吧。

外地发行的烟台题材明信片

　　除了烟台本地机构和个人发行制作的明信片,还有一部分外地发行的烟台题材明信片存世。烟台开埠较早,贸易往来频繁,许多埠外机构发行了与烟台有关的明信片,但不是独立成套,可能一套中有一枚或多枚,题材也十分广泛,如烟台海盗、日俄战争期间俄国沉舰、烟台风景、教会医院、传教人物,等等,目前已知近百种。

　　以上仅就本人近十年所藏、所见烟台老明信片做一简要汇总,为大家收藏、研究烟台老明信片做一参考。因个人力量所限,遗漏、谬误之处在所难免,希望得到补充和纠正,使之更趋完整。

一枚明信片中的历史人物

图 1

这是一枚 1907 年由大清驻奥地利的公使馆寄出的邮资明信片，销维也纳 1907 年 5 月 5 日邮戳，寄给比利时鲁汶的军事学院，有布鲁塞尔 5 月 6 日的到戳和 7 日的投递戳，鲁汶位于布鲁塞尔东约 25 公里，因鲁汶大学闻名于世而被誉为大学城。左上角盖有一枚紫色的双圈中法两种文字的使馆章，戳内中文为"大清驻奥国公使馆"（图 1）。

片背是用毛笔写就的一封书信（图 2），信文如下："韦虎仁兄大人阁下：奉示敬悉，前寄之高佛至今未到，甚奇。幸访之银行，当未有人支取，甚慰。弟即将下月费用五十佛金寄映彤，所垫校费暂不照扣，望即向映彤取款可也。至前寄之高佛，弟已函告银

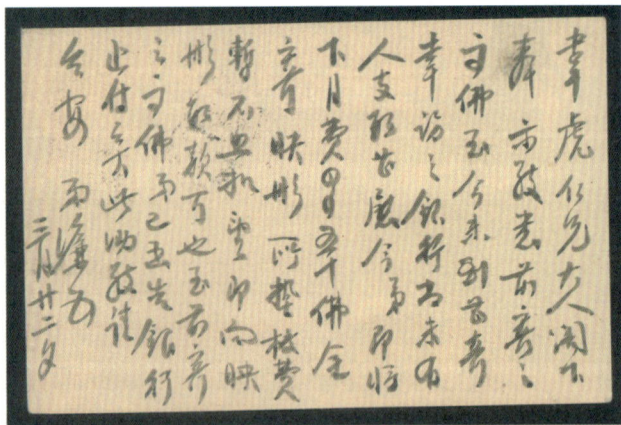

图 2

行止付矣。此助敬请台安。弟濂叩首 三月廿二日（公历 5 月 4 日）（文中标点符号为笔者所加）。"清代曾称法国为佛国，信中的"佛"即为货币法郎之意，"高佛"之"高"可能为某个数字。

写信人"濂"即吴宗濂（1856—1933，图3），江苏嘉定人，清末及民国著名外交家。1877年入北京同文馆学法语和俄语，1885年起，任驻英和驻俄使馆翻译。1890年，任驻英钦差龚心湛随员，著有《随轺笔记》，其中记有孙中山伦敦蒙难事件。1903年任驻西班牙使馆代办，随后任英、法、比、意、德五国留学生监督。1907年任驻奥地利公使代理。后任外务部左参议、右丞等职。1909年出任驻意大利钦差大臣，辛亥革命后，吴宗濂继续留任，改称驻意大利公使。1910年，吴宗濂编译出版了《桉谱》

图3

一书，他还向清廷提议引种桉树，"桉树"一名就是他根据法文音译而来，邮电部曾于1990年发行JP.27《中国引种桉树100周年》邮资片。吴宗濂在西欧各国使馆任职时，曾受孙中山委托，在英国、法国、意大利、比利时等国筹集巨款，以建设中国的三大铁路干线。

当时驻奥国公使为李经迈（1876—1938，图4），是李鸿章的小儿子。李经迈的生母莫氏，原是李鸿章夫人赵氏的贴身丫环，因赵氏多病，莫氏多随行李鸿章服侍，后被收房为妾。清光绪三十一年（1905）李经迈任驻奥地利使臣，携其母莫氏、夫人和一个侄子随行，另有三名随员，是当时清廷最年轻的外交家。1907年4月18日，李经迈因莫氏生病，请辞陪送其母回国。吴宗濂也就是在此时接任人清驻比利时公使代理。1907年9月3日李经迈被谕免，9月6日谕命原外务部右丞雷补同接任，1908年2月25日雷到任。李经迈归国后，

图4

历任江苏、河南、浙江等地按察使，辛亥革命后退居上海，1917年张勋复辟时被授外务部左侍郎。

收件人"韦虎"，即孔庆睿，字韦虎，生于1880年，四川成都华阳县人，

祖籍浙江萧山。早年留学法国、比利时，习军事，毕业于比利时军事学院。在巴黎参加兴中会，为国民党左翼人士，政治上失意后转入学术界。曾任黄埔军校校长办公厅主任、四川高等学堂校长、中央训练团总务处副处长等职，1946年5月被民国政府授予陆军少将军衔。该片正是其在比利时留学期间寄给他的。

片中提及的"映彤"，即周炜（1883—1958），号映彤，四川成都郫县人，1903年赴比利时攻读铁路和采矿专业。在比学习期间，与贵族出身的玛尔格利特小姐相爱，冲破阻力，结为伉俪，著名华裔女作家韩素音为其长女（图5为周炜与韩素音合影）。周炜携妻子回国后，曾任教于四川高等学堂，后长期在颠沛流离中从事铁路工程技术职务。新中国成立后，百废待兴，已年逾花甲的周炜，满腔热忱地投入到新中国的建设中，任建工部工程师多年。因工作卓著被评为劳动模范，1958年病逝于工作岗位上，终年75岁。

图 5

清代外交官信件并不多见，而在国外实寄能够留存下来的还要少些，该片还盖有少见的大清驻外使馆印鉴。解读其中的历史人物以及有关事件，在丰富历史知识的同时，更有集邮之外的难得收获。

当大清邮政分局明信片盖上太极图火车邮局戳

1902 年前后，在北京皇城边的东安门大街路北，"永和号"的招牌高悬，另外悬挂"洋广货""玻璃店"的店招，经营各国玩物、钟表、乐器和玻璃料器等，门前人来客往、摩肩接踵，好不热闹。东侧横挂一条布招，上面的"大清邮政分局"几个大字格外醒目，墙上则竖挂着一块木牌，上书"大清邮政信柜"（图 1）。

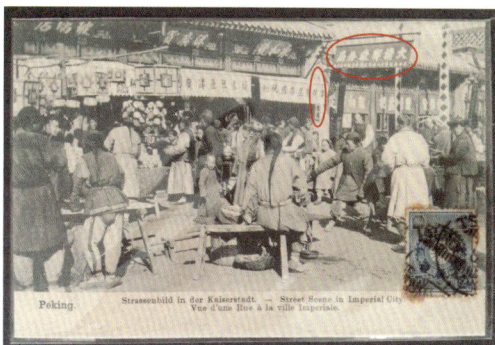

图 1

这是笔者收集的一枚清代邮局图案的明信片，这张明信片已知有两个版本，除了这张黑白图案的以外，还有一张图案完全相同的上色明信片，除了色彩外，说明文字及书写面格式也不相同，这两种版式的明信片均不常见。笔者有一部"明信片上的清末民初邮局"邮集，曾参加 2019 年北京首届图画明信片邮展，其中就缺少这枚上色的片，所以一直在寻找它的踪迹。

惊现上色大清邮政分局片

图 2

前段时间，一枚实寄的上色大清邮政分局明信片惊现某拍卖网站，让我欣喜不已。这是一枚实寄的明信片，正面盖有四枚邮戳，一枚河南彰德干支戳，日期是"戊申／四月／卅（1908 年 5 月 29 日）"，一枚天津中英文小圆戳"31 MAY/08（1908 年 5 月 31

日）”，一枚天津法国邮局“1 JUIN/08（1908 年 6 月 1 日）”中转戳，另有一枚编号“S3”火车邮戳。正面贴邮票处，并未贴票，而是用红字注明邮票贴在另一面，以防被欠资，看来是一位常寄明信片的用邮者（图 2）。

图 3

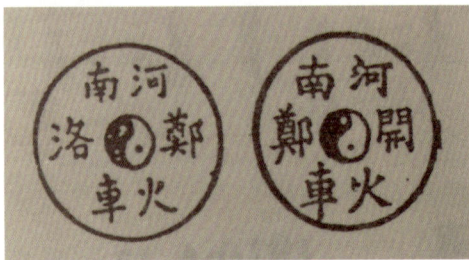

图 4

邮票贴在背面右下角，粗看所盖邮戳，不似常见的正规邮戳，中间是一太极图，看来是一枚花戳了，也有人称其为游戏戳。细观戳上的文字，“河南／开郑／火车”基本清晰，我猛然想起这不就是传说中的太极图火车邮戳吗（图 3）？该枚明信片寄往法国，寄信人在片上标注的日期是 1908 年 5 月 28 日。

此种太极图火车邮戳共有两种，孙君毅《清代邮戳志》中收录有一种“郑洛火车”邮戳图样，张恺升《中国邮戳史》收录了两种，即“郑洛火车”和“开郑火车”，但无实物，注明“录自《甲戌邮刊》”（图 4）。

这个火车邮戳看来少见，可能决定了这张邮局片的价值，也决定了我的出价多少，但究竟价值多少心中没数，我把这个戳发给几位火车邮戳爱好者，大家提醒我，这个戳少见，假货很多，要我当心。

我是这样判断真伪的

从大家的回复可知，由于没有见到实物，很难给出真伪的判断。但出于对这张邮局片的喜爱，我开始在网上查找有关这枚太极图火车邮戳的资料，可惜的是有关资料几乎空白。

功夫不负有心人，继续查找，在 2019 年 SPINK 拍卖中终于查到一项“开郑火车”邮局戳实寄片（图 5），有趣的是，这张片上的彰德、天津、天津（法

国客邮）、"S3"几个邮戳戳式、日期
与大清邮政分局片完全相同，笔迹也相
同，显然为同一人同时寄出的两张片，
只是一张寄往法国，一张寄往意大利，
意大利那张多了一个意大利的到戳。

图 5

另外还查到一枚不全的"开郑火车"
戳票，仅凭这两个邮戳，我仍然无法判
断这枚正在拍卖的邮政分局片的真伪，有无可能这张片就是根据 SPINK 那张片
作伪的呢？

搜索卖家同时上拍的其它一些拍品，我发现还有三张明信片与此片有关。
其中有两张是同一人同一天寄出，盖销开封 1908 年 11 月 23 日邮戳，而收件名
址仍是上面那个法国人（图 6 是其中的一张）。第三张明信片，是由意大利寄
给这位法国人的一张中国明信片，邮戳时间是 1910 年 9 月 5 日，而这个寄出地
邮戳地名，与 SPINK 拍卖的那张明信片的到戳地名一致（图 7），有理由相信
这张片的寄信人与 SPINK 片的收信人是同一个人。

图 6

图 7

通过以上分析，可以看出，这二个人是互相熟悉并有联系的，正在拍卖的
这几张片是从这位法国收信人那里一起流出的。这几张片，既有中国不同时间
寄出的，还有意大利寄出的，邮票、邮戳、国别均不同，同时造假几乎不可能。

这张"开郑火车"戳实寄片，经分析，明信片原片没有问题，火车戳票没
有揭贴、补盖、伪造等痕迹，加上以上收寄信人的分析，最后认定真品无疑。

最后虽成交价不菲，但能如愿以偿，心中还是兴奋至极。

上海"法界大自鸣钟邮政分局"实寄片

图1是一枚上海南京路明信片，贴蟠龙肆分邮票，盖上海1907年8月28日中英文小圆戳寄法国，转上海法国客邮局，盖上海法国邮局1907年8月29日中转戳，有法国1907年10月1日到达戳，另盖有一枚红色"法界／大自？／陈万？／邮政分局"信柜戳，此戳上半部清晰，底部几个字未盖全，无法辨认（图2）。

图1

图2

这是此前网上看到的一枚明信片，这张南京路明信片多见，吸引人的是那个红色信柜戳，虽然没有专门收集信柜邮品，但这个端端正正的红色信柜戳，还是第一次见，所以就拍了下来。这张片转上海法国客邮，法国客邮局设在法国租界内，信柜戳上的"法界"即法国租界；"大自？"下面应该还有两个字，应为地名，可惜无法辨认；中间"陈万？"应为信柜代办者名字或者代办商号名称；最左面为"邮政分局"四字。

收到片后，图片发到集邮群里，希望哪位邮友藏有这个信柜戳邮品，可以补齐戳上缺字解惑，可惜没有回音，只好将片搁置一旁，留待以后机会。

可谓好事成双，近日网上再现此信柜戳实寄片，这次是一位富有人家的少妇明信片，贴蟠龙贰分邮票两枚，盖上海1907年7月10日小圆戳寄法国（图3），正面盖了同上的信柜戳，同为红色，这次盖戳好像着墨很多，也很用力，以致墨色四溅，我眼睛一亮，这次可以解惑也（图4）！可仔细一看，凉了半截，同样还是下部那几个字无法辨认。

图3

图4

先拍下再说，好在这次只花了上次片价的三分之一，心里稍有安慰。经武汉陈波老师指点，租界内一般设有自鸣钟，上海多处有"大自鸣钟"的地名，戳上疑为"大自鸣钟"几个字。

经查有关资料，上海有两处地名叫"大自鸣钟"。1862年，上海法国租界公董局成立，1865年，建公董局大楼，大楼为两层（中间三层）的西洋建筑，在两层与三层之间安装了一只大自鸣钟（图5），这幢大楼被上海人称作"大自鸣钟大楼"，周围地区被称作"大自鸣钟"。1929年，

图5

破败的公董局大楼拆除，重建的建筑即今黄浦公安分局大楼，这一地名逐渐被人遗忘。还有一处在沪西西康路长寿路一带，1922年，日本为纪念上海日本内外棉株式会社董事长川村利兵，在此建"川村纪念塔"，塔上方嵌一自鸣钟，故这一地区也被称作"大自鸣钟"。1945年，日本投降后，内外棉被作为敌产

接收，川村纪念塔解放初被拆除，但"大自鸣钟"地名一直沿用至今。

此"大自鸣钟"戳，显然指前者。戳中虽然称"邮政分局"，但可能只是一个代办信柜，应该紧靠法界公董局大楼，两片皆寄法国即为例证。

至于代办者"陈万？"，没有答案，还望有完整戳者告知。

武昌起义期间邮路受阻明信片

清朝末年，各种社会矛盾日益激化，人民群众的反抗斗争持续不断，革命党人在各地不断发动武装起义。1911 年 5 月，清廷将川汉、粤汉铁路筑路权收归"国有"，转而卖给外国财团，激起有关省份人民的强烈反对，掀起轰轰烈烈的"保路运动"，尤以四川为甚。1911 年 9 月 7 日，四川总督赵尔丰下令枪杀数百请愿群众。清廷为镇压四川人民的反抗，将镇守湖北的部分新军派往四川，湖北防御力量减弱，故革命党人决定在武昌发动起义。起义时间原定在 10 月 6 日，因南湖炮队暴动未果，加上湖南方面准备未足，另外同盟会的重要领导人黄兴、宋教仁等未能赶到武汉，起义指挥部决定延至 10 月 16 日湘鄂两省同时发难。10 月 9 日，革命党人在汉口俄租界配置炸弹时不慎引起爆炸，秘密泄露，湖广总督瑞澄下令关闭四城，大肆搜捕革命党人。情急之下，革命党人决定 10 月 9 日晚 12 时发动起义，但因全城戒严，无法取得联系，计划失败。新军中的革命党人自行联络，约定 10 月 10 晚以枪声为号发动起义。

1911 年 10 月 10 日晚，新军工程第八营的革命党人打响了武昌起义的第一枪。10 月 11 日晨，起义军占领武昌总督署，汉口、汉阳的革命党人也闻风而动，分别于 10 月 11 日夜和 12 日光复汉阳、汉口。起义军掌控武汉三镇后，湖北军政府成立，黎元洪被推举为都督，改国号为中华民国。故 10 月 10 日被定为中华民国建国日。

就在此时，一位名字叫 Callq 的外国人，不知是来旅行的，还是外国洋行驻华人士，他似乎没有感受到弥漫在武汉三镇的紧张气氛，很有兴致地选用了两枚汉口风光明信片，于 10 月 8 日自汉阳寄往比利时沙勒罗瓦的同一位收件人。两枚明信片图案一枚是汉口的日本租界，一枚是汉口的歆生路。

汉口日本租界一枚贴蟠龙 4 分邮票，销"HANYANG/ 辛亥八月十七（二）/ 汉阳府"英中文腰框邮戳（图 1），辛亥年八月十七日，即 1911 年 10 月 8 日，

邮票下方有寄件人很有个性的签名及日期。明信片
下方印有英文的日本租界字样，寄片人又在后面特
意用法语书写了同样的片名，很显然，是为了让收
信人了解画面，此片印有编号"1"。明信片正面
上方标注"Via Siberia"，即经西伯利亚邮路（图2）。
有五枚邮戳，分别为汉口10月9日中英文小圆中
转戳（此日革命党人在汉口俄租界配置炸弹不慎爆
炸），然后经由铁路运往北京，加盖小圆形"S12"
火车邮局编号戳。到达北京后，加盖北京大清邮局
10月12日中英文小圆戳和北京法国客邮10月13
日的中转戳，然后由京奉铁路、西伯利亚铁路继续

图1

图2

北上，于10月27日到达比利时的沙勒罗瓦，当时沙勒罗瓦正在举办博览会，
故加盖博览会的宣传到戳，整个邮程只有19天。

　　另一枚歆生路的明信片贴蟠龙1分两枚，销戳
与上一片相同，只是戳号上一枚为"二"，这一枚
为"一"（图3）。歆生路是以汉口地产大王刘歆
生的名字命名的，即现在的江汉路。2分是印刷品
资费，寄件人特意用英、法两种文字标注"印刷品"，
并且跨越竖隔线通栏书写收信人名址，没有其他它
通信内容（图4），符合印刷品要求。因为需要告
知的内容，在上一片中已经密密麻麻地写明，这样
可以节省2分邮资，可见寄片人深谙邮政章程。该
片编号"13"，与上片为同一套里的，估计当时寄
片人购买了一套此片，此两片只是其寄出的其中两枚。

图3

图4

　　该片与上一片还有不同之处，就是没有标注"经西伯利亚"邮路字样，但
不管是否标注，正常应该走更快捷的西伯利亚邮路。该片正面盖有6枚邮戳，
首先是汉口10月10日中英文小圆中转戳，正是武昌起义爆发之日，按理说汉
阳至汉口应是隔日邮路（上一片即如此），不知何故该片却用了两天时间？是

因投寄时间较晚？或因印刷品处理滞缓？还是因全城戒严，影响到了邮政正常运营？片上有一枚只盖了一半的上海中英文小圆戳，日期是 10 月 14 日，另有一枚日期不清的上海法国客邮戳，可见该片是由长江水路至上海，然后经海路发往比利时。到达比利时沙勒罗瓦后，先是一枚 11 月 14 日 12—13 时到戳，由于收信人已去往小镇 Dampremy，又加盖沙勒罗瓦同日 14—15 时邮戳改寄，并有 Dampremy 同日 16—17 时到戳，两地看来很近。该片邮程达 37 天，比同日寄出的上一片多出 18 天，差了几乎一半，可见西伯利亚邮路要快捷得多。

　　该片与第一枚片同日寄出，不知何故晚到汉口一天，并且没有走更快捷的西伯利亚邮路，而是改走长江水路、经上海由海上邮路寄出，是什么原因改变了邮路？是否武昌起义期间，正常邮路直至铁路邮运都受到影响？

明信片上的山海关车站邮局

　　《上海集邮》2017年第10期刊登唐秋涛先生的《山海关车站有没有邮政支局》一文，按照唐先生的考证，山海关车站支局建立于1949年下半年，至1953年5月撤销，只在新中国成立后存在了大约三年多一点的时间。唐先生还查阅了《秦皇岛邮电志》和《天津邮政史料》等文献，其中均没有山海关车站有过邮局的记载，历史上山海关车站真的没有邮局吗？答案是否定的，山海关车站不仅存在邮局，而且可能存在了好长时间。

　　这是三张20世纪20年代发行的明信片，不同版本，但取景的角度基本相同，片名均标注为"山海关停车场"，仔细观察，不难发现，片图左边有一间平房，一门一窗，门上赫然悬挂着"邮局"的牌匾（图1）。图2的片上，门上的牌匾换成了"二等邮局"，级别不低，门旁也增加了一盏带灯罩的照明用灯。图3的片上，牌匾又换成了"邮政支局"字样，临近的墙上多了广告，估计年代要晚一些。从这几张明信片上可知，山海关车站不仅存在邮局，而且仅从这三张片就可以判断，邮局名称至少变更了三次。

图1　　　　　　　　　　图2　　　　　　　　　　图3

　　我们知道，1893年即已开通天津至山海关铁路，时称津榆铁路，1895年天津至山海关铁路邮路开通，由天津派驻山海关的邮差负责接发邮件，后来天津方面不再派驻专门邮差，而是按约定随车在山海关与来自牛庄的邮差当面互换邮件。1899年8月15日山海关邮政分局设立，此时山海关邮政分局开设在哪里并无记载，山海关车站距离山海关城不远，起初邮局是否就设在山海关车站呢？

因在车站交换邮件已成常态，接收、发运邮件十分便捷。而后随着业务发展，又在关城内开设支局?

  图4是癸丑年八月初二（1913年9月2日）自山海关车站邮局寄意大利明信片，盖山海关英中文腰框邮戳，上框英文为"SHANHAIKWAN/ATATION"，下框中文"山海关/车站"，图5是民国二年（1913）六月初五的"山海关车站"戳票，至少说明早在1913年山海关车站邮局即已存在。

图4   图5

  山海关是京奉铁路上重要的邮件转运口局，"榆关事件"后，更是成为关内外邮件交换中心，从某种程度上说，在山海关车站开设邮局应是一种必然选择。

  另外，从三张明信片上的局名变动三次来分析，山海关车站邮局应该存在了很长一段时期，具体开局和存续时间还有待资料和实物的进一步发现和挖掘。

1929年7月15日法国飞行员"广州—上海" 特别飞行首航封

1929年7月法国飞行员贺倪(Rignot)及亚拉夏赫（Arrachart）飞行"巴黎—东京"航线，途经广州和上海。在广州停留期间，经与广州邮政当局协商同意，随机携带300枚首航封至上海，并免收航空邮费。这些首航封，大部分寄达地为上海，但也有经上海转寄其他城市的，以平信为多，也有部分快信。

飞机原定于7月13日自广州飞往上海，交运邮件销7月13日6时邮戳。飞机准时起飞后，因大雾及暴风雨影响，不得不折返广州。7月14日因飞机发动机故障需维修，延至第二天飞行。7月15日飞机顺利起飞，并于下午二时三十分抵达上海虹桥机场。邮件背面的上海到戳，有17时、19时、21时等几种不同时点。

为纪念这次特别飞行，专门刻制了一枚大型的特别飞行纪念戳，橘红色加盖，戳内文字大意为：Righot—Arrachart 巴黎—东京特别飞行，广州—上海段。图1即为盖有这种纪念戳的首航封，此封到达上海后转寄济南，封背有济南7月17日到戳。有部分封未加盖此种纪念戳，据称系交寄过晚，未及加盖。

图1

所携带的三百枚封中，据有关资料记载约有35封寄往美国，图2即为其中的一枚，为快信，编号180，封背留有快信签条残迹。该封收件人为纽约布鲁克林的 Osborne B. Bond 先生。我有幸经手过三枚这次首航寄美国的快信封，都是寄这位 Bond 先生的，另两枚快信号码为176（图3）和201，其中有一枚还留有信件（图4）。信件内容如下：

Canton,July 11th.1929.

Dear Mr.Bond

Am sending by speeial Air Mail 10 covers for your self and 20 for me.Will you please return the covers addressed to me unless they have a good value.If you can sell 15 for me I would appreeiate it greatly.In any event I would like to have 5 returned.

Sineerely

G.H.Burdick

大意是 G.H.Burdick 先生由此次首航共寄出了 30 枚封，其中 10 枚是给收件人的，剩下的 20 枚是留给自己的。如果可能，他自留的 20 枚，希望收件人能够帮助他出售其中的 15 枚，但最低要返还他 5 枚。

图 2

图 3

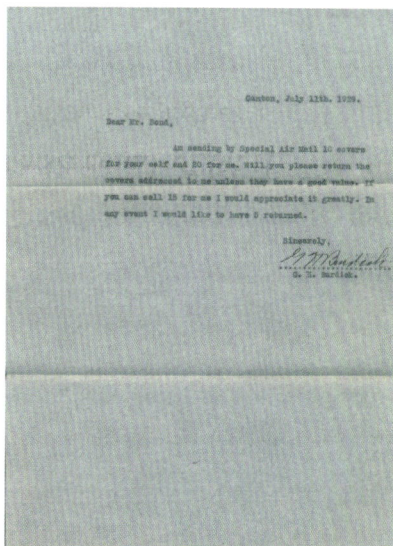

图 4

这封 90 多年后重现于世的信件，让我们可以解读出这样几条重要信息：一是寄往美国的首航封约 35 枚中，G.H.Burdick 先生就寄出了 30 枚；二是当时寄出的这批封是出于商业目的，寄件人应为集邮爱好者，收件人可能是邮商；三是信件打印日期为 7 月 11 日，说明最晚 7 月 11 日公众已经周知此次特别飞行可以携带航空信件。

1936年上海内山书店寄出的船舶邮件

内山完造，1885年生于日本冈山县后月郡芳井村，1913年来到上海，1917年在上海创办内山书店，1929年设店址四川北路2050号。内山书店出售进步书籍，鲁迅等文化名人长期在此购书、会友、交流，与内山先生结下深厚友谊。

两件实寄封为上海内山书店公函封，地址"上海北四川路底"，电话号码46918，注册邮箱"上海邮政局3007号邮政信箱"。二封均贴5分平信邮资，销戳为日本"长崎船舶邮件"戳。收件地址是日本冈山县后月郡芳井村，正是内山完造家乡，收件人早川谦近。

"船舶邮件"，顾名思义，就是由船上交寄的信件。根据万国邮联规定，船员寄信可贴用该船登记国的邮票，在船舶停靠的任何国家港口寄发，习称船舶邮件。信件和邮戳上一般有"PAQUEBOT"字样。

两封都是在1936年9月寄出，且都保留了内信。其中9月12日销戳实寄封（图1、2），内装信件三封，共五页，从内容和笔迹可知，其中两封是儿子"晴夫"写给父亲早川谦近的，一封是父亲给儿子的回信底稿（留存在儿子来信封中）。

晴夫给父亲的两封信件，一封写于9月8日。信中告知父亲自己生病了以及病况，店里的中村和片桐两人也患了同样的病，信里说这是上海的一种地方病（图3、4）。另一封写于9月

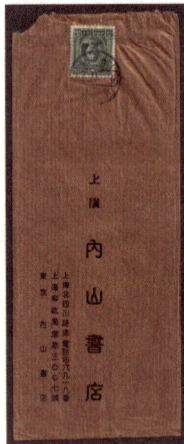

图1　　　　图2

10日，只有简短的几行字，告知父亲病情已经好转，不必担心（图5），两封信应是同时发出（因为寄信要赶船期，8日写好的信件，等到10日一早船上交寄，10日信件应为寄信前的急就章）。

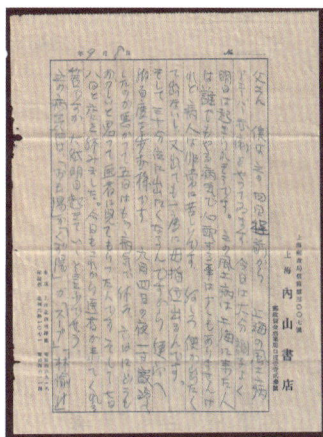

图 3

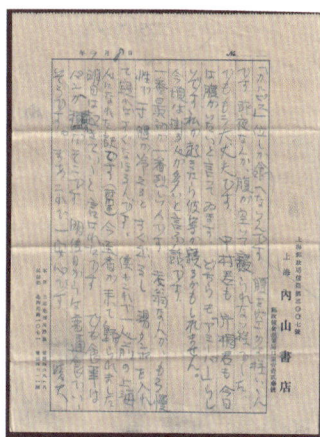

图 4

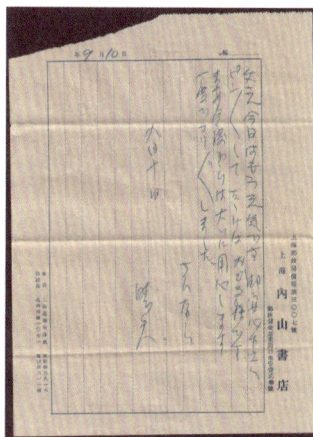

图 5

父亲写给晴夫的回信大意是："很高兴收到来信，知道你们得病了，万望注意身体。还有，让你存钱买书的事，前几天你母亲在信里已经提及，但愿你能体谅。我现在也不怎么存钱，但买到心仪的书籍后，也就不用再考虑存钱的事了，请安心。我们无论如何工作，还是不能拿到足额工资，未来也看不到什么希望，坐立不安，更不具备面对未来的智慧，只能接受现实。希望你能够明白和体谅现在的这样的我。前几天到了两个包裹，目前已经到了五个。包裹要交十钱的关税，本应该马上想办法做点什么，但是也只能等到年底了。"（图6、7）

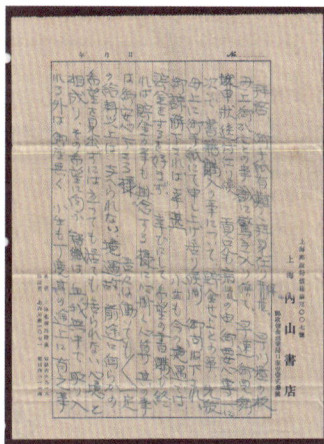

图 6

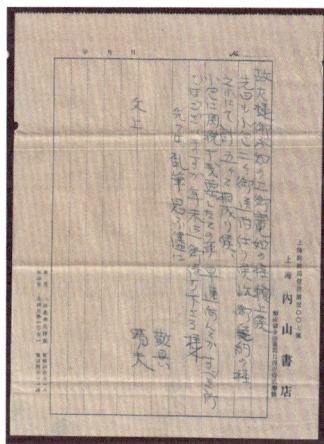

图 7

从父亲的信中可知，早川谦近也是一位爱书之人。工作虽然很努力，但工

资得不到足额发放，没有什么积蓄，对前途不抱希望。信中反映了当时日本国
内普通民众的精神状态和生存现状。日本急欲摆脱国内经济危机和政治危机，
这也是之后发动全面侵华战争的动因之一。

第二封信销同上封日戳，日期是1936年9月23日（图8、9），内有附信两页，
写于9月19日，大意是："父亲大人，继9月14日邮寄出四个包裹后，今天
又邮寄了三个包裹，请注意查收。今天的东西后天应该能到。虽然会让您很费心，
但是请您留意不要让它们被虫子啃食，也别弄脏了，能保存三年左右的时间就好。
这些书您随便看，今后我还想再买一些农业方面的书送回去。父亲也读了我读
过的东西，应该也能领悟到，人生到头都是在不断的修身、修行。这个暂且不说，
今天在汉口，又有日本人被杀了，日中关系迅速恶化。"（图10）

图8

图9

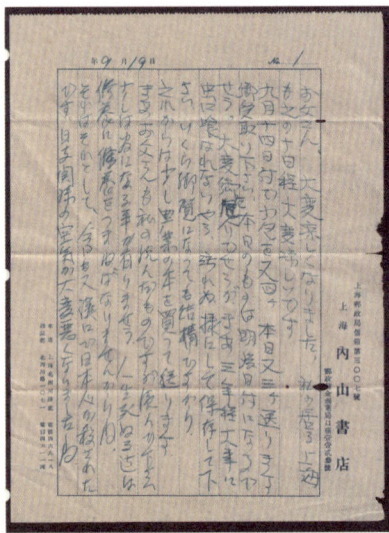
图10

接下来第二页继续写道："在上海也发生过汉口这样的暗杀，两次都是被
从后面向头部射击致死。暗杀发生地跟上海一样也是租界和中国地盘的交界地
带，总觉得这事有点奇怪。会不会是同一个人（这个人很讨厌日本人或者为了
打击蒋介石而故意破坏日中关系）先在上海进行暗杀，也就是说先把中山兵曹
杀掉后，又暗杀了萱生氏，之后又跑到汉口再次杀了人呢？哎，不管怎么说，
总是死了日本人了。无论怎样，这对生意也是有着一定影响的。"（图11）。

信中提到的汉口日本人被杀事件，就是发生于写信日（9月19日），汉口日本总领馆巡查被杀事件。"九一八"事变以后，中日矛盾日益激化，反日情绪高涨，发生多起暗杀日本人事件。信件反映了一个普通在华日本人，对于当时中日关系的看法与担忧。

从收寄件人地址可知，晴夫是内山先生雇自其家乡芳井村的一名店员，其父早川谦近是一位喜欢读书、有一定文化的人。晴夫寄回家的几包书籍，是委托发自上海经停长崎的轮船托运的，信件则是按船舶邮件随货同行，到达长崎后，由长崎邮局接收，加盖

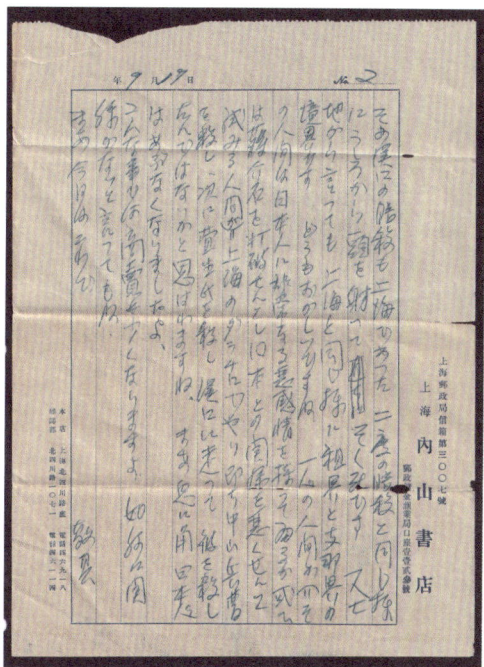

图 11

船舶邮件戳后投寄收信人，这样可以保证货、信同时到达。内山书店经销日文书籍，并可根据客户需求代购，熟知上海与长崎间往来船期。直接通过轮船托运书籍，既可节省费用，时效也快。

前一封信分别写于10月8日和10日，12日即到长崎，后一封写于10月19日，23日即到长崎，考虑到寄信日期有时可能晚于写信日期，上海到长崎运期为3天左右，可谓快捷。第二封信中晴夫写道："今天又邮寄了三个包裹，请注意查收。今天的东西后天应该能到。"可见邮程确为3天左右。

1933年4月11日，鲁迅先生入住山阴路132弄9号大陆新村，是以内山书店职员的名义携许广平及海婴入住此处。这里离内山书店很近，只有几分钟的路程。鲁迅是书店的常客，与店员晴夫自是很熟。在晴夫写第二封信（9月19日）的一个月后，10月19日，鲁迅先生在此与世长辞。

美国长江巡逻舰"吕宋"号寄出的漏销戳封

　　这是一枚普通的烈士版邮票，引起我兴趣的是邮票上加盖的邮戳，看得出来是一枚框形邮戳，但只见"此票 局未"四个字（图1），这显然不是一枚地名邮戳，这是一枚什么邮戳呢？直到此前收集到的一组实寄封，才解开此戳谜底。

　　这组实寄封是由美国长江巡逻舰队"吕宋（LUZON）"号寄出的，其中有两枚封上加盖有类似的邮戳。图2封左上角手写的寄信地址，为中国宜昌美国海军"吕宋"号舰，航空寄汉口，封面有"汉口35年4月18日15时"的英中文日戳，封背有汉口同日16时投递戳。右上贴有两枚15分航空邮票，合计邮资30分，符合1935年信函5分＋航空25分资费，但邮票没有销日戳，而是加盖有两枚矩形邮戳，戳内文字为"此票原寄局 未全盖销"（图3）。此封宜昌寄出，显然宜昌邮局没有盖销邮票，信件到达汉口后，补盖了矩形邮戳。

图1

图2

图3

　　无独有偶，图4这枚实寄封也是由"吕宋"号寄汉口航空封，看笔迹亦为同一人寄出，封面有汉口"廿四（1935）年六月一日十七（时）"日戳，封背有同日 21 时投递戳。此封使用的是"吕宋"号公事封，美国海军公事封可以免资实寄，但不得用于与公事无关的通信，否则面临 300 美金罚款，此封贴有邮票，应是私人通信。贴票遮盖了免资符志，合计邮资 60 分，符合 1935 年 21～40克航空信函资费。此封未标寄出地，估计也是宜昌寄出，同样没有加盖邮戳，邮票上亦加盖两枚矩形邮戳，但戳内文字与上一枚略有不同，文字为"此票原寄 局未盖销"（图 5）。因为两封都是漏销票，而非盖戳不全，严格来说，此戳含义更准确。

图 4   图 5

从戳内文字可知，这是一种代销戳，是原寄局"未盖销"或"未全盖销"邮票的一种补销措施，也是为了明确责任。万国邮政公约施行细则第 133 条邮戳用法第四条规定："如因原寄局之疏漏，未经盖销之邮票，应由查出此项疏漏之邮局，用笔墨或不褪色铅笔划销一粗线注销。但绝对不得加盖邮戳于该邮票上。"所以，漏销邮票用笔划销或用戳边滚销比较常见，这种代销戳虽然规范，但使用起来没有划销来得省事，故很少见到。新中国时期未见使用，主要见有民国时期使用，但使用局所不多。张恺升先生的《中国邮戳目录》一书中，也只收录有贵阳、新绛、太谷、阳曲（太原）、天津、长沙等几地使用此类邮戳，但戳式均不同，且部分资料采自《甲戌邮刊》，可见有些戳式张先生也未见实物。

两封均加盖有两枚汉口日戳，封面、封背各一，且戳式不同。封面邮戳应为加盖代销戳邮局所为，以示责任，封背邮戳才是投递局日戳。

漏销邮戳的情形，在民国时期的邮件上并不多见，为什么这两件由同一人寄出的航空信件，都漏销邮戳呢？

　　美国海军驻华舰队有自己的军邮系统，并有舰载邮局和邮戳使用，其寄海
外邮件大多通过自己的军邮系统寄递，邮资也是执行的美国国内资费。但其在
中国国内互寄的信件，有些无法利用其自身军邮系统寄递，而只能利用中华邮
政系统的服务。

　　我个人分析，美国海军"吕宋"号的这两件漏销封，可能美国军邮系统与
中华邮政交换邮件时脱节，或者为赶航班未及盖销。

　　1901 年开始，美国在长江上一直保持有炮舰舰队，直至 1942 年太平洋战争
爆发达 42 年，名义上是保护美国平民、商界人士、传教士等，实际上是美国的"炮
舰外交"，是对中国主权的野蛮干涉。"吕宋"号为当时美国长江巡逻舰队旗舰。
1937 年 11 月 21 日，美国大使约翰逊接到中国外交部通知，告知中国外交部将
由南京撤往汉口，11 月 22 日，美国大使及部分使馆人员就是乘坐"吕宋"号迁
往汉口的，图 6 是 1937 年 11 月 5 日"吕宋"号舰军邮局自汉口寄出的明信片。"吕
宋"号后前往美国菲律宾基地，在 1942 年的菲律宾保卫战中被日军俘获，改名"唐
津"号，战争末期自沉。

图 6

1938 年怀远沦陷后的邮路阻断封

怀远县，隶属于安徽省蚌埠市，位于安徽省北部，淮河中游，县城的东、北两面濒临淮、涡两水，故水运极其发达，历来商业繁盛，是沿淮的重要商埠之一。鉴于其特殊的地理环境，早在一百多年前，传教士即到此活动，是皖北地区基督教传播中心。1895 年美国北长老会传入，1912 年在县城建成城关基督教堂，民国初年意大利传教士还建有天主教堂，并建有教会学校、医院等机构。

图 1 的信件是由美国纽约州的特洛伊（TROY）寄出，贴 5 美分邮票，盖销特洛伊 1938 年 1 月 9 日邮戳，信件由水陆路寄往中国安徽省的怀远，收件人估计也是一位教会人士。

图 1

封面另盖有三枚指示戳记，一枚红色"SERVICE SUSPENDEN(邮务中断)"，一枚红色"REBUTS（退回）"，还有一枚紫色美国本土手型退回戳。"Hwai Yuan（怀远）"英文地名被用红笔画去，意即无法投达。另外还有红色写下的三行英文，说明无法寄达缘由。

封背有怀宁（安庆）廿七年二月廿六（1938 年 2 月 26 日）双地名中英文日戳，

安庆时为安徽省省会。另有一黑一红两枚广州邮戳，黑色广州戳日期为 1938 年
3 月 8 日 10 时，红色戳日期为廿七年三月十五（1938 年 3 月 15 日）（图 2）。
此信 2 月 26 日到达安庆后，因邮路阻断无法继续前往怀远，无奈退回，3 月 8
日退达广州，在广州邮局等待了 7 天，估计情形没有改变，仍无邮路可以寄达，
故于 3 月 15 日加盖广州红色死信戳，退回美国。

图 2

什么原因造成邮路阻断呢？经辨认，封面红笔画去怀远地名后，用红笔写
下的三行英文是："Hwaiyuan post office suspended, an account of Sino—japanese
hostility ,return to sender." 大意为 "怀远邮务中断，由于中日敌对的原因，退回
发信者。" 查阅资料可知，怀远已于 1938 年 2 月 2 日沦陷。

这段文字估计是安庆中华邮局邮员批注，安庆距怀远约 320 公里，由于怀
远已被日寇占领，邮件已无法继续发往前程，只好自安庆退回。由于安徽此前
只有芜湖、蚌埠等少数几地沦陷，安庆尚未陷落，估计邮局尚未有专门的退回
戳记或签条，而是手写下这段说明文字。封面两枚红色 "邮路阻断" 和 "退回"
指示戳，与背面广州戳红色一致，判断为广州邮局所盖。

在麦国培先生所著《抗战飞鸿——中国 1937》一书中，收录有一枚同样寄
安徽 "邮路阻断" 退回封，为 1937 年 11 月 1 日美国寄芜湖，因芜湖已于 1937
年 12 月 10 日沦陷，只能退回。封面加盖与寄怀远封同样的两枚 "邮务阻断" 和 "退
回" 戳记，以及内容相同的三行红色英文（只是地名怀远换成了芜湖）。封背

有广州 3 月 1 日和 3 月 7 日退回戳，两戳日期间隔 6 天。

之所以判断手书红色英文为安徽方面邮局所为，因为"七七事变"后，因邮路阻断无法寄达信件众多，广州是大型邮件交换局，这么多退回邮件不可能人工一一书写原因。

日寇占领怀远县城前，当时的守军，早已退到北乡胡口子一带，另行布防。城里的县政府及其所属各机关，也早在高县长带领下，逃往偏僻的乡下。县城里有钱的大户人家，远逃大后方湖南、四川，普通百姓就散在各个乡村。还有少部分没有逃离县城的，在日军占领时，躲进了基督教堂和天主教堂里，由美籍、意籍传教士出面维持，教堂挂上美国和意大利国旗，叫作难民收容所，避免了遭受日军杀害、侮辱。

怀远邮局此时也奉命西撤亳县待命，直至 1939 年安徽省邮政管理局派员重建怀远邮局，恢复沦陷后的邮政业务，西撤人员方陆续返回怀远。但由于日寇的侵占，百业凋零，邮局业务大不如前，邮局等级由二等乙级降为三等甲级。

安庆由于居于武汉与南京之间，战略位置举足轻重。南京于 1937 年 12 月 17 日沦陷后，日寇要进攻武汉，必先强占安庆，再利用安庆机场，对武汉发动攻击。此前的 1 月 13 日安徽省政府已由安庆迁至六安，3 月下旬日军飞机开始多次空袭安庆城东郊，5 月 9 日，日军又大规模轰炸安庆东门外军用机场。而此时，大多机关已经外撤，城内学校也先后停办和疏散。1938 年 6 月 12 日安庆亦陷落。

与1944年"中外记者西北参观团"成员有关的两枚实寄封

斯诺的《西行漫记》（又译《红星照耀中国》），是大家耳熟能详的，与其齐名的还有《续西行漫记》（又译《红色中国内幕》，威尔斯著）、《北行漫记》（又译《红色中国报道》，福尔曼著），这三本书都公允地向全世界人民介绍了延安的情况，赢得了世界进步力量对中国人民的同情和支持。其中后两本书的作者是1944年"中外记者西北参观团"的成员。

《北行漫记》的作者哈里森·福尔曼，1898年生于美国威斯康星州的密尔沃基市，他从小酷爱艺术，1922年至1925年间，先后就读于芝加哥美术学院和密尔沃基莱顿美术学院。1929年获得威斯康星州大学学士学位。1930年，他作为一家航空公司代表，首次来中国。不过这时，他已成为决心投身于新闻事业的记者了。他先后三次前往神秘高原——西藏，1935年出版了《被禁止通行的西藏》一书，从此，成为美国有名的探险家、摄影家、战地记者。

图1这枚1937年的"中国飞剪"首航封就是寄哈里森·福尔曼的，收信地址为美国驻沪领馆，在福尔曼的名字后面括号里注明记者、探险家。1937年4月21日美国泛美航空公司开辟"旧金山—檀香山—中途岛—威克岛—关岛—马尼拉—澳门—香港"航线，与中国航空公司的"上海—广州—香港"航线对接，首次实现中美跨太平洋直达航线及航邮。此封随首航班机于4月28日抵港，然后交予中航返航班机带回，4月30日

图1

图2

到上海，背面有驻沪美领馆5月1日收信章（图2）。但福尔曼并非美领馆人员，美驻沪领馆名称用红笔画去后，改写福尔曼地址改寄。

由于作为记者的福尔曼行踪不定，或者寄信人并不知晓他的地址，所以寄给美国驻沪领馆代转，并特别注明是"记者、探险家"的福尔曼，以免同名错投，并在左下角注明"IMPORTANT—PLEASE FORWARD（重要——请转往）"。

受斯诺影响，福尔曼对"红星照耀"的中国西北也极为向往，1937年"七七事变"前夕，他第一次抵达陕北，采访了准备奔赴抗日前线杀敌的中国红军，并会晤了彭德怀、贺龙等红军将领。1943年5月，福尔曼与在重庆的外国记者发起成立"驻华外国记者会"。1943年11月，福尔曼率先向国民党当局提出去延安采访的要求，各国记者纷纷响应，但一直遭到当局推诿。1944年4月，迫于国际国内形势，国民党宣传部答复可以组团前往延安，但为了阻挠记者团顺利采访，将外国记者参观团扩大为中外记者参观团，1944年5月17日成行。记者团成员共21人，外国记者有斯坦因、爱泼斯坦、福尔曼等6人，中国记者有赵炳烺等9人，另有"随员"4人。

中外记者参观团在陕北看到了中共真实的一面，先后单独采访了毛泽东、周恩来、朱德、彭德怀、贺龙、聂荣臻、陈毅等将领。这是重庆方面所无法接受的，领队要求记者团结束采访，速回重庆。但福尔曼等不赞成撤回，无奈领队带领全部中国记者及一名外国记者离开延安。直至10月份，福尔曼等5位外国记者陆续离开延安返回重庆。福尔曼等在访问边区的五个月时间里，向各自的报社、新闻社发回了数以百计的电讯和通讯。毛泽东在《论联合政府》中指出："由于国民党政府的封锁政策，很多人被蒙住了眼睛。在1944年中外记者团来到解放区之前，那里的许多人几乎是什么也不知道的。"

福尔曼在延安期间也有信件寄出，与图1首航封一起付拍的几枚与福尔曼有关的信件中，就有一枚自延安寄出的，是抗战期间少见的国共通邮封。

国内随行记者中的赵炳烺，是《时事新报》记者。《时事新报》前身为1907年12月5日在上海创刊的《时事报》和1908年2月29日创刊的《舆论日报》，两报于1909年合并，定名为《舆论时事报》，1911年5月18日改名《时事新报》。清末时，是资产阶级改良派报纸，宣传立宪政治。是与中国资产阶

级右翼党团关系密切的私营报纸。1949 年 5 月 27 日停刊。赵炳烺也发回了一些
通讯，但其代表的身份，决定了其文章的立场，其中有《毛泽东会见记》一篇。

图 3、图 4 是 1948 年由南京寄美国纽约赵炳烺封，贴大东三版孙像两枚，
邮资共 110 万元（平信 30 万元＋航空 80 万元），盖南京"南京（收）卅七·十一·四
日"戳。粗看封背似剪去了三分之一，疑有裁剪掉票嫌疑，但观正面寄收件人
姓名地址信息完整。细看方知，原来寄信人嫌封过长，将封进行了改制，右边
剪去了一截，封口处还裁剪成一条封舌（封舌上还有残留浆糊），并将剪掉的
航空信件（VIA AIR MAIL）字样贴到封上。

图 3

图 4

两枚普通的小封，本天各一方，却因收件人都是 1944 年"中外记者西北参
观团"的成员，而被我收集到一起，也让我重温了那段远去的历史。

话说"迷你"邮件

2002 年 1 月 10 日，国家邮政局为了适应市场需求，首次发行一种"迷你"型明信片——"马踏飞燕"普通邮资明信片，规格为 125 毫米 ×78 毫米，邮资图是中国旅游标志的"马踏飞燕"图。这种明信片一经推出，得到了大家的喜爱，广泛应用于旅游门票、广告、商业信息等多方面，被集邮者昵称为"马片"。

《中国集邮报》"读者之家"也自2003 年开始，对预定上年全年报纸的用户，寄发一枚以"马片"为载体的回音卡。这种超小型的明信片，打破了人们传统邮件规格定义。我在喜爱的同时，怀疑这种"迷你"型明信片，在寄递过程中，是否稍不注意就会丢失。我的《中国集邮报》回音卡，第一轮 12 枚片中就有两枚没有收到，是编辑后来补寄的手写版（图 1），第二轮《中国集邮报》"读者之家"回音卡改用了常规规格的明信片。

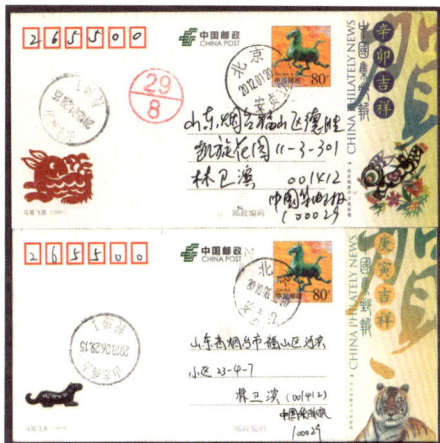

图 1

长期以来，大众用邮以信息传递和物品寄递为主要需求，邮政部门也是以邮件重量和邮件种类来收取邮资的，所以在尽量不超重的情况下，都是"物尽其用"，没有人会刻意去使用一些超小规格的信封和明信片，但事情总有例外，我最近收集的两枚实寄明信片，就打破了我们已有的思维。

外国游客在外旅游，有自旅游地寄回风光明信片的习惯，一则让家人观赏旅游地风景，二则也是给自己留一份纪念，现在大量留存的这类寄国外的明信片就是实证。很多中国集邮爱好者，外出旅游时也有这样的习惯。

说是两枚明信片，更确切地说是按航空明信片资费实寄的两枚"书签"。

图 2 是"乌龙出海"图书签，贴 T.43（8—8）《西游记》70 分一枚，盖"山东 1982.10.20. 曲阜"日戳，地址是不干胶贴，寄西德，规格只有 142×51 毫米；图 3 是济南"四门塔"图塑料书签，这种塑料书签和门票在 20 世纪 80 年代很流行，贴 T.75（8—8）《西周青铜器》70 分一枚，盖"广东 1983.5.16. 广州"日戳，与上面书签地址相同，规格只有 120 毫米 ×35 毫米，由于书签太小，贴上邮票后遮盖了一部分不干胶地址，寄件人不得不补写邮编。

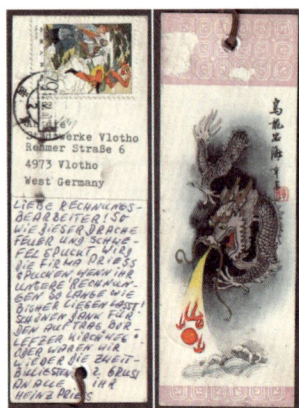 

图 2   图 3

70 分资费，是 1982.7.1 至 1985.12.31 间国际航空明信片资费，即明信片 40 分 + 航空 30 分。但由于这两枚书签实在是太小了，以至于无法再让小小的航空戳记容身，假如盖上航空戳记，将会覆盖部分地址和书写的文字，造成地址和书写内容无法辨认和误读，故曲阜和广州的两地邮政人员都不得不网开一面，不再加盖航空戳记。

这两枚按航空明信片实寄的书签，堪称新中国最小邮件"之最"了，不信，您可以查找下您的收藏。

抗战时期，胶东区战邮为了适应战时环境，规定邮件尺寸为宽 2 寸、长 3 寸，大约为 66.6 毫米 ×99.9 毫米，这样便于隐藏和特殊情况下销毁，算是一种特别的"迷你"邮件。图 4 是山东胶东军区司令部公函封，尺寸约为 67 毫米 ×127 毫米，图 5 是山东胶东军区政治部的公函封，尺寸约为 61 毫米 ×112 毫米，大致符合要求。由于战时物资匮乏，这种公函封用纸也十分粗糙，而个人用封基本都是用废旧包装纸自行糊制，但尺寸都是参照战邮局的规定。

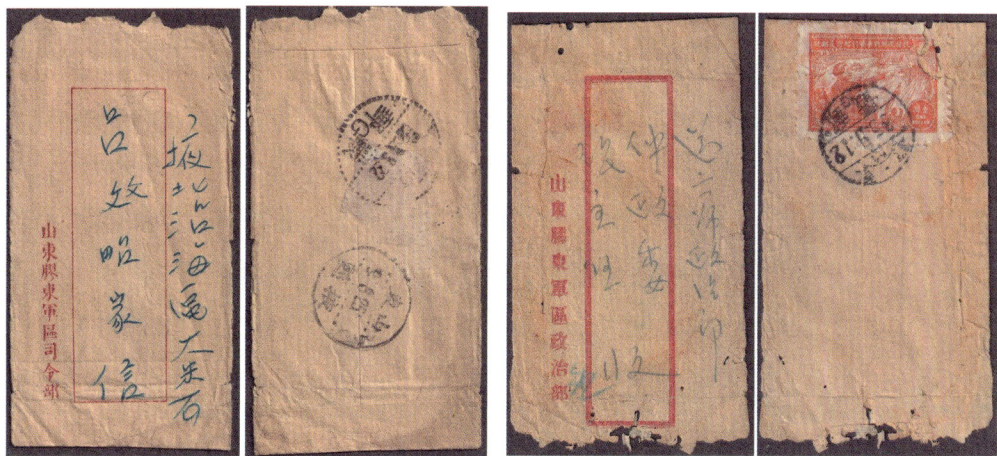

图 4   图 5

民国时期，这种小规格的"迷你"邮件，还是比较常见的，但以外籍人士使用为多，国人也有使用，但比较少见。

不是邮寄特别的物品，一般不会用超大的信封和明信片，对此邮局也是有规定的，对于超规格邮件用户可以选择包裹、货样等种类交寄。对于超小规格的信件和明信片，邮局似乎没有相关规定可以小到什么程度，反正只要在规定的重量以内，邮资都是一样的，邮局也愿意乐享其成。

我们发现，不同于上面提到的书签邮件，只是一种偶然现象，这些民国时期的"迷你"型信封，都是专门印制的。估计没有用户为了给邮局节省邮资，而刻意使用这种"迷你"信封，而是需要书写的内容确实少，或者邮寄的物品是小规格的，没有必要使用大规格的信封。"迷你"型信封售价肯定便宜很多，这是否用邮者愿意选择的一个原因？

在我收集的这些民国时期的"迷你"型实寄封中，大概有这样几种情况：①小信封相对重量小，对于附信超过两页以上的邮件，可以保证邮资不超过起重资费；②用于套寄圣诞、新年期间的小规格的贺年卡，由于贺年卡纸质较厚，这样既可以保证不超重，小信封也可以保证邮寄过程中免受折损；③邮寄通知、便条、名片等；④书信内容简单，可能只有寥寥几行字，一张纸条即可，故选用小信封。

图 6 是一枚 1931 年南京寄南斯拉夫"迷你"信封，邮寄的是一张精致的名片，

尺寸是 92 毫米 ×67 毫米；图 7 是 1938 年 12 月重庆寄上海法国军舰的航空封，尺寸只有 90 毫米 ×53 毫米；图 8 是 1916 年九江经上海寄美国封，尺寸只有 83 毫米 ×48 毫米，算面积的话，比图 3 的书签还要小，是我收集的最小规格的"迷你"邮件。

图 6   图 7   图 8

民国时期还有一种"迷你"邮件，不过这种邮件不是单独使用，而是依附在包裹或者货样上。由于包裹和货样往往体积较大和形状不规则，在上面直接贴邮票不方便，既不易粘贴、也易掉票，也不便于邮资核查，邮局人员采取直接把邮票贴在专用的标签上的做法。图 9 就是 1948 年上海茶叶公司邮寄茶叶货样的航空挂号签条，

图 9

尺寸为 70 毫米 ×103 毫米。另外，在侨批中，也见这种"迷你"信封使用。

查网上资料，万国邮联 1969 年第 16 届大会上，曾规定信封最小规格为 140 毫米 ×90 毫米，以上介绍的"迷你"邮件规格均小于此规定。

上海解放后国际邮件处理首日初探

  1949 年 5 月 27 日上海解放，5 月 30 日华东邮政发行"南京上海解放纪念邮票"，5 月 30 日，中国人民解放军华东军区在上海发布"邮字第一号通令"，公布"华东解放区各类邮件资费表第四号"，规定 1949 年 6 月 1 日起华东区各级邮局一律按此表收寄邮件，其中规定国际平信资费为 60 圆，另外还公布了国际明信片、印刷品等的资费，但没有国际航空资费，因当时许多地方还属于交战区，无航空邮路。

  上海战役期间，由于战事影响，上海周围及海上邮路被封锁，国际邮路全部中断，上海寄出、寄进及转口的国际邮件均停滞。上海解放后，为满足人们的通信需求，以及人民政府的国际形象，需要及时开通国际邮路和处理滞压邮件，理论上讲，6 月 1 日开始执行"华东四号"邮资表，即可视为国际邮路开通，但这需要有国际邮轮抵达上海，方能运出海外邮件。

  上海解放后，最早抵达上海的国际邮轮是什么时间呢？1949 年 5 月 28 日出版的《新民报晚刊》登载消息："外商轮船及航空公司，即将于本周内恢复上海对香港南洋及美洲欧洲之交通事务。"6 月 1 日的《新民报晚刊》头版又载："原定今日下午可以抵达本市的荷兰商船——'摩伦克'号，现据消息：因吴淞进口还有问题，该船已不拟来沪停靠。这只船是由横滨、神户，经过韩国，原来预定在上海只停留一天，就开往热那亚、马赛，途中将在香港、马尼拉、新嘉坡、亚丹、苏伊士停靠。木市邮局原拟托该船载若干邮件往香港，后因该船不靠上海，直驶香港，搭邮事遂作罢论。原定本月二日到上海的'温山'轮，因为现在在香港船坞内修理，所以要到本月中旬才能到达。挪威籍轮船'大卫堪'号，已由香港驶往天津，有少数乘客和货物。美国总统轮船公司的'波克总统'号本月九日可以抵沪，是由波士顿、纽约、哈伐那、洛杉矶、旧金山来的，途中也要停靠日本。外商的轮船公司当局认为目前正与人民政府商洽复航的事，很乐观。"

由以上消息可知,上海解放后,人民政府积极与外国轮船公司商洽复航事宜,邮政方面也做好了通邮的准备。6月1日消息中"本市邮局原拟托该船载若干邮件往香港,后因该船不靠上海,直驶香港,搭邮事遂作罢论"一段,可以判断,上海邮局方面在6月1日已经准备了若干国际邮件外运,其中除了滞压、中转的国际邮件外,还应该包括6月1日收寄的国际邮件。

那么,最早到达上海的外轮是哪一艘呢?6月5日的《大公报》登载了如下消息:"解放后第一艘外轮芝巴德号昨抵沪。本市解放后第一艘进口的外商轮船渣华邮船公司的'芝巴德'号,已于昨日下午五时抵埠,停泊于公司和祥码头。并定今日中午起锭,前往香港爪哇等地。据悉'芝巴德'号此次并未搭乘来沪旅客,今日离沪,则载有赴港旅客二百五十人及小量货物。"可见,上海解放后最早到达的是6月4日的"芝巴德"号。

肖宏先生在《上海解放后首次寄发的国际邮件》一文中,披露了两件6月3日由上海中转和寄出的国际邮件。一件是1949年5月21日嘉兴寄出,加盖6月3日上海中转戳寄新西兰挂号封;一件贴"南京上海解放纪念"邮票,邮资60圆,盖6月3日上海邮政总局"癸"字戳,寄德国封。后一件封,寄件人特意在封面上方打印三行文字,大意是:此封由上海解放后第一班轮船"芝巴德"号寄出,信文写于6月3日,内容大意为:明天,第一班轮船将抵达被共产党接收的上海,我把新发行的"南京上海解放纪念"邮票寄给你。吴东宇先生在《又见上海解放后国际互换局处理首日的国际封》一文中,也披露一件1949年2月21日由瑞典寄上海的航空挂号封,此封3月23日到达上海,因收件人迁址不详无法投递退回,但因战事影响,邮路不通,直至两个月后上海解放,加盖6月3日邮戳退回。

由以上可见,上海解放后,仅就通信而言,外籍人士急需通过信件与外界的联系,邮政方面也急需疏运滞压的国际邮件,为此,政府方面积极与外轮公司洽谈复航事宜,报章也及时披露邮轮船期。可见,当时人们对于船期还是能够及时掌握信息的。

以上三件加盖有上海6月3日邮戳的实寄封,是此前见到的上海解放后最早处理的国际邮件，涵盖上海寄发、上海中转、上海退回三种形式，故 6 月 3 日被认为是上海解放后国际邮件处理首日。果真如此吗？是否还有更早的邮件呢？

我收藏有两件 6 月 2 日分别寄香港、美国的实寄封，说明上海解放后国际邮件处理首日并非 6 月 3 日，最晚也是 6 月 2 日。图 1、图 2 为 6 月 2 日寄香港封，封贴"南京上海解放纪念"邮票 10 圆各六枚，合计 60 圆，符合起重国际平信资费，加盖六枚上海"卅八（年）六月二日十一（时）"日戳。图 3、图 4 为 6 月 2 日寄美国封，贴"南京上海解放纪念"邮票 30 圆两枚，合计邮资 60 圆，亦符资，加盖上海"癸"字"49.6.2.11"日戳，封背因改寄，加盖有田纳西州孟菲斯市 1949 年 7 月 11 日的改寄日戳，可知邮程 40 天。

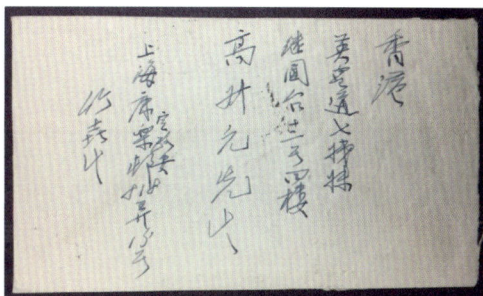

图 1

图 2

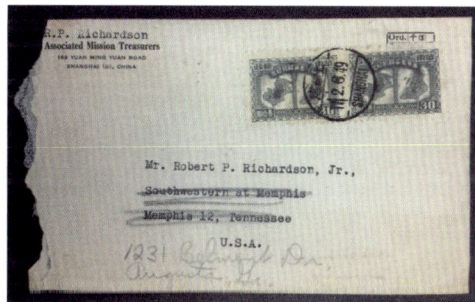

图 3

图 4

理论上讲，华东邮政已于 6 月 1 日公布国际邮件资费，即预示可以收寄国际邮件，至于船期，政府方面也在与外轮公司积极洽谈中，虽然由于各种原因邮轮迟到，但通邮只是早一天、晚一天的事。按 6 月 1 日《新民报晚刊》的报道，如不是"因吴淞港进口还有问题"，第一艘外轮——荷兰的"摩伦克"号 6 月 1

日下午就可"来沪停靠","本市邮局原拟托该船载若干邮件往香港",可知邮局方面已经有邮件需要装船,这里应该包括上海收寄、转口及滞压的国际邮件。

所以,我认为不论目前是否发现 6 月 1 日的国际信件,华东第四号邮资表实施的 6 月 1 日,应视为上海解放后国际邮件处理首日。

13000 元挂号快递邮资释疑

图1所示是一枚1950年寄新加坡的实寄封，贴五枚普票，邮资合计13000元，销上海廿二支局1950年8月23日15时日戳，并列贴挂号和快递签条，封背有新加坡1950年9月7日到戳，另有一枚1950年9月8日的收信日期条形章（图2）。用封为小型航空信封，但封面左上角英文航空标志"AIR MAIL"，被钢笔涂画。按邮资和标签所示，是一枚挂号快递封。

图1

图2

查同期国际邮政资费，1950年8月16日开始执行资费为平信2500元、挂号4200元、快递6300元，挂快邮资即为三者合计13000元，邮资相符，是一枚少见的新中国早期国际挂快业务实寄封。

但有邮友提出异议，认为此封有变造嫌疑，理由是：1950年8月16日开始执行的欧美航空邮资正好也是13000元（平信2500+欧美航空10500），此封是寄新加坡航空信件误贴欧美资费，同期亚洲航空信件资费为9000元（平信2500+亚洲航空6500）。

这一时期寄欧美13000元资费的航空实寄封常见，价值也低，但寄各洲快递封却极少见，价值是普通封的几十倍。此封疑为后贴挂号和快递签条的变造封。

真相如何？答案就在背面的新加坡到戳里！

根据上海收寄和新加坡到达日戳可知，此封邮程15天。由于是非航空的水陆路快递封，当时邮路是由上海先火车经广州运抵香港，再船邮至新加坡，如航空邮寄则是经火车到港后转空运至新加坡。

在 1950 年上海邮政管理局出版的《邮政业务手册》中，列出的"上海寄发国际航空及水陆路邮件速率比较表"显示，寄新加坡"运输日数"水陆路为 9～14 天，航空为 6～7 天，相差近半，上封邮程 15 天显然是水陆路运送，而非航空，这就完全解除了由航空封变造的嫌疑。

再说此封，应是有紧要信息，既挂号又快递。若寄信人选择水陆路挂号，邮资只需 6700 元（平信 2500+ 挂号 4200），比 13000 元挂快少 6300 元，省却近半资费，邮程与挂快是一样的；若挂快外加航空，邮程快近半，但需多付航空资费 6500 元，邮资合计为 19500 元（平信 2500+ 挂号 4200+ 快递 6300+ 亚洲航空 6500）。正确的选择应是航空挂号，资费为 13200 元（平信 2500+ 挂号 4200+ 亚洲航空 6500），只比挂快多付 200 元，但时间快了近半。

从如上分析可以看出，当时快递不快，又要额外付出资费，所以用邮者极少使用这一业务，留存的实寄封少见价高就在情理之中了。

1950 年上海防空战期间的苏军军邮封

　　1949 年 5 月 27 日上海解放后，国民党方面不甘心失败，自 6 月开始，从其沿海岛屿机场派遣飞机，对上海及周边地区进行狂轰滥炸，炸毁民生设施、扰乱民心。

　　据统计，1949 年 6 月至 1950 年 5 月，对上海市区的轰炸达 71 次，投弹 593 枚，全市 28 个区中有 17 个区遭受过轰炸，伤亡 4500 余人。

　　其中，尤为猖狂的是 1950 年 2 月 6 日对上海市区的轰炸，该日距春节只有 10 天。当天，国民党方面从舟山机场出动 17 架各型飞机，分四批向上海袭来。重点轰炸上海市区的杨树浦电力公司、闸北水电公司、南市华商电力公司，其中负担上海电力超过八成的杨树浦电力公司，厂房大面积被炸塌，超过半数以上的电力设备被毁。上海市区一时一片漆黑，工厂停工、商店关闭、交通混乱，市民已经无法正常生活，整个城市瘫痪。此次轰炸造成伤亡近 1500 人，史称"二六大轰炸"。

　　新中国成立初期，百废待兴，中国空军尚处于初创阶段，只有屈指可数的数十架飞机，都是缴获后拼凑的旧飞机，没有有效的制空权。而台湾方面，正加紧扩建舟山机场，以期对中国沿海地区制造更大的破坏。

图 1

　　此时，正在苏联访问的毛泽东，向苏联方面提出了协防上海防空的要求，根据 2 月 14 日签署的《中苏友好同盟互助条约》，苏联方面组建了一支上海防空集团军，司令员是巴季茨基中将（Pavel Fedorovich Batitsky，图 1）。该集团军组成包括一个 106 歼击机师，一个混成航空团，第 52 高炮师，一个防空探照灯团，一个运输大队，第 64 无线电通讯营等，后来还成立了培训中心，负责对中国防空人员的培训。

该集团拥有飞机 118 架，73 个探照灯站，13 个无线电工程站，31 部无线电
接收机，116 部无线电台，436 辆军车，人员三千余。

第 106 歼击机师，师长是亚库申上校，该师由 351 歼击机团和 29 歼击机团
两个团组成。351 歼击机团团长是马卡洛夫中校，该团驻扎在徐州观音机场。

此次苏方防空部队协防上海行动，是一次保密行动。苏方除少数高级官员，
其他人员行前一概不知行动目的地。而且苏军军人在出发前都上交了个人证件，
不得穿着和携带军服，以工程师和技术人员的公开身份配发了假的证件。

3 月 7 日，第 351 歼击机团率先进驻徐州机场，所有苏军都换上了解放军服
装，军机也涂改为解放军的八一标识，甚至每个人还起了一个中文名字（图 2，
身着解放军服装的苏军人员）。

图 2

3 月 13 日，351 歼击机团首先击落一架来犯的 B—25 轰炸机，14 日，又一
架来犯 B—26 轰炸机被击落。1950 年 3 月至 8 月，苏方共出动 230 架次，进行
了 7 次空战，击落敌机 7 架。

苏军的到来，引起了国民党方面的恐慌，有效遏制了其对上海的空袭。5 月
16 日，国民党宣布放弃舟山群岛，将所有守军撤到了台湾。7 月 10 日，舟山群
岛全境解放，至此，上海防空战告一段落。

苏军在上海的行动，虽然结束已经 70 余年，但期间的苏军军邮情况一直未
见披露。其中缘由，一是苏军在上海只有半年时间，人员不多，邮件数量很少；
二是此次行动是在保密状态下进行的，通信可能受到限制或者邮件不允许保存。

图 3 是上海防空战期间苏军寄出的免资军邮封，寄出地址是苏军"野战邮箱 49671 号"，此邮箱是 106 歼击机师军邮邮箱号码。该封销"Polevaya Pochta serial '6'"军邮戳，日期是 1950 年 9 月 19 日（图 4），收信人是苏联加里宁州巴拉格区瓦斯保尔的安东宁娜·尼古拉耶夫娜。信封背面有两枚邮戳（图 5），一枚"Vipolzovo Kalin. Bologovsk. serial 'a'"军邮到戳，日期是 1950 年 10 月 4 日（图 6），可见邮程为 15 天，另一枚是军邮检查戳"Prosmotreno Voennoy Tsenzuroy 04425"（图 7）。

图 3

图 4

图 5

图 6

图 7

此封除了手写名址和邮戳，没有任何印刷文字，原封完全是一枚白封，假如不是对军邮的了解，完全判断不出这是一枚上海防空战期间的邮件。

封内存原信，大意如下："亲爱的你们好。小可爱，9 月 15 日的晚上我收到了你 8 月 29 日和 30 日给我写的两封信，我非常感激。你要好好照看乌拉基米尔，你把他隔离开了，这样做很好。我非常想等我到你们那儿的时候，他能够站起来并且感觉良好。我想今天或者明天也就是 9 月 16 日到 17 日，你将收到我的信，信里面写了你不要再给我写信了。同时一两天之后，我们将见面。考虑到这些，

我的信和你的信里面提到的这些问题，我们在家里面聊。我感觉很好，也祝你们身体健康，吻你。你的爸爸。"（图8）

从信的内容可知，此信是父亲写给女儿的信件。由于此次协防上海的军事行动，是在完全保密情况下进行的，邮件要经过军事检查，故信中不可能提及有关情节。但从信的内容，仍可以看出一些信息。

父亲信中提及"9月15日的晚上我收到了你8月29日和30日给我写的两封信"，可以推算当时邮程分别是16天和15天。这与上面那封信件邮程几乎一样，三封信件的邮程分别是15、16、15天。

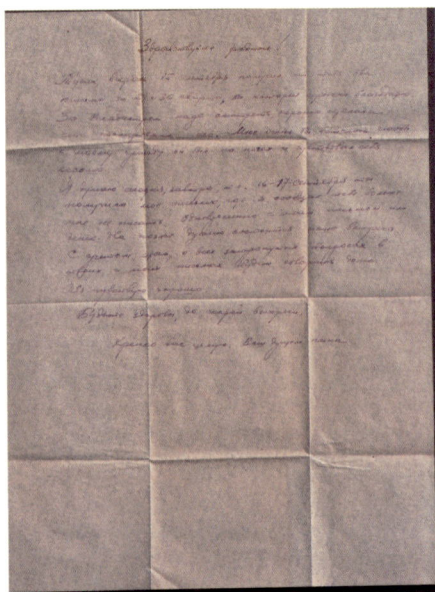

图8

"我想今天或者明天也就是9月16日到17日，你将收到我的信"，父亲9月15日晚收到女儿的信件，第二天（16日）写的回信，收寄军邮戳日期是19日。父亲信里说9月16或17日将收到他的信件，指的是此前寄出的一封信。之所以将收信日期精确到误差一两天，可见当时苏军军邮邮路有明确的邮程保证，并告知部队，再者，从以上有关的三封信件中，可见邮程只差一天。由此判断，父亲此前的信是9月1日或者2日寄出的。

"信里面写了你不要再给我写信了"，9月初的信中，父亲告知女儿不要再写信了，因为自9月份开始，苏军开始陆续撤离上海。

"同时一两天之后，我们将见面"，这里指的一两天之后，是指女儿收到信件的一两天之后，如按收信日期10月4日，即10月5日或6日，这里再一次验证了对邮程的可预知性。

写信的父亲已有一双儿女，按年龄不是普通士兵，他信中已告知女儿回家时间，可见已知具体撤离上海时间，应该有一定级别。

与信件放在一起的还有一封电报，收报人是安东宁娜·尼古拉耶夫娜，电报内容是告知她"10月18日将到家"（图9），电报的背面手写"××小学"，应该是女儿所在学校。电报是自苏联远东城市赤塔发出的，可见父亲回家时间因故推迟了。

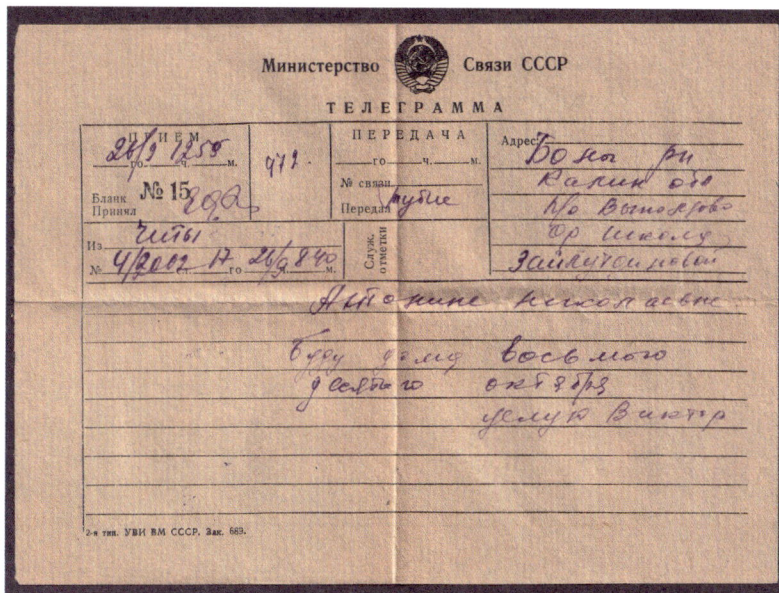

图9

其他来华空防部队应该有不同的军邮邮箱及军邮日戳，但限于资料匮乏，其他军邮在华使用情况尚不得而知。

根据双方协议，1950年10月19日，苏军整个防空系统移交中方接防，包括飞机在内的所有苏军装备移交中国政府。

信件及电报保存完好，可见是原主人的心爱之物，这里面珍藏着一段难忘的父女之情，也揭示了一页中苏友谊的珍贵篇章。

来自北纬 38 度的问候
——1953 年朝鲜停战期间的中立国协调员邮件

　　这是一枚邮票残缺的明信片，图案是北京颐和园石舫，正反两面均贴有邮票，但邮票已被撕去，仅留有部分航一邮票残迹，残留邮戳可辨"北（六）京／53.10.19／PEKING"（图1）。明信片寄捷克斯洛伐克首都布拉格的一位女士收，从收信地址上看应该在政府的教体部门工作，寄信人称呼其为"同志"。明信片的内容直译是："来自北纬 38 度的热情问候和思念。F．诺瓦克。我们南波希米亚人怎么样？不要忘了不时拜访你的心上人。"南波希米亚，是捷克波希米亚地区南部的一个州。这可能是两位情人之间的通信，寄信人标明的寄信时间和地址是"Korea—Keson,12.10.53"，即 1953 年 10 月 12 日，朝鲜—开城（图 2）。

图 1

图 2

　　寄自朝鲜的信件怎么贴中国邮票，自北京寄出呢？这要从 1953 年的朝鲜停战协议说起。

朝鲜停战中立国监察委员会和中立国遣返委员会

　　1953 年 7 月 27 日在板门店签订朝鲜停战协议，根据朝鲜停战协议第 36 款规定，1953 年 8 月 1 日，成立朝鲜停战中立国监察委员会，主要负责监督双方停战事项，成员有捷克的布莱希中将、波兰的翁哥洛夫斯基少将、瑞典的格拉夫斯特鲁少将、瑞士的莱纳少将。监察委员会成立后，很快组建了10个监察小组，分别发往停战后方特定的口岸，常驻那里监督停战双方人员和物资的替换。

1953年9月9日，朝鲜停战中立国遣返委员会成立，主席为印度的蒂迈雅中将、委员有捷克的衔西莫维茨、波兰的衔加耶夫斯基、瑞典的斯坦斯特鲁、瑞士的邓尼克。朝鲜中立国遣返委员会是朝鲜战争负责遣返战俘的中立国组织名称，以印度代表为公断人，印度代表为中立国遣返委员会的主席和执行人。其他四国每一国的代表应准许其有同等数目，但每国不超过50人的参谋助理人员。委员会并保证在任何时候均应按日内瓦公约的具体规定及该公约之总精神予战俘以人道的待遇。

按照中立国遣返委员会职权范围的规定，委员会总部设于非军事区内板门店附近，并向该遣返委员会负责的战俘地点派驻附属机构。并明确规定，在中立国遣返委员会看管下的每一千名战俘中，遣返委员会代表不得超过七人，但最低不得少于五人。还规定，应向监督委员会成员提供运输、住房、交通及其他协议之后勤支援，同时，还要保证报界及其他新闻机构在观察本协议所列举的整个工作时的自由。

不管是中立国监察委员会还是中立国遣返委员会，包括参与采访的新闻记者，都有一个通信的需求，虽然有关的工作组配备有专门的无线电小组，但这主要用于公事。私人通信也有很大的需求。

当时的朝鲜战场，参战各方都有各自的通信渠道，如军邮。上述有关委员会成员的信件可能通过不同渠道寄出，但有一部分信件是由志愿军军邮收寄、通过中国邮政渠道寄出的，本文开头的那张明信片就是通过北京寄出的。

捷克中立国监察委员会成员寄出的一封信件

图3是一封寄往捷克俄斯特拉法市的信件，封面贴有航一5000圆、3000圆邮票各一枚，销"北(六)京 /53.10.19.20 /PEKING"日戳，封左斜贴一蓝色航空标签。背面地址为"韩国 开城 中立国监察委员会 捷克代表团"，寄信人名字

叫 Jan Srubar（图 4）。封内存有打印的三页原信，在第一页右上角打有写信日期：1953 年 10 月 10 日。也就是说，这封在韩国开城 10 月 10 日写好的信件，10 月 19 日到达北京由航空寄往捷克。

图 3

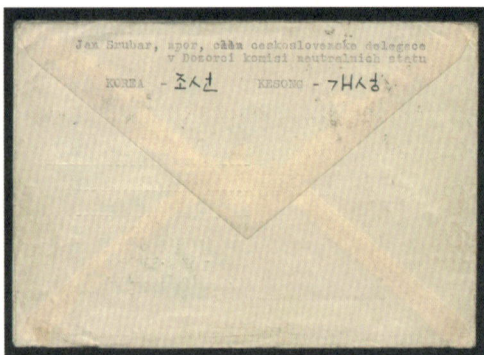
图 4

按照当时邮资，国际信函初重 20 克 2200 圆，航空寄苏联及东欧民主国家每 10 克 5400 圆，此信附三页信纸，信重明显超过 10 克，应贴邮资 2200+5400×2=13000 圆，但只贴 8000 圆，未做欠资处理。估计是按 10 克航空 2200+5400=7600 圆贴票的，超贴 400 圆。

我收集有此类封片几十枚，存有内信的只发现这一封，十分难得。信件描述了当时联合国军控制下的群山港市况，群山为联合国监察委员会派驻监察小组十地之一。故在此摘录其部分内容，以飨读者（图 5）。

"群山是一个据说有 60 万人口的港口城市，这里的房屋几乎全部遭到了破坏，没有窗户，有的甚至没有屋顶，在这些房子里，很多人拥挤在草席上。而且不是每一个人都有地方，那些没有家的人只能找一卷草席睡在街上。除了一些当地的资本家和几十个富有的商人或工匠，大多数人

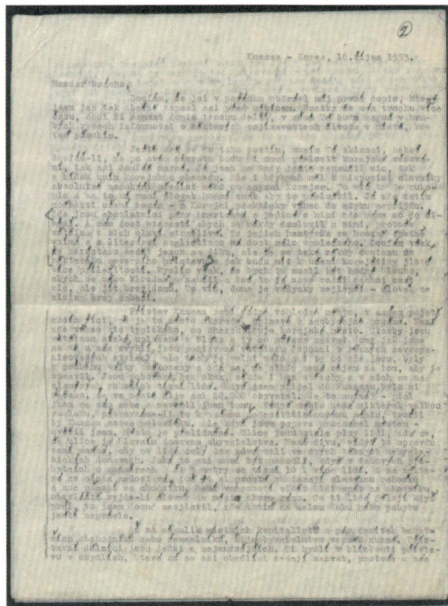
图 5

都很贫穷，港口工人是最穷的，他们在港口附近住的地方甚至连狗窝都不如，人只能躺在里面，连腰也直不起来。整个城市到处污水横流，所有的垃圾都堆在这里，所有的积水坑里都是恶臭的泥浆，几乎每家门前都这样。各种异味和臭味漫布在城市里，在一些地方根本不能呼吸，人路过时很容易恶心。"

"街上到处都是孩子，他们靠乞讨和偷窃过活，很多孩子没有了父母。一些六岁左右的男孩通过黑色非法交易为生。他们把一个小支架和几个木板摆在那里，展示美国口香糖、香烟和罐头，有时也出售钢笔或铅笔。他们经常遭到警察的突袭，东西被没收。有一个12岁的孩子经过我们的围墙，推着一个小冰激凌手推车，用可怕刺耳的声音尖叫：'冰淇淋，冰淇淋。'他一直在卖，直到深夜，很多时候我午夜后还听到他在喊。

"美国人建造了围栏，木制围栏加上了双层铁丝网，理由是这样当地人就不能朝我们扔石头，这是他们的解释。最近他们一直在朝美国士兵扔石头，他们说这同样可能发生在我们身上。事实是，我们看不到护栏后面有任何人，也没有人可以从栅栏后面看到我们，因此不存在任何我们'用共产主义污染当地人民'的危险。在只有铁丝网护栏的时候，我们有时会给他们一些东西，因为有铁丝网，我们只能把东西扔给他们，看到这些孩子随便为一小块什么东西争抢，让人十分伤心，就为了一小块。就算有大人走过，他们也马上开打，哪怕是为了一块简单的口香糖。周围的孩子们很清楚我们是谁，并向我们大吼大叫：'嘿，嘿，捷克人！'然后叫波兰人'波兰人！'并举起手，拳头紧握着竖起大拇指，这表示同情。相反地，伸出小指表示反感。"

邮票盖销"中国军邮89129"邮戳的邮件

关于这类信件，目前公认的观点是：朝鲜战争期间，通过中方交寄的中立国协调委员会成员信件是免费邮寄的。信件由志愿军军邮系统收寄，加盖"中国军邮89129"编号日戳，到达北京后，统一贴上航空资费邮票寄有关国家。还有一种观点认为"中国军邮89129"戳是在北京军邮台使用的。情况果真如此吗？

通过多年对此类邮件的收集和研究，发现情况并非那么简单。请看图6这张明信片，这是一张相片版的北京风光明信片，图案是北京颐和园石舫，在正面红色加盖"万寿山石舫"字样，没有书写间隔线。明信片正面右上角贴特6（4—2）800圆和航一5000圆各一枚，图案面贴航一1000圆一枚（图7），合计6800圆。当时寄苏联及东欧国家邮资为明信片1300圆＋航空5400圆＝6700圆，溢资100圆。三枚邮票销票戳为"北（六）京/53.10.19.20/PEKING"，除此以外，在特6邮票上明显还加盖有一枚"中国军邮/1953.10.12/89129"日戳。

这是儿子寄给捷克布拉格母亲的明信片，片上写道："亲爱的妈妈，我从

图6

图7

朝鲜发来思念与祝福。我挺好的。写信给我，让我有东西可读，比如家里的新闻。问候我们所有的朋友。"写信日期为"1953年10月4日"，左上角又标注了"53.10.7"的日期，估计为交寄日期。军邮戳日期为10月12日，北京戳日期为10月19日，从时间顺序上可以知道信件交寄经转过程。

可见，该片在交寄时至少已经贴有一枚特6邮票，另外两枚航一因为没有盖销中国军邮戳，是交寄时已贴上、还是后贴不好下结论。巴冬霓先生的《朝鲜邮政史》一文，收录了同样一枚"中国军邮89129"戳销票的实寄片，该片贴普四5000圆和航一1000圆两枚票，两枚航一邮票销"中国军邮/1953.10.31/89129"戳，另销"北（六）京/53.11.5.20/PEKING"戳，普四没销军邮戳，只销北京戳。可见航一票是交寄时已经贴上的，而非到北京后补贴的。这种加盖在邮票上的"中国军邮89129"戳信件极为少见，笔者只见到两枚明信片。

这至少说明，有的协调员手里已经拥有了中国邮票，并可以在邮件上贴用。那么，他们手里的中国邮票是哪里来的？既然免费，又为何要自贴邮票呢？

目前存世的加盖"中国军邮 89129"戳的协调员信件，全部是单戳，没有盖两枚（或以上）军邮戳的。

这两枚"中国军邮 89129"戳销票实寄片的存在，说明有的协调员邮件在朝鲜交军邮时已经贴好邮票，并非到北京后再补贴。

邮票遮盖"中国军邮 89129"戳的邮件

在收集联合国协调员邮件时，还发现一类与上面介绍的情况正好相反的使用例，即邮票贴在"中国军邮 89129"戳之上，北京日戳销票。

图 8 这张明信片，原寄片人的书写日期是 1953 年 8 月 27 日，片上贴有三

图 8

枚普票，合计邮资 6700 圆，符资，销票的是"北（十）京 /53.9.12.14/PEKING" 日戳。在右上角两枚邮票之下，明显可以看见半个蓝色中国军邮戳，揭开可以看到销的是 8 月 27 日的"中国军邮 89129"戳，与写信日期同一天。

这说明，邮件收寄时未贴邮票，只盖中国军邮戳，邮票是后来补贴的。这类遮盖军邮戳的邮件，较之军邮戳销票的要多见一些，笔者目前见有五枚。

这类遮盖军邮戳的实寄封片，支持了免费收寄、到北京后补贴邮票的观点。

还有一种观点，认为"中国军邮 89129"邮戳是在北京的军邮台使用的，这些信件由军邮转寄北京后，统一交邮局的军邮台处理，加盖军邮戳，补贴邮票，北京日戳销票后寄出。军邮台是在地方邮局设立的专门处理军人邮件的服务台。

目前还没有见到一枚"中国军邮 89129"戳与北京戳为同一天的邮件，都是军邮戳日期早于北京戳日期，其中的时间差应是朝鲜到北京的邮程时间。上面介绍的这张明信片是比较早的一枚协调员邮件，军邮与北京戳日期间隔为 16 天。

对协调员邮件总量分析发现，9 月上半月间隔为 10 天左右，9 月底至 10 月一般一周左右，10 月底到 11 月初，间隔只有 3 ～ 5 天了。随着时间的推移，邮路得到改善，邮件传递速度加快。

假如在军邮台处理这些邮件，邮戳时间不会相差这么多天，也没有必要加盖两种日戳，而且这些邮件是在北京多个支局处理的，不会都使用这一把"中国军邮 89129"戳吧。

肖延余先生曾在此期间为协调委员会做俄语翻译工作，他在《1954，朝鲜来信》一文中证实，"中国军邮 89129"戳的"89129"编号，就是志愿军总部政治部谈判代表团使用的军邮代号。

没有加盖"中国军邮 89129"戳的实寄封片

除了以上介绍的同时加盖"中国军邮 89129"和北京日戳的协调员邮件，还有一些没有加盖军邮戳，只盖北京日戳的协调员邮件，如图 3 介绍的邮件。这些邮件有这样一些特征：①信件上有朝鲜文字；②一般是由北京销戳寄出；③北京销戳日期晚于写信日期 3 ～ 16 天；④写信地址中包含中立国监察委员会、捷克代表团、捷克大使馆、韩国、开城等字样。

为什么这部分协调员邮件没有加盖"中国军邮 89129"日戳呢？通过对一定数量的协调员邮件分析，发现这样一种情况，就是某一天加盖北京日戳的邮件，同时全部加盖有"中国军邮 89129"戳，例如加盖"北京十支"9 月 12 日、"北京五支"9 月 30 日、"北京十支"10 月 31 日等；而有的日期则均未加盖"中国军邮 89129"戳，如"北京五支"9 月 23 日、"北京六支"10 月 19 日、"北京十支"11 月 19 日等。在几十枚邮件中，只发现两枚"北京五支"10 月 24 日明信片中，加盖"中国军邮 89129"戳和没盖两种情况同时存在，其中的一枚军邮戳被邮票遮盖。

这种情况的存在说明，某些日期寄出的协调员邮件全部加盖了"中国军邮 89129"戳，而某些日期则没有加盖军邮戳，或者只加盖了一包邮件最上面的一封。加盖军邮戳的协调员邮件以 1953 年 9、10 两个月为主，11 月初偶见，大部分 11 月寄出的均无军邮戳。

这些邮件虽然没有加盖军邮戳，但在朝鲜一段只能通过军邮，至于没有加盖军邮戳的原因，不得而知。

由朝鲜寄出的协调员邮件，到达北京后，从北京销戳上可以看出，并没有固定在一个邮局处理，而是多个邮局，主要集中在"五支局"（东单邮局）、"六支局"（西长安街邮局）、"十支局"（东长安街邮局）这三个支局。总量分析也发现，协调员邮件不是每天都寄发的，有些日期同时存世邮件较多，有些日期则一枚也找不到，估计当时也是根据邮件多少，集中寄发。

协调员邮件的贴票基本以普票为主，小部分贴航一（含混贴），贴纪特邮票（含混贴）的极少见，而且同一天的邮件所贴邮票基本一致，即或者都贴普票，或者都贴航一（含混贴）。这种现象的存在，可以理解为邮票不是由寄信人分散自贴，而是集中统一贴上的。这些信件不管是明信片，还是信封，全部以航空寄出，没有发现挂号，可能当时军邮无法处理国际挂号邮件的原因，邮资方面几乎全部符资，只有个别超贴现象，没有发现欠资邮件。但这些邮票的粘贴位置，十分凌乱，前后左右、上上下下都有，没有以右上角为主的习惯，这又不像邮局员工的常规操作。

北京之外寄出的协调员邮件

除了以上介绍的北京转寄的协调员邮件以外，还有一些其他地方寄出的协调员邮件，其中以安东（今丹东）为多，其他见有沈阳、哈尔滨、满洲里等地。

由丹东寄出的邮件较之北京要少得多，时间集中在 53 年 8 月底至 9 月上半月、12 月份这两个时段。由丹东寄出的协调员邮件，估计有两种情况，一是捷克、波兰的协调员由丹东进出朝鲜时寄出的，二是不排除一部分军邮转来邮件没有经转北京，而是在丹东交寄。

满洲里和哈尔滨交寄的邮件以明信片为主，时间集中在 8 月至 9 月上半月，均贴 1300 圆国际明信片资费，未做航空。估计是由西伯利亚铁路来的捷克、波兰协调员，路过满洲里、哈尔滨等地寄出的。

目前所见联合国协调员邮件绝大部分为寄捷克的，寄波兰的很少见，瑞典、瑞士及印度的协调员邮件估计不会由中国方面转寄。

图9、图11是介绍两枚寄波兰的协调员邮件。图9是1953年10月20日由丹东寄出，背面贴纪18和普3，邮资合计7600圆，符资（图10）；图11是自沈阳1953年11月3日寄出的，贴普票13000圆，为20克航空资费。

图12为1953年12月17日由开城寄捷克的协调员邮件，贴用的是朝鲜邮票；

图9　　　　　　　　图10　　　　　　　　图11

图13为1954年2月11日由朝鲜满浦寄瑞典邮件，满浦当时属朝鲜人民军和我志愿军控制地区，为十个监察小组所在地之一，寄信的是瑞典方协调员，信件贴朝鲜邮票，并注明"经中国、苏联"邮路，但没有中转戳记。

目前所见经中国的协调员邮件，主要集中在1953年8—12月中旬，明信片

图12　　　　　　　　　　　图13

均为中方提供的中国题材的明信片，信封有中方提供的彩印西式信封和航空信封，也有自备的西式信封及航空信封。

随着停战协议的签署，朝鲜邮路恢复，而后的邮件不再交由志愿军军邮处理，而由朝方受理，贴朝鲜邮票寄出。

从以上协调员邮件可以看出，既有在交军邮前已自贴邮票的，也有加盖军

邮戳后补贴邮票的；既有盖军邮、北京双戳的，也有只盖北京戳的；既有北京寄出的，也有北京以外寄出的；既有中方收寄的，也有朝方收寄的。

由于当时处于战争环境，情况多变，在朝鲜国土由我方邮寄国际邮件，情形特殊，估计邮票贴用和邮路经过了诸多变化。有关国际协调员邮件的研究还只是基于实物的探讨，尚未见原始档案记录。诚望本文为引玉之砖，不确之处请予斧正。

航2（4—4）52分"轮船"
邮票原地及发行时间

为了适应新的币值需要，中国邮政于1957年9月20日发行第二组航空邮票，简称"航2"，一套四枚，其中第四枚名称为"轮船"，面值52分。图案为停泊在港口的轮船、装卸煤炭的装煤机以及空中飞行的飞机（图1），这个港口就是塘沽新港。1954年5月1日发行的特8《经济建设》邮票第六枚就是"塘沽新港"（图2）。

图1   图2

寻找航2(4—4)"轮船"原地实寄封

塘沽新港是新中国自己修建的第一个港口，备受瞩目，后改为天津新港，也就是现在的天津港。该港始建于1939年，是日本侵略者为掠夺其在华北资源而修建的港口，至日寇投降，只完成了工程量的六成。新中国成立后，中央人民政府政务院发布了修建塘沽新港的命令，经过建港工人的努力，1952年10月，港口得以重新开港。塘沽新港的电动装煤机是港口的重要装煤机械，当年成为了塘沽新港的标志，所以两枚邮票主图都出现了电动装煤机的雄姿。

52分面值，是当时国际航空邮件起重资费，那么贴52分"轮船"邮票，自天津寄出的封片，就应该视为该票的原地封，只不过范围宽泛些罢了。天津是我国较大城市，国际商船来往也比较频繁，所以盖天津邮戳寄出的"轮船"邮票封并不少见，常见贸易公司等公函封及各国海员寄

图3

出的信件。图3是中国机械进出口公司天津分公司寄出的公函封，盖"天津/1959.12.27.15/11（支）"日戳，寄法国。

图4

天津新港位于天津塘沽，如果有盖塘沽邮戳寄出的封，当然原地就更精确了。不过，盖塘沽邮戳的实寄封收集难度要大得多，偶尔可以见到，但不常见。图4就是一枚盖塘沽邮戳的原地封，邮戳为"天津/1959.12.14.22/塘沽（区）"日戳，寄德国(网络图片）。

天津解放后是中央直辖市，1958年2月划归河北省，直至1967年1月恢复直辖市，当然这种区划的改变，在邮戳文字上也有体现。图5就是一枚天津隶属河北期间的"轮船"邮票原地封，盖"河北天津/1961.3.30.22/塘沽（区）"日戳，戳式除多了"河北"省名外，其他

图5

与图 4 基本一样。此封航空寄芬兰，封背有芬兰 61 年 4 月 5 日到戳。

据考证，以上两枚塘沽邮戳都是在塘沽区级邮局使用的邮戳。

那么，在当年的天津新港有没有开设邮政局所呢？按照当时港口的规模，以及当年邮政部门便民服务的宗旨，加上当时港口工人的用邮需求，极有可能在港上开设有邮政局所。不久前收集的一枚实寄封，证实了上面的猜测，图 6 就是一枚加盖"天

图 6

津新港港口"地名邮戳的实寄封，加盖日戳为"天津 /1958.12.30.18/ 新港港口（所）"，寄丹麦，应该是这枚"轮船"邮票最精准的原地封了。

据对天津邮戳颇有研究的李竹安先生告知，天津新港港口邮政所，具体位置在天津新港作业区卡子门不远处路旁，门前就是进出港的马路，为一门面不大的小房，该所早已撤销。

航 2（4—4）"轮船"邮票发行时间

关于这枚 52 分"轮船"邮票的发行时间，邮票目录记载全套四枚的发行时间为 1957 年 9 月 20 日，但当时报纸公布的航 2 发行公告中所附图片，不是全套四枚，而是只有前三枚，缺少第四枚 52 分的"轮船"。

图 7 是一枚上海近代集邮商店钟笑炉先生自上海寄天津集邮家范兰如的航 2 挂号航空实寄封，销戳日期是 1957 年 9 月 26 日，有天津 9 月 28 日到戳，注明"首日挂号"，其中也独缺 52 分的"轮船"一枚。9 月 26 日应为航 2 上海首发日。

图 8 则是一枚航 2 北京较早实寄封，贴航 2 其中的 16 分、28 分两枚，日期为 1957 年 9 月 2？日，邮资合计 52 分。

航 2 前三种面值邮票均可见 1957 年使用例，见有许多为凑足 52 分邮资而与其它面值邮票合贴实例，图 9 为 35 分拼贴封，1957 年 10 月 1 日使用（1 分掉票），亦为航 2 邮票较早使用例，独不见 52 分单独使用。假如 52 分票同时发行，按

照一封一票的原则，不会存世如此之多的航2低面值拼贴凑足52分邮资的情况，52分目前见到的最早使用日期是1958年1月份。

图7

图8

图9

由上可见，航2是分两次发行的，第一次发行前三枚，发行时间目录记载为1957年9月20日；第二次发行52分一枚，具体时间待考，目前见到的信销票和实寄封最早日期都是1958年1月份的，没有见到1957年使用例。

如有早于1958年1月份使用的航2"轮船"52分，不论实寄封还是信销票，请补齐。

青岛"兼二"邮戳实寄封

新中国初期，邮政与电信分营，电信局常兼办邮政业务，如收寄信件等，为示区分，邮电部在兼办邮政使用日戳戳式上有专门规定。

1951年3月10日邮电部第34号公告／"邮业通字第100号"／"关于电局兼办邮政使用日戳式样事项"中规定："一、电局兼办邮政之铜质日戳，除应照上年8月11日邮政总局业字第568号通令规定办理外，并应在戳面下地名月牙形中间加一'兼'字（附戳式一）。如同一地方有数处兼办者，可在'兼'字下加'一'、'二'等数字区别之（附式样二）。二、将来邮电合一时，可将'兼'字錾去使用。"

可见，关于电局兼办邮政使用日戳戳式早在"上年"，即1950年8月11日已有通令规定。

由于有邮电部令的统一规定，加之通信的实际需求，"兼"字邮戳在全国各地使用戳式比较规范，使用范围也比较广。目前见有北京、广州、武汉、杭州、长沙、青岛等大中城市使用，也有新疆哈密、湖南道县、江苏浦口、安徽宿县、江苏无锡等边远及小城镇使用。虽然使用范围较广，但留存下来的邮品并不多见。下面是我收藏的两枚青岛"兼二"邮戳实寄封，一枚寄国内，一枚寄国外。

图1、图2为1955年6月14日青岛"兼二"日戳寄蓬莱实寄封，寄信人单位是"青岛铁路分局列车段"，内信使用的信笺也是铁路系统的专用信纸，故初步判断青岛"兼二"日戳是在青岛火车站电信局使用的。当年由于经济发展原因，没有特别情况，人们一般不会坐火车出行的，火车的运行速度也不快，所以常常需要及时通报行踪和业务进展

图1

图 2

德国”，共贴用邮资 7000 圆，符合当时经东欧航路邮资，寄国外“兼”字戳封少见。背面寄信人地址是北京的，应是此人坐火车到青岛办事，在青岛火车站寄出此信。封上贴有纪 33 张衡 8 分票、航一 5000 圆及特 11、普 7 等老币值邮票，此封兼新旧币混贴、航空邮票新旧币混贴、“兼”字戳寄国外等诸多素材于一身，是一件不可多得的邮史佳品。

情况，故在火车站一般都设有电信局，方便电报、电话及信件的需求。铁路局的职工到此寄信，也是近水楼台先得月之举。

图 3 是 1955 年 10 月 30 日青岛“兼二”日戳寄民主德国航空实寄封，寄信人选择邮路是“经北京—莫斯科转民主

图 3

青岛“兼二”邮戳，因在客流量大的火车站使用的缘故，虽不常见，还可见到，但青岛“兼一”戳，许是我孤陋寡闻，未曾见有介绍。

一枚邮味十足的红旗渠原地实寄极限片

前几天，一枚正在网拍的实寄明信片引起了我的兴趣。这是一枚林县（现林州市）寄英国的红旗渠风光明信片（图1、图2），粗略看了一下，前后共贴了八枚邮票，其中有五枚编号52《红旗渠》"人间天河"邮票，明信片图案与此票高度相似，同时盖有"河南1981.10.31.林县"邮戳，虽然看上去好像有掉票和重贴，但邮资相符，这是一枚少见的自然原地实寄极限片。

图1

图2

大家知道，红旗渠是20世纪60年代，林县（今河南林州市）人民在极其艰难的条件下，从太行山腰修建的引漳入林工程，被人称之为"人工天河"。红旗渠工程于1960年2月动工，至1969年7月支渠配套工程全面完成，历时近十年。1972年12月30日发行编号（49—52）《红旗渠》邮票，一套四枚。

截标时我出了一个志在必得的价格，赢得了此件邮品。

正月初五（2月20日）传说是财神的生日，民间有迎财神的习俗，这天也正好是邮局第一天开始送信报，我迎来了满满一信箱的信件和报纸，其中就有这枚明信片。

这枚明信片是 1972 年由北京外文出版社出版的《红旗渠》明信片中的一枚，全套 12 枚，这套明信片可能当年发行量不少，现在价格也只有 30 元左右。

邮资合计 70 分，符合当时寄国外航空明信片 40 分 + 航空 30 分资费。但奇怪的是，明信片图案一面下方有两枚邮戳残迹，明显掉票；名址一面，自上而下盖有三枚航空指示戳，其中两枚大部被邮票覆盖，而且航空指示戳式有两种，一种为"航空 PAR AVION"、一种为"航空 Par Avion"，且前一种"航空"二字为黑体，后一种为楷体。这是如何造成的呢？

仔细观察，发现明信片名址一面所贴三联张《红旗渠》邮票上的邮戳，只在票上，而未在片上，而其缺失的邮戳部分，正好与背面的邮戳残迹相吻合，显然那里是这三枚邮票原来的位置。这是掉票重贴吗？那两枚不同的航空指示戳又如何解释呢？

原来，问题出在邮票双面贴上。林县投寄后，邮局工作人员核实两面邮票合计 70 分，符资，加盖了楷体航空指示戳（下方）放行。但稽核人员检查时，未发现背面所贴邮票，名址面只有 30 分邮票（不含三枚《红旗渠》票），故用圆珠笔画去航空指示戳，欲做水陆路邮寄。但在翻看背面时，发现还有 5 枚邮票，符合航空明信片资费，故又加盖了黑体航空指示戳（中间），这样就有了两枚航空指示戳。最后，恐引起误解，索性把背面的三联票，揭下移贴到名址面，遮住这两枚航空指示戳，再另外加盖一枚指示戳（上方），此戳部分加盖在三联票的中间一枚齿孔上，可见为贴票后盖。

这枚明信片应是一位英国旅行者所寄，还见过他在西安和林县寄出的同套明信片中的其他几枚，贴票也大致相同，有趣的是贴票都在明信片名址一面（图 3），而独有这枚双面贴，可能也是感觉片票同图有趣而为之，但却给邮政稽核人员造成了一个小误会，给我们留下了一枚邮味十足的原地极限片。

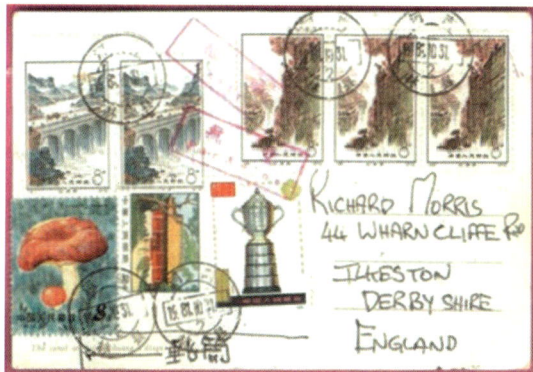

图 3

1974 年的中国民航国际航线开航纪念明信片

20 世纪 60 年代，中国民航运输机主要都是活塞螺旋桨的小飞机。当年周恩来总理出访非洲使用的是苏制伊尔—18，这在当时算是大飞机了，但中途也要经停多站加油。到了 20 世纪 60 年代末期，中国民航开始购买英国的三叉戟客机和苏制的伊尔—62 客机，这两种飞机虽然要先进得多，但因技术局限性，并未成为世界上的主流客机。

1971 年 10 月，中国恢复了在联合国一切合法席位。伴随着中国国际地位的提高，"飞出去"的需要日趋迫切。1972 年 2 月 21 日，时任美国总统尼克松访华，开启了中美对话大门。3 天后，中美双方签订了订购 10 架波音 707 客机的协议。5 个月后，美国商务部批准波音公司向中国出口 10 架波音 707 飞机。1973 年 8 月 23 日，首架波音 707 交付中国民航。

1973 年 9 月，周恩来总理在一次会议上表示"东面日本、加拿大；南面澳大利亚、新西兰；西面欧洲英、法、西德、罗马尼亚、北欧等国和非洲；还有亚洲、次大陆"，在我国与美国建交以后，都是中国要通航的国家，总理要求当年无论如何也要完成国际航线开通的准备工作。中国一方面与他国举行会谈，签订民航运输协定；一方面修建、改建机场，改善设备，培养机组及维修人员，开展相关的培训。

1974 年 3 月，民航北京管理局使用波音 707 飞机，同时从东西两个方向试航美国。东线飞往日本东京、美国安克雷奇及纽约；西线飞往巴基斯坦卡拉奇、法国巴黎、美国纽约。试航圆满成功，中国民航完成了首次环球飞行。

试航成功后，中国民航在这一年分别开辟了多条国际航线，是新中国成立后开辟国际航线最多的一年。为了纪念这些航线的开通，中国民航首次利用《北京风光》明信片为载体，发行烫金加字航线开通纪念明信片，目前已知有六套。

《北京风光》明信片，一套十枚，由中国民航发行，封套正面烫金压凸印有"北京风光"和天安门图案，背面印有"中国民航CAAC"字样及中国民航徽标。明信片图案分别为长城、香山红叶、故宫太和殿、故宫角楼、中山公园一角、北海公园、团城和景山、颐和园佛香阁、天坛祈年殿、明十三陵。应为机场商店售卖的商品，或者赠送乘客的纪念品。当年飞机上常赠送乘客一些小礼品，如明信片、扇子、香烟等。这几套有开航纪念字样的明信片，应该也是机场售卖或者赠送乘客的。

1974年4月20日，中日两国在北京签署《中华人民共和国和日本国航空运输协定》，9月29日正是中日邦交正常化两周年纪念日，中国民航开辟"北京—上海—大阪—东京"航线，使用的就是波音707客机，航班号CA921，每周两班。同日，日本航空公司也开辟了"东京—大阪—上海—北京"航线，机型DC8—62，航班号JL785。

图1是为这次开航专门印制的纪念明信片（图2背面），在《北京风光》明信片封套上，烫金加印"北京—东京 一九七四年九月廿九日开航纪念"字样，为郭沫若先生所题。当时正处"文革"后期，集邮活动尚被禁锢，中国方面没有印制首航纪念封，也没有集邮者个人制作首航封。但国外航空公司、集邮组织及航空集邮爱好者，为中日航线首航制作了有关的首航封。

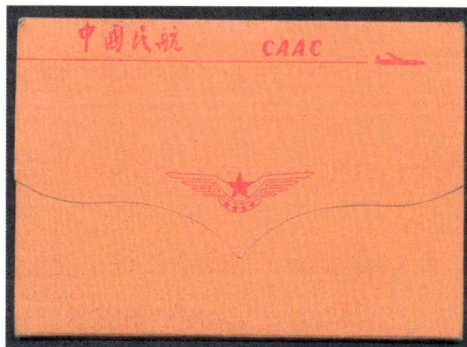

图 1   图 2

日本航空公司、日本邮趣协会为日本航空公司制作了"东京—北京"的往返首航封各一对，东京中华人民共和国展览会协力会，制作了"北京—东京"首航封一种，另有日本、联邦德国的航空集邮爱好者自制了东京、大阪与上海、北京之间的往返首航封多种。另见有一枚捷克斯洛伐克邮人制作的"北京—东京"

首航封，十分少见。

也见有几种标明由中国民航运载
的首航封，都是由日本、联邦德国的
邮人制作的，数量较之日本航空公司
的首航封少见得多，因为在当时情况
下，制作与中国有关的邮品，还是有
很多不便之处的。其中比较有名的一
种，是用日本航空公司的"北京—东
京"首航封加字改制的（图3），封
面左下角加盖红色"中国民航"字样，

图3

封内附有一张照片和一纸说明。照片是中国民航飞机到达东京羽田机场的场景，
背面加盖有地名章：东京中央邮便局私书箱447号 航空研究会 市川武男。所附
说明，大意是：该封是日本航空公司，为纪念1974年9月29日首航的东京至
北京航线而制作的，但该封由中国民航的飞机运载，而非日本航空公司。同样
注有市川武男的地址并加盖私章。

最早知道该封约在30年前，一位浙江平湖首航封爱好者手中有一枚，当时
我还向他索要了复印件，记得封品相不是很好。我一直关注该封，很多年未曾
见到。最近十多年，网上交流已十分方便，此封也比较容易收集到了。

此次中日首航，除了以上的纪念明信片及首航封，还见有一种"中日国交
正常化二周年纪念—中日航线（北京—东京）首航班机纪念"邮折，印有两国
首航班机图片，内有1974年10月1日为庆祝中华人民共和国成立25周年发行
的J2和J3邮票各一套。

早在1966年，中国与巴基斯坦和法国就签署了航空运输协定，巴基斯坦国
际航空公司和法国航空公司此前已经开辟了至中国航线，但中国民航没有飞这
两个国家的航班。1974年10月29日，中国民航使用波音707飞机，开辟了"北京—
卡拉奇—巴黎"航线，航班号CA931，每周一班。中国民航为这条新航线分别制
作了"北京—卡拉奇"（图4）和"北京—巴黎"（图5）两套开航纪念明信片，
载体同样是《北京风光》明信片，纪念文字亦为郭沫若先生题写。

图 4

图 5

据瑞士版的新中国首航封图鉴记载，此航线只有"北京—巴黎"一种首航封存世，但图鉴并未有刊录图片，可见编辑者本人也未有实物，我至今也没有收集到该封，也未见过图片，是否有该封存世存疑。

1972 年中国先后与阿尔巴尼亚、罗马尼亚、伊朗三国签署了有关航空运输协定，据此协定，1974 年 11 月 27 日，中国民航使用波音 707 客机，开辟"北京—德黑兰—布加勒斯特—地拉那"航线，航班号 CA941，每周一班。中国民航延续此前的做法，制作了"北京—德黑兰"（图 6）、"北京—布加勒斯特"、"北京—地拉那"（图 7）开航纪念明信片，载体同样是《北京风光》明信片，纪念文字采用黑体字，不再是郭沫若题字，也没有标明首航日期。

图 6

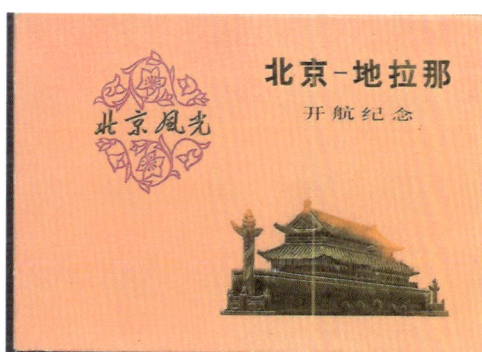

图 7

据瑞士版新中国首航封图鉴记载，此条航线只有"北京—布加勒斯特"一种首航封存世，不过，该图鉴同样没有图片。我收集有一种 1974 年 12 月 7 日的"布加勒斯特—北京"首航封（图 8），盖有首航纪念邮戳，戳内标有机型 B—707

及航班号 CA942，并有首次邮政航班等字样，封背有北京 12 月 8 日到戳。此封并非首航日期，应是航空邮路开通纪念封。

图 8

　　1974 年的这几条航线开通后，中国民航再未密集开通新的国际航线，也未见新的开航纪念明信片发行。

中国民航的"首航封"与东京成田机场的"钉子户"

未见记载的 1978 年 4 月 4 日
"北京—东京(成田)首航封"

这是一枚漂亮的实寄封,前后贴有 7 枚 JT 邮票,共 80 分,封面贴了 6 枚,几乎贴满了整个信封,一眼便可看出是集邮人所为。销票邮戳是"北京/1978.4.3.20/270(所)",270(所)为北京前门饭店邮政所用戳。该封右下角手写收信人名址,寄日本成田机场国际

图 1

邮局"存局候领",右上角手写"北京—成田""4th April 78""CA921"等字样,意即 1978 年 4 月 4 日,中国民航北京至成田首航,航班号 CA921。右上角用铅笔打了一个方框,内写"stamp",并标注"0.6 元",示意邮票贴于此,邮资 0.6 元(图 1)。查此时邮资,为起重亚太信函 30 分 + 航空 30 分,合计 60 分。此封未按寄信人所示邮资贴票,而是超贴 20 分,分析此封并非寄信人亲寄,而是委托交寄。

图 2

彼时前门饭店有海外驻华机构在此办公,该封应为集邮爱好者委托有关人员办理。

封背贴有一枚邮票,盖有寄件人名址条形章,寄收件为同一人,未见到达戳(图 2)。根据以上信息,初步可以判断这是一枚北京至成田机场首航封。

但是，遍查中国民航资料，1978年4月4日，中国民航并未新辟这条航线，翻阅瑞士版新中国首航封图鉴，也不见这枚首航封的踪影。封上标著的"CA921"是中国民航"北京—上海—大阪—东京"航线航班号，此航线是新中国成立后中国民航开通的首条中日间航线，首航日期是1974年9月29日。

这是怎么回事呢？这要从闻名于世的成田机场的"钉子户"说起。

成田机场的"钉子户"

成田国际机场，也称新东京国际机场，距东京市区68公里，现为日本最大的机场。1960年代，随着战后日本经济的快速发展，原东京羽田国际机场已经不能满足客流量的需求，日本政府计划增建成田机场。但是在土地征用问题上，当时还未广泛实行有偿征用土地的办法，政府还是采取传统的办法，强制住户迁移到其他地区，而不进行必要的补偿，这引起了当地农民的强烈反抗。

1960年代末期，当地农民联合学生和左翼政党成立了"三里冢—芝山联合空港反对同盟"，通过法律手段、群众示威，甚至暴力行动来抵制新机场的建设。1971年开始，日本政府采取强硬手段推进搬迁进度，这引起了激烈冲突。冲突中，3名警察死亡，1000多名市民和警察受伤，291名农民被捕。抗议和冲突并未阻止机场的建设，终于在1978年，第一条跑道完工并计划在3月30日正式通航。然而，3月26日，一群激进分子携带燃烧瓶驾车冲入机场控制塔台并进行了肆意破坏，砸毁大量设备。机场不得不推迟至5月20日重新开放。

至此，我们也就明白了上面那个"北京—成田（东京）"首航封的缘由了。成田机场计划于1978年3月30日启用，根据预告，原降落日本东京羽田机场的中国民航的CA921号航班，将于4月4日改飞成田国际机场。于是，这位日本集邮爱好者，提前制作了"北京—成田"首航封，并于4月3日20时交寄，以便搭载4月4日飞成田机场的中国民航班机。由于此前的3月26日，成田机场遭到毁坏无法使用，所以，这枚首航封没能寄达成田机场。这批首航封应该不止一枚，估计到达日本后，打包一起退给了这位集邮者，这也是封上没有到达戳的原因。

5月22日日本航空"东京（成田）—北京"首航封

成田机场延至5月20日开航，并为此发行了纪念邮票（图3）。为纪念新机场开航，各国首航封爱好者制作了日航的"东京（成田）—北京"航线首航封。图4是德国首航封爱好者制作的首航封，邮票上加盖有5月20日"新东京国际空港开港纪念"邮戳，同时加盖同日成田国际机场邮局日戳，

图3

按"存局候领"寄北京首都机场。该航线自成田机场首飞时间为5月22日，航班号JL785，封背有北京首都机场邮局"69支"5月23日到达戳（图5），封舌上有德国集邮者的名址，并要求3天后退回。封面盖"北京349（所）"6月25日退戳，349（所）原为北京火车站站内邮政所用戳，1971年12月北京站邮政局开业后，该所撤销，349（所）戳后用于南苑邮政所。可见，此封并未经首都机场邮局退回，而是由南苑机场退回德国，当时中德间尚未通航。

图4

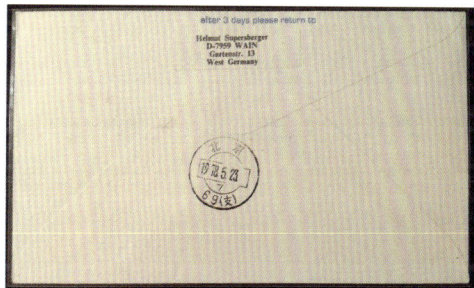

图5

北京邮局并未按寄件人的意图3天后退回此封，而是按照有关规定，"存局候领"邮件在超过一个月候领期限后，粘贴退件签条，并在退回原因上注明"无人领取"做退件处理。

而中国民航至新机场的首航封，不知是因制作数量稀少，还是根本没有制作，至今没有见到记载或者有人收集。

此后，在成田机场的土地征用问题上，日本政府与农民之间虽都做出妥协，

但冲突一直没有间断。原计划的三条机场跑道，历经 50 余年，至今才建成了一条半，为了不影响没有搬迁农户的生活，成田机场也成为了世界上唯一夜间不能起降的机场。据闻，目前还有 8 个"钉子户"没有搬迁。

1979年10月7日汉堡寄上海空难封

1979 年 10 月 7 日晚，一架瑞士航空公司航班号为 SR316 的 DC-8 飞机，由瑞士日内瓦飞往希腊雅典，机上有乘客 142 人，主要来自英、德、法、美和瑞士，机组成员 14 人。这其中有一百多人是医生，准备前往北京参加中国国际医疗器械博览会。1979 年是中国国际医疗器械博览会举办首年，每年春秋举办两届，至今从未间断，已举办 80 余届。机上还载有超过一千磅的放射性同位素和少量钚，另外还有价值超过 200 万美元的工业钻石准备运往孟买。

当飞机在雅典国际机场降落时，由于驾驶员的操作失误，飞机冲出跑道，两翼折断，油箱起火爆炸，造成 14 人死亡，货物几乎全部焚毁（图 1）。机上所载航空邮件，部分被抢救出来，其中就有一封自联邦德国汉堡寄上海的信件。

图 1

汉堡寄上海的空难封

这是一封寄给中国机械进出口总公司上海分公司的商业信函，封面右上角盖汉堡机盖邮资机戳，时间是 1979 年 10 月 4 日（图 2），封背是寄件公司地址（图 3）。从图片中可以看出，信件的一角已经被烧焦，内信已残缺不全，无法再寄给收件人，所以做退回处理。

图 2

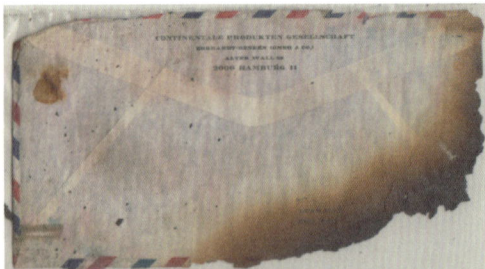

图 3

空难封被放在一个密封塑料袋里，另外还附有一封汉堡邮局的说明信函（图4）。

从说明信函可以看出，空难封先退给了寄出局联邦德国汉堡邮局，再由汉堡邮局退还给寄件人。根据瑞航这架飞机的航班号 SR316，我们可知航线全程是"苏黎世—日内瓦—雅典—孟买—北京—上海"，除了汉堡寄出的航空邮件，可能还有瑞士及其他国家的随机航空邮件。从这封汉堡空难封的处理方式，可以判断，这些捡拾回来的邮件，应该都退给了原收寄局，再由原寄局退还寄件人。

汉堡邮政局所附打印信函内容大意是：尊敬的邮政客户，此信由 1979 年 10月 7 日瑞士航空公司的 SR316 航班搭载，

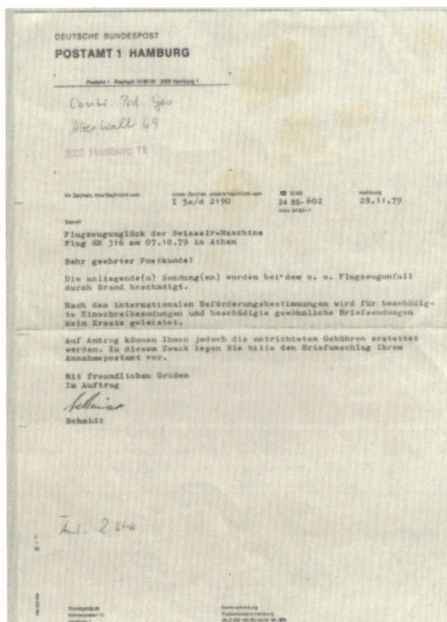

图 4

有关货物在飞机事故中因火灾而受损。根据有关国际法规则，损坏的邮件无论挂号还是平信，均不赔偿。但如有要求，可退还邮资。为此，请到邮局出示信封，以便办理。日期是 1979 年 11 月 28 日。

这里大家可能有一个疑问，联邦德国寄出的信件，怎么要绕道由瑞士的航班搭载呢？为什么不搭乘联邦德国到中国的航班呢？

瑞士至中国的首条航线

1973 年 11 月 12 日，中国与瑞士在瑞士首都伯尔尼签订了《中华人民共和国和瑞士联邦委员会民用航空运输协定》，协议生效日期 1975 年 2 月 3 日。1975 年 4 月 6 日，瑞士航空公司开辟"苏黎世—日内瓦—雅典—孟买—北京—上海"航线，机型 DC-8-62，航班号 SR316，4 月 8 日返航，这是中瑞间首条定期航班。

这在当时是一条十分重要的航线，在此之前，中国除了几条与东南亚及东欧几个社会主义国家的航线外，只有中法、中日间有航班，所以这是通往欧洲的一条重要空中走廊。

这条航线的开通，在集邮界也引起轰动，有关的集邮公司和航空集邮爱好者，制作了一批首航封，这在新中国国际航线首航封里，可称品种最多的一条航线。其中就有大家熟知的 PFN1，是由当时的中国邮票出口公司制作的中瑞首航封一对两枚。

瑞士航空集邮俱乐部制作了各种精美的首航封，每种数量在几千枚。二三十年前，这种首航封要 200 元左右一枚，记得当年《集邮报》曾刊登过广告，让价 250 元一枚，事后我曾联系卖家，称已全部售出。后来随着国际交往的便捷，这种首航封现在已经比较容易收集了。

图 5

为纪念这次首航，瑞士邮政专门启用了两款首航纪念邮戳，分别在苏黎世和日内瓦使用（图 5，"日内瓦—上海"首航封），孟买邮政也启用了一款首航纪念邮戳。

世界各地的航空集邮爱好者，也寄发了这条航线各个区间的首航封，这种自制首航封由于数量很少，收集难度较大（图6，"北京—苏黎世"首航封）。

图6

在协议生效之前的1974年8月1日，瑞士航空公司曾开辟了一条飞中国的特别航线，航线全程为"苏黎世—日内瓦—卡拉奇—北京"，机型DC-8-62，航班号SR2004。

1974年8月7日至20日，瑞士在北京举办了"瑞士工业技术展览会"，这条临时航线就是为这次展览会而开辟的。虽然是一条临时航线，但航线开辟同时也开通了首航邮路，为我们留下了许多精彩的首航封，既有专印的首航封（图7，列支敦士登首都瓦杜兹寄出的"苏黎世—北京"首航封），也有集邮者自制首航封（图8，"北京—苏黎世"首航封）。

图7

图8

中国与联邦德国的首条航线

根据1972年中国和伊朗、罗马尼亚及1975年10月31日中国与联邦德国签署的民用航空运输协定，中国民航率先开辟了至联邦德国的航线。1979年5月3日，民航北京管理局第一飞行总队使用伊尔－62型2020号飞机，首航"北京—德黑兰—布加勒斯特—法兰克福"航线，航班号CA941，每周一班。

这条航线没有专门印制的首航封，但有少量自制首航封，由于数量较少，想收集齐全难度也很大（图9，"北京—法兰克福"首航封；图10，"法兰克福—北京"首航封）。

图9

图10

联邦德国开辟至中国航线是第二年的事了。1980年4月6日，汉莎航空公司开辟"法兰克福—卡拉奇—北京"航线，机型DC-10，航班号LH662，4月8日返航。

这条航线"法兰克福—北京"（图11）、"法兰克福—卡拉奇"、"卡拉奇—北京"及返航"北京—卡拉奇"、"北京—法兰克福"都有专门印制的首航封片，这些邮品都是外方制作的，每种数量有几千枚。也有一些自制首航封片，但数量较少（图12，"北京—法兰克福"首航封）。

图11

图12

专印首航封片中，在航点上多印了曼谷一地，可见原航线包括曼谷，后来因故取消，但封片已经提前印好，来不及重印，继续使用。有一些消息不灵通的集邮爱好者，也寄发了与曼谷有关的首航封，但这是一种误制封，可以收集，聊做备档。

从以上介绍可以看出，汉堡空难封寄出的 1979 年 10 月 7 日，联邦德国尚未开辟中国航线，此时虽有中国民航由法兰克福到北京的航班，但因此航线每周只有一班，班期不合，故选择了瑞航的航班。

新中国成立后，由于欧美对中国的经济封锁，很长一段时间，中国的国际航线很少，中瑞、中德航线是开通较早的两条通往欧洲的重要航线。改革开放以后，中国打开了通往世界的大门，国际航线逐步通向世界各地。

新中国中美首次通航首航封

新中国成立后，以美国为首的西方阵营采取了对新中国政治上孤立、经济上封锁、军事上威胁的政策，企图扼杀新中国于摇篮中。新中国在航空线路方面，很长时间只有很少的几条国际线路，多以通往当时的社会主义国家为主。1971年中国邀请美国乒乓球队访华，1972年时任美国总统尼克松访华，中美关系开始解冻，1979年1月1日，中美正式互相承认并建立外交关系。这期间为了中美通航举行了多次会谈，1980年9月17日中美正式签署《中美民用航空运输协定》，当年中国民航购买美国波音公司的B747SP型飞机。

1981年初，中国民航和美国泛美航空公司分别执行中美首航，中断32年之久的中美空中航线恢复通航。

在此之前，中法、中瑞、中日、中德、中英等已经先后开通了航线，中美是以美国为首的西方阵营中开通航线较晚的国家。中国与上述国家开通航线在上世纪60年代至80年代初期，当时国内的集邮活动尚处于"休眠"状态，所以，这些航线的首航封，基本都是国外集邮组织和个人制作的，鲜有国内邮人制作。当时的中国邮票出口公司为中瑞航线，后来中国邮票总公司为中美航线分别制作了编号为PFN—1、PFN—2的两对首航封。

由于当时这些航线开通时，航空邮路同时开通，所以制作的首航封都是通过首航班机运送的，符合传统首航封定义。这些航线当时都是重要的国际航线，首航自然也引起各国航空集邮爱好者的关注，所以，基本留下了首航封。中美首航当然也不例外。

中美通航已40余年，我收集这条航线的首航封也有30多年了，这条航线首航封除了总公司的一对首航封外，其它都是国外制作的，有关资料国内难以见到，在此，愿将这条航线的首航封情况介绍如下，以期对首航封爱好者有所帮助。

中国民航首航封

1981 年 1 月 7 日，中国民航率先首航美国，执行首航的是中国民航北京管理局第一飞行总队，首航飞机是波音 B747SP 型 1304 号，航班号 CA985，航线"北京—上海—旧金山—纽约"，全程 15937 公里，每周一班。

中国邮票总公司为此特发行两枚"中美首航纪念封"，贴 J.59(2—2)70 分邮票，盖"中美首航纪念"邮戳，一枚"北京—纽约"首航封，封背有纽约 1 月 7 日到戳（图1），一枚"北京—旧金山"首航封，封背有旧金山 1 月 8 日到戳（图 2），发行量 4916 套，售价 6 元。此封后来编入总公司系列纪念封，编号为 PFN—2。

图 1

图 2

根据美国航邮爱好者丹·巴伯（Dan Barber）先生当年考证，纽约肯尼迪机场邮局收到了约 5400 枚首航封，其中主要是中国集邮总公司制作的 4916 枚首航封，余下的四百多枚首航封是航邮爱好者自制的首航封。旧金山机场邮局同样收到了中国集邮总公司的首航封和少量自制首航封。

从目前存世的中国民航中美首航封来看，主要是中国集邮总公司的一对首航封，自制首航封见到的有"北京—纽约"、"北京—旧金山"（图 3）、"上海—纽约"（图4），都是日本邮人自制，数量稀少，其中自上海寄出的最为少见。

图 3

图 4

1月8日，中国民航飞机返航，返航线路为"纽约—旧金山—上海—北京"，航班号 CA986，据丹·巴伯先生介绍，纽约和旧金山的邮局没有收寄任何寄往中国的首航封，事实也是如此，至今没有发现此线的返航首航封。

泛美航空公司首航封

泛美航空公司在开通航线前，曾试航中国，图5为1980年12月6日自北京寄出的试航封，贴泛美航空公司航徽条。

图 5

继中国民航开通中美航线后，泛美航空公司也连续开通两条至中国航线。1月28日开通"纽约—东京—北京"航线，机型同样为 B747SP，航班号 PA015，1月30日返航，返航线路为"北京—上海—东京—旧金山"，航班号 PA016。不同于中国民航线路，这条航线往返线路都有首航封存世。

首航线路有"纽约—北京"、"东京—北京"首航封，其中"纽约—北京"首航封分别由三个邮局寄出，各局寄出的数量不同，加盖的方形纪念邮戳颜色也不同。纽约邮政总局寄出1932枚、纪念戳蓝色（图6）；纽约联合国邮局寄出数量不详，绿色纪念戳（图7）；纽约肯尼迪机场邮局寄出最多，为17427枚，洋红色纪念戳。"东京—北京"首航封见有日本邮人自制封，较少见。

图 6

图 7

返航线路有"北京—上海"（图8）、"北京—东京"（图9）、"上海—东京"、"北京—旧金山"、"上海—旧金山"（图10）、"东京—旧金山"首航封存世，其中以"北京—旧金山"和"上海—旧金山"首航封为多，分别为北京寄出402枚、上海寄出365枚，到达旧金山后，泛美公司在部分首航封上加盖了红色纪念戳。除了北京、上海寄旧金山的首航封外，其它航段首航封也很少见。

图 8

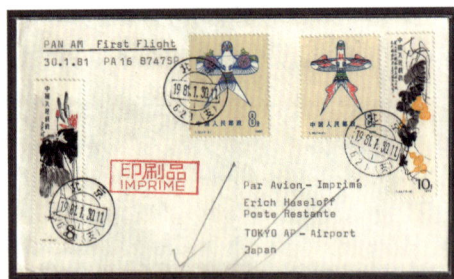

图 9

图 10

由于通常情况下，往返线路都是一致的，但这条航线首航与返航线路不同，给邮人造成了误解，造成了部分误制的首航封，但误制封也不多见，可以辅助收集。

2月2日，泛美航空公司执行"旧金山—东京—上海—北京"航线首航，2月4日返航线路为"北京—东京—纽约"。

首航线路有旧金山至北京、上海两地的首航封，旧金山首航封分别为旧金山邮政总局和旧金山航邮中心收寄，加盖不同颜色的首航纪念戳。其中旧金山邮政总局收寄的首航封数量为"旧金山—北京"1697枚、"旧金山—上海"1241枚，纪念戳为黑色；旧金山航邮中心收寄的数量为："旧金山—北京"（图11）2285枚、"旧金山—上海"2252枚，纪念戳为紫红色。另有"东京—上海"、"东京—北京"首航封存世，但均少见。返航线路有"北京—纽约"（图12）首航封，纪念戳为洋红色。

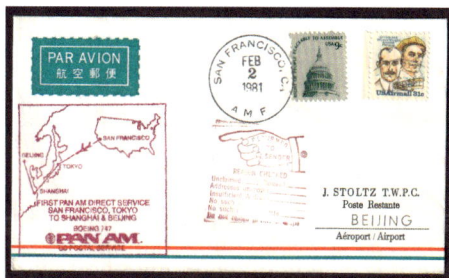

图11

图12

此条航线的首航封见有美国、联邦德国、日本的邮人自制封，也有联邦德国环球航空集邮俱乐部制作的封，其中一枚转寄墨西哥的首航封很少见。

综上所述，中国民航开辟的中美航线，有一对集邮总公司的官封比较容易收集，自制封极少见，返航未见首航封；泛美的两条往返航线，除了自美国寄出的首航封有一定数量，其它航段（含返航）首航封数量均不多。

新中国首航封在20世纪80年代曾掀起一股收集热潮，但以国内首航封为主。新中国国际航线首航封，特别是1950—1980年代的，由于特殊的历史时期，大多为国外制作，数量不多，散落世界各地，收集起来并不容易，加上当年信息不通畅，有些误制封，需要仔细甄别。

怪异的"北京 26 支"邮戳

我曾在 1995 年 4 月号《上海集邮》发表过一篇《国外流入的新中国国际航线伪封》的小文,其中就有这枚 1987 年 3 月 29 日"阿布扎比—北京"首航封(图1),封背有"北京 /1987.4.8.8/26(支)"到戳(图2),此戳有别于我们常见的日戳,不仅戳径要小得多,而且字体也有些怪异,所以,被判为"伪戳"。

图 1

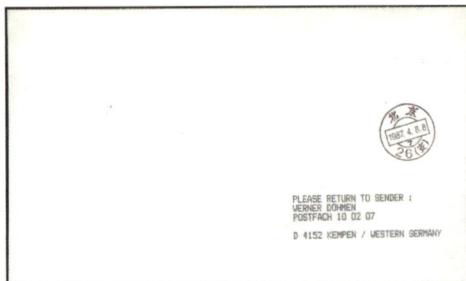

图 2

1987 年 3 月汉莎航空公司开辟了两条到北京的航线,一条是 3 月 29 日的"法兰克福—阿布扎比—北京"航线,机型 B747,航班号 LH722,另一条是 3 月 31 日的"法兰克福—巴林—北京"航线,机型 B747,航班号 LH724。为了纪念这两条航线首航,法兰克福、阿布扎比和巴林都启用了首航纪念邮戳,三地都有到北京的首航封,也有各区间首航封、返航封存世。

图 3 是 4 月 1 日的"巴林—北京"首航片,封背也是盖这种"北京 26 支"邮戳。与"阿布扎比—北京"首航封相同,制作人地址都是联邦德国。

按照当年的推断,这种首航封在寄达北京时,可能由于数量较多,有一部分没有加盖北京落地戳,就打包

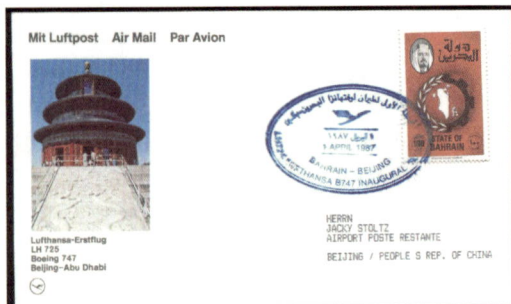

图 3

退回寄件人，而首航封制作者为了追求"完美"，仿照北京邮戳，制作了一枚"伪戳"加盖在封上。还有一种可能，就是这部分首航封压根儿没有实寄，盖了枚假到戳。

但最近收集的一枚"阿布扎比—北京"首航封（图4），让我们对这枚"北京26支"邮戳产生了新的认识。此封正面销票戳是"阿布扎比—北京"首航纪念邮戳，另有一枚"北京/1987.8.31.22/623(支)"退回戳。封背也有多枚北京邮戳（图5），除了与封面相同日期的一枚"北京623支"日戳外，还有一枚红色"北京623支"机盖邮资机戳，邮资部分已设置为"0"，作到达戳使用。还有三枚"中华人民共和国/1987.9.2/BEIJING"国际互换局邮戳，再有那枚怪异的"北京26支"邮戳。

图4

图5

这枚封的退回地址是美国的旧金山，有多个美国英文代码小戳。此封已经加盖多枚北京到达邮戳和退戳，完全没有必要再加盖一枚"北京26支"的"伪戳"，来证明此封到达过北京。那么，真相只有一个，即这枚"北京26支"邮戳并非"伪戳"，而是一枚当时实际使用的"真戳"。再退一步讲，假如要做一枚北京伪戳，可参考的北京邮戳实例很多，作假者不会拙劣到造出这样一枚"一眼假"的邮戳。

由于大量首航封的制作者是联邦德国邮人，这些按存局候领交寄的封退件处理时，为了简化手续，只加盖了这枚特制的"北京26支"日戳，集中退回德国。而少量其他国家邮人制作的首航封，由于退回时间和邮路不同，则加盖了多种北京日戳。

所以，北京26支戳，是邮件处理过程中真实加盖的邮戳，而非事后造假补盖。该戳仅见于1987年的这两条航线首航封上。

　　查阅有关资料，北京 623 支局原为齐家园外交公寓支局编号，1985 年 7 月
29 日新局址建成称建国门邮局，隶属国际局，1994 年 7 月 1 日 623 支戳停用。
北京 26 支当时为团结湖支局。

猴票，从 1 元到 1.77 万元

1983 年笔者参加工作了，每月把工资交给家里后，还有几块钱的零花钱，这让刚刚起步一年多的集邮爱好，有了小小的经济基础。

那时笔者所在的这个小县城，还没有集邮门市部，整个烟台市只有一个集邮门市部，设在烟台山下的邮局里。那是一个老邮局，建于 1925 年，现在一楼设有集邮专卖店和营业室，二楼为烟台近代邮政博物馆。当年烟台自发的邮票交换场所就在这里，一般在星期天。

如果到烟台山下邮局，要先骑自行车到县城车站，坐车近 30 里到市里的大海阳车站，再倒一次车才能到达。费时近两个小时，车票要两角钱，在当时两角够一顿午餐费了。所以，笔者选择了骑自行车，时间只用一个多小时，还可以节省车费，中午的饭钱也有了。

由于当时集邮刚刚兴起，星期天到山下邮局交换邮票的人并不多，也只有十几二十几个。大家以交换为主，也有买卖，品种不是很多，笔者也是以集信销票为主。当时猴票要 5 元一枚，信销票 1 元，看着红彤彤的金猴甚是喜爱，但高企的价格还是让笔者望而却步。

1981 年发行的《T.63 畜牧业—牛》，一套 6 枚，前五枚信销票都有了，就缺 55 分那枚高值票，无奈买了一枚新票配成了套。后来收集到了那枚 55 分的信销票，就想把新票让出去，当年 55 分不是个小钱。笔者想把这张牛票卖了，换一张信销猴票。

因为这枚 55 分牛票，右下角有一个不起眼的污点，最后以伍角的价格让出。一打听猴信销票要 1.2 元了，比前些日子涨了两毛，伸出的手又缩了回来。8 分的信销票要花费 1.2 元，心中有些不甘，等价格落下来再买吧。

这一等就是十几年，猴票是芝麻开花节节高，价格由几元涨到了几百元。看着节节攀高的价格，猴票这事儿也搁置了下来。

转眼到了 1996 年，第九届亚洲国际集邮展览在北京举办，这是首次在中国举办的国际邮展，不可不饱眼福，我们几个集邮同好相约来到北京。受许多人的委托，购买猴票是此行的重要任务之一，当时一版猴票的价格接近 4 万元了。

开展首日，真是人山人海，在拥挤当中，笔者准备购买猴票的几千元现金不慎丢失，懊恼之中，再一次与心仪的猴票失约。

当时许多摊位都在显著位置展示着一版猴票，同行的邮友，经过比较，首日上午就看好了上海交运邮社的一版猴票，讨价还价之后，成交价格是 3.8 万元，别的摊位价格要 4 万元。回想当时价格低一些，主要还是信息不对称的原因，交运邮社当时名气很大，占据展场显著位置，这几位同好一进展场，就奔着猴版而去，转了一圈后，出手也很快。此后几天，猴票价格不断上扬。这版猴票卖出了以后，交运邮社的老板很后悔，非要加价两千买回去。这版猴票拿回来之后，被分割成四方联和单枚出手了。

这届国际邮展之后，1997 年迎来了一次集邮高潮，位于烟台市少年宫的集邮市场，也人潮涌动。在这股大潮之下，笔者也心潮澎湃，心想，玩邮票也有十几年了，竟没有一枚猴票，在邮友面前说起来，哪抬得起头！由于醉心于封片收集，邮票也是零零散散，一不做二不休，最后索性花费 1.77 万元，买了一套 1974—1982 年的 JT 大全。当然其中就有这枚红彤彤的金猴了，圆了十几年的梦想。

如今，一枚猴票价格早已过万元，一版要百多万元了。每个集邮人都有着不同的猴票故事，小小的纸片背后，有着金钱换不来的梦想、快乐和记忆。

两遇"957"首航封

民国 9 年 5 月 7 日，一架由英军驾驶员驾驶的飞机，从北京南苑机场起飞，50 分钟后飞机降落在天津英军操场，机上除载有少量乘客，还代运了几十封信件和新闻纸。下午飞机返航，同样载有乘客和邮件，不过返航载运的信件和新闻纸要多一些，但总量估计不超过三百件。这就是中国首次航空载运信件，被誉为中国航空邮政之发端。而此次飞行载运的邮件，当时往返总量近四百件，且多为新闻纸类，至今已逾百年，留存下来的十分罕见，是中国早期航空邮集不可或缺的邮品，估计存世量在 30 枚左右。

我自 20 世纪 80 年代初始集邮，受几位首航封收藏大家影响，对首航封情有独钟，鉴于邮识和所悟有限，只是玩点普通货而已。但兴之所至，对首航封还是关爱有加，机缘巧合，近十年来竟两遇"957"首航封，但一真一假，虽无所获，但想来既有趣、也有缘，便记之同享，也算一段邮苑佳话。

图 1

图 2

2011 年 10 月，在浏览某国外拍卖网站时，看到有 20 多枚封片拍卖，都是各地寄天津英国工部局所在地香港路的"倪大夫"收的，时间跨度近 40 年。从名字可以看出，"倪大夫"是一位外国人，应该是一名医生，"倪大夫"是邮差翻译过来用铅笔写在信件上的名字，便于投递。既有国内寄的，大部分是国外寄的，以英国居多，倪大夫应该是一位英国侨民。其中就有一枚"957"首航封，共刊录三张封图，分别是封面（图 1）、封背（图 2）和内装的信件（图 3）。卖家来自英国，从其所拍卖的物品来看，他不是一

位专业的邮品卖家，而是一位杂家，并不知晓
这枚首航封的珍罕，所以才把这样一枚珍贵的
首航封放在这里拍卖。

经过仔细研究后，我基本认定这是一枚真
品，最后成交价合人民币3万元。为了保险起
见，我又咨询了邮友及几位航邮大家，在获得
首肯后，我选择了付款。但3000多英镑的成交
价，显然超出了卖家的预期，也引起了他的警
觉，最后卖家只寄出了中标的同一收信人的另
外几枚封片，而这枚"957"封，以无法提供超

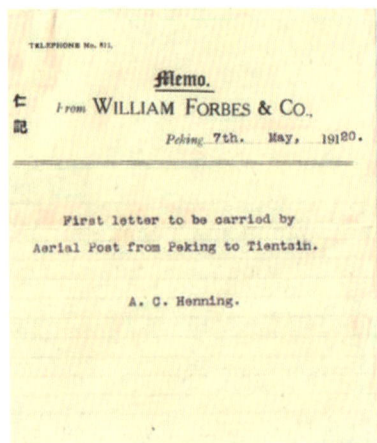

图3

出500英镑邮寄保险为由悔标。结果也在预料之中，毕竟此封当时价值在30万
元左右，卖家不会无动于衷的。

从我拍下的"倪大夫"其它几
枚信件来看，此人很可能是一位集邮
爱好者。图4是一枚瑞士"OCEAN
Stamp Ltd."（海洋邮票公司）寄给他
的明信片，时间是1937年9月22日，
天津到戳日期是10月8日，信中提
及：知道你所在的国家遇到了麻烦（指
"七七事变"，日寇全面侵华），一

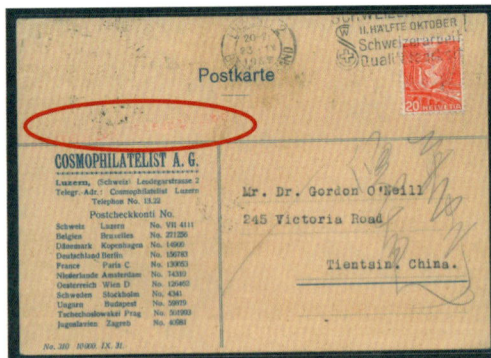

图4

直没有收到你的消息，我们宁愿等待你的回音，不希望取消你之前的预订。信
件写得较隐晦，估计也是迫于当时形势，在不了解情况的前提下，怕给收件人
带来不必要的麻烦，邮票公司的名称是用淡红色在片的正反两面加盖的。但从
寄信方地址来看，我估计应该是预定的邮品之类。我拍到的其它几枚信件，都
没有寄信地址，估计是熟人所寄。

此人为英国侨民，信件也带回了英国，这批信件由英国卖家批量拍卖，估
计是被后人当作普通物品一次性处理了。如果这枚"957"首航封被国内集邮家
收藏，我愿赠送这几枚封片以作参考之用。

目前存世的"957"首航封，都是西式封或者新闻纸，中式封好像没见过，此前却遇到一枚中式封，虽是假封，但此封的造假手段也颇为有趣，一一破解，也为大家集邮之余，留点趣话。

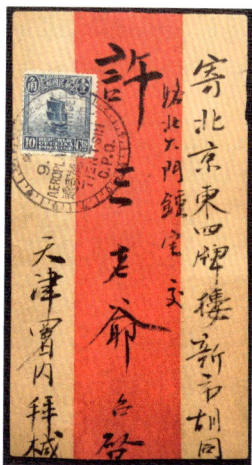

图 5　　　　　图 6

且看此中式红条封，封面左上角贴帆船壹角票，销淡紫色天津至北京首航纪念邮戳，收信地址为"寄北京东四牌楼新市胡同 / 路北大门钟宅交 / 许三老爷台启"，寄信人地址为"天津署内拜缄"（图 5）；背面盖淡紫色矩形天津至北京首航指示戳，一枚天津"TIENTSIN / 九年五月七日 / 天津府十三"英中文腰框戳，另有一枚不清的北京中英文到戳（图 6）。

此封粗看，保存良好，确有几分神似。所用中式红条封老旧，不是新造之物。虽然中式封首见，但分析也有可能，北京与天津间飞机通航，估计也要报经官方许可吧，天津署理衙门寄出，官老爷开开洋荤，用飞机寄封快信也在情理之中。北京的收信地址"东四牌楼"也是京城达官贵人居住之地，毛笔字也写得流畅不俗，两个纪念邮戳以及天津日戳，与已见的"957"封相比较，粗看也有几分神似。

但假的就是假的，仔细分析比较，此封有这样几处疑点：

1. 信封。信封虽然老旧，不是新造，应为早年留存下来的空白封，但纸质脆软，不似官府所用，早期邮品中常见此类实寄封，一般为民间通信所用。另外与同时期红条封比较，字迹有些鲜亮，缺乏自然氧化旧色。造假者之所以选择中式封，一是早期空白西式封国内不好找，二是造假者一般熟悉中文书信习惯，而用英文造假则难度要大得多。

2. 邮戳。信封正反两面共有四枚邮戳，两款纪念邮戳，两款日戳。两款纪念邮戳真品应为比较纯正的紫色，但此封却紫色较淡，黑中带紫。

与现存的"957"首航封比对，这个封竟是把别的封上的首航纪念戳和天津日戳照搬过来，连细节也一模一样，因为北京东四牌楼邮局邮戳在"957"首航封上没有出现过，造伪者就加盖了一枚墨色极淡、无法辨认的戳。

背面的首航纪念邮戳嫁接自 2008 年北京诚轩春拍中的"957"首航封，这是一件天津寄北京的《华北每日邮报》新闻纸首航封（图 7），当时成交价 28 万元，同时上拍的还有一件北京经天津寄英国首航封，成交价 23.5 万元。请看"至"字左边，原封有一个黑色杂质，本与邮戳无关，而克隆的戳为了逼真是电

图 7

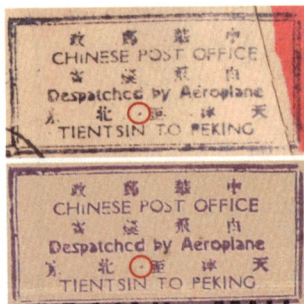

图 8

图 9

脑扫描做戳，竟把这个黑点也做上了，加盖出来是紫色的（图 8，上图为克隆戳，下图为原戳），两戳对比，克隆戳几乎与原戳一模一样。天津日戳则取自林衡夫邮集中（图 9），林老集中，天津日戳因左边加盖在骑缝处，所以多出了一条

图 10

黑线，造假者也选择在骑缝处加盖（图 10，左为克隆戳，右为原戳），只是此戳与原戳的墨色浓淡、粗细等细节几乎一模一样，几乎是双胞胎了，太相似也是弄巧成拙。

此封近期已见流传到国外，为免上当，留此存鉴。

最后补充一下，关于中国航空邮政之始，1920 年 5 月 7 日的京津首航一度曾被誉为首次，但同年同月 2 日，即 1920 年 5 月 2 日，意大利飞机由福州飞抵上海，随机携带了邮件一袋两包，内装平信 30 余件，邮件由上海邮政总局出口房经理马赛尔经理分发各处，每信加盖中英文的"此信从福州飞机运来"条形章，5 月 3 日的《申报》称"中国用飞机传邮，实以此为嚆矢也"，可见首次邮运又提前了 5 天。

我与"老赵"的首航邮情

不知不觉赵涌在线已经 36 岁了，集邮人习惯称赵涌公司为"老赵"，若以人生论，36 岁正值青壮年，谈不上"老"，但作为一家收藏品在线公司，在中国，36 岁可以算作"老"了，这里的"老"指资历老、资格老。

赵涌在线之前举办过多次征文，犹豫再三，也都没有动笔，这次看到征文，不想再错过了，几十年邮情，觉得应该写写了，于己是一种回味，于"老赵"是一种感谢！

我是 20 世纪 80 年代初开始收集首航封，不管邮市几多变幻，这个爱好一直伴随了我三十多年，与"老赵"几乎同龄了。记不起何时与赵涌公司开始接触，翻查了一下留存的资料，找到几本 1996 年 4 月出刊的"赵涌售品目录"，其中有第 1、2 期（图 1），不知是否最早的售品目录？还有几十张至今还在使用的赵涌封片护邮袋（图 2），这些护邮袋上清一色地写着"首航封"以及编号和售价。

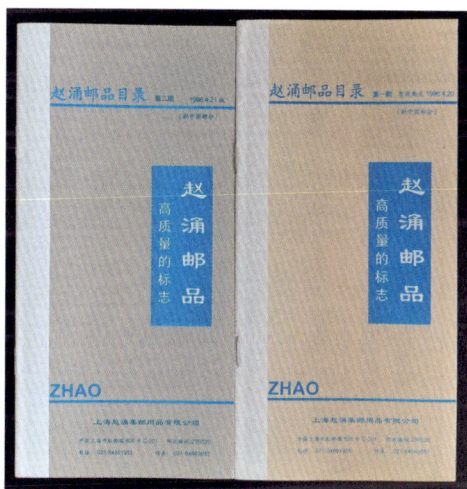

图 1　　　　　　　　　　　图 2

20 世纪 80 年代，国家工作重点转移到经济建设上来，开辟了许多新的航线，集邮公司也制作了大量的首航封，集邮圈掀起一股首航封热潮，我也卷入了这股热潮之中。开始都是以国内首航封为主，80年代后期，我开始收集新中国国际航线首航封。由于新中国国际航线首航封，都是国外制作的，当时的国际交流和渠道都很狭窄，要收集这类首航封并不容易。

而这期间，对我帮助最大的是赵涌公司。由于创办人赵涌先生有德国留学的经历，许多邮品来自德国，而德国邮人制作了不少的新中国国际航线首航封。

记得第一次与赵涌公司的接触，是1995年的北京首届国际邮票钱币博览会。这是在中国举办的第一次大型邮票钱币展会，赵涌公司在显眼的位置设有展位，图2的那些封片护邮袋中，就有在这次展会上购买的盛装首航封片用的，当时，赵涌先生也亲临展位。

从价格标签上可以看出，当时的首航封片价格较之现在并不低，但当时由于来源渠道少，即便这样也很少见，一次能收集十几枚新中国国际航线首航封，还是令我兴奋不已。

记得匆忙间，由于自己当时邮识不高，把一枚1985年的"中国飞剪"首航50周年纪念封当作首航封了，回家一看，觉得花了200多元有些委屈，便写信询问能否退回。现在想来也是可笑，但"老赵"还是及时回音：由于现场出售没有记录，售出的邮品不便退回，另外随信赠送了礼品券。

接下来的1996年亚展、1999年世展，我都赴京参加盛会，在展销区域，首先来到的是赵涌公司的展位，选购我喜欢的首航封，每次都没有让我失望。以后的历届全国邮展、亚展、世展，赵涌公司一如既往，展位都在醒目位置，只要我参展，"老赵"是我必会的老朋友，老友也没有让我失望，每次都让我收获满满。

赵涌公司起初是邮寄售品目录，后来开办网站，服务一直是一流的，当年赵涌公司的广告语是"赵涌邮品——高质量的标志"。信封厚实挺括、售品目录清晰精美、邮寄邮品包装结实耐折。

后来赵涌有了网站，购买邮品更方便了，可20世纪90年代，电脑还远没有普及，我当时所在的乡镇，只有分管经济的副书记有一部手提笔记本电脑，我常蹭他电脑用，清楚记得两枚1974年的中国民航北京、上海飞日本首航封，就是用这部电脑拍下的，至今这两种首航封也是很少见的。

后来有了自己的电脑，参拍赵涌的首航封等邮品就方便多了。但有时出差在外，就不方便了。网吧就成为了我出差必光顾的场所了，对各地的网吧文化也是深有感触，特别享受不了里面的乌烟瘴气，但江浙一带的无烟网吧，也让我感受到了经济发展带来的人们素质的提高。

早期网吧加密技术所限，在外出差网吧上网，我的淘宝网店两次被盗号，还好没有大的损失。

为了便于出差时参拍首航封等邮品，后来买了一部移动手提电脑，可以在途中出价参拍了。一次去往坝上草原，一路瓢泼大雨，傍晚有几件首航封截标，出价时，由于茫茫草原信号不好，登录不上，为错失邮品而懊悔不已。

再后来，手机可以上网了，外出参拍邮品就方便多了。记忆最深的一次，是2017年10月到重庆亲家家里，晚上有几件首航封截标，是1975年中瑞首航国内线的北京、上海间的首航封，比较少见。由于第一次到亲家家里，晚上盛宴款待，期间不便摆弄手机，我就提前出了一个志在必得的价格，最后如愿以偿（图3、4）。

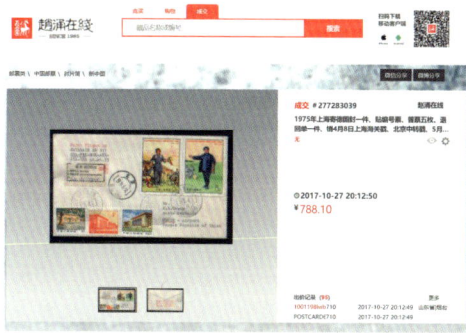

图3　　　　　　　　　　　　　　　　图4

类似的故事还有许多许多，我的很大一部分首航封都是通过赵涌在线收集来的，数量不下千枚，"老赵"成全了我的首航封梦。

我收集的新中国国际航线首航封，主要是1949—1989年期间的，这期间的首航封可分为新中国成立早期和改革开放后两个时期。新中国成立后，由于美国和西方敌对势力对新中国的经济封锁，开辟航线很少，留下的为数不多的首航封，从一个侧面反映了当年我国的外交政策，是航空线路和航空邮路开辟的珍贵记录。改革开放后，我国民航和国际航空邮政事业得到了快速发展，航线和邮路已经通达世界五大洲。

这些年我发表的首航封方面的文章有几十篇了，《集邮报》未停刊前，连载了近二十篇我写的新中国国际首航封系列文章，我的首航封邮集也多次参加全国及省市邮展并获奖。我的第一部个人集邮文集《烟台邮话》一书，就收录多篇首航封方面的文章，此书获得全国集邮联改革开放三十周年集邮书籍评选三等奖，我的第二部个人集邮文集也将出版，首航封方面的文章也是书中的重头戏。

我的芝罘邮友

20世纪80年代初，因"文革"被禁锢了十几年的集邮活动开始在全国复苏。集邮是一个需要交流、互通有无的大众爱好，北京、上海、广州等大城市已经率先成立了集邮协会，烟台当时还没有集邮方面的组织，但烟台的集邮爱好者已经按捺不住了。以王其富为首的一批芝罘集邮爱好者，以烟台市工人文化宫为依托成立了烟台市工人文化宫集邮小组，芝罘早期的一些集邮爱好者都是它的成员，像唐辉、王景文、刘方明、赵克彩等，这批早期成员后来成为了烟台集邮活动的中坚力量。1982年国庆节，文化宫集邮小组在市工人文化宫举办了国庆33周年邮展，这也是烟台历史上首次集邮展览。

那时我刚刚开始集邮，正在读高中，费尽周折只攒了几十枚信销票，也没有见过多少邮票，知道这个消息后，自然激动万分。对于一个农村孩子来说，烟台是一个令人向往的地方，从小也没到过几次烟台，更不知文化宫在哪儿。国庆节那天，父亲让本村的一个姑姑带着我，坐车来到烟台，下午定好时间，我们再一起坐车回家。

当年邮展在文化宫东边的一楼举办，大约展出邮票三十多框。那时也没有现在的标准展框和什么邮展规则，就是用稍大的镜框，把邮票按套贴上去，挂在墙上。第一次看到这么多邮票，真有点刘姥姥进了大观园的感觉，什么时候我也能集到这么多的邮票就好了！

当时流行收集纪念封，中国集邮公司发行的系列纪念封，我陆续收集了一些，但早期的几枚一直没有集到，但那时候信息不畅通，交流也不方便，少这几枚，一直是个心病。我想起了集邮小组负责人王其富先生，就冒昧地给他去了一封信。王先生虽然与我并不相识，但马上用挂号信把我所缺的几枚封寄给了我。

王其富先生一直热心烟台的集邮活动，2004年后因身体原因不再参加活动直至去世。但芝罘的邮友们，一直没有忘记这位"老邮友"，2017年在其生日那天，特意举办了追思会，还专门印制了一枚纪念封。

1982年，国家为了扶持刚刚复苏的集邮活动，发行了一批盖销袋票，每袋20枚，就是把邮票盖上邮戳后，以低廉的价格供应给青少年，当时发行了不同品种的两袋。知道这个消息后，我马上给当时的市邮票公司写了一封信，表达了希望得到这套袋票的迫切心情。不久，我收到了一封热情洋溢的回信，除了鼓励以外，答应供应我这套袋票，回信人是王培娟。后来知道王培娟老师是当时集邮门市部的负责人，至今还记得王培娟老师那帅气漂亮的字迹。几年前，烟台集邮联谊会搞活动，王培娟老师拿出烟台早期的纪念封片戳，无偿支持有关展览。

芝罘最初的邮票交换场所在烟台山下的老邮局门前，星期天聚集有二三十人。我和村里的几个小伙伴都是骑自行车去的，那时福山到芝罘一张车票要两角钱，省下的车票钱差不多够中午一顿饭钱了。在那里我也结识了许多芝罘邮友，于建国就是其中的一位。

于建国与我岁数相当，记得他的通信地址是北大街烟台面粉厂，我们常常通信联系，互通有无。1986年是虎年，发行虎年生肖邮票，我想收集一版虎年邮票（80枚一版），于建国邮友为了满足我的要求，费尽周折，帮我凑了一版虎票，并亲自送到了福山我工作的镇政府。那天我正好有事到村里去了，他便给我留了便条："邮票送来了，听说你到夏村了。"我们一般把到村里开展工作称为"下村"，建国误为"夏村"。至今与于建国邮友也有近30年没有联系了，以后芝罘的集邮活动也再未见他的身影。建国，你还记得当年的那位福山邮友吗？那时的邮友之间都是以诚相待，能够结识相同爱好的朋友，都十分珍惜，无不秉承集邮增知，互通有无的原则。

常联系的芝罘集邮前辈还有赵克彩老师，他当时的通信地址是四眼桥干休所，我们常通信联系，我也委托他帮忙购买一些邮品。当年可供选择的邮品品种并不多，有一段时间我对邮资封片感兴趣，赵老师收藏有不少，我常感叹：何时也能收集这么多？他鼓励我：你年轻，慢慢来，一定会的！还赠送了几枚邮资片给我。1986年发行的JP6《中国人民革命战争时期邮票展览》明信片，因为发行量少，是纪念邮资片里的龙头品种，我手里的十枚就是赵老师帮我买的。

1990 年为了纪念香港中银大厦落成，发行了一枚纪念邮资明信片（因出错被称为"中银错片"），因英文出现问题取消发行，所有售出的片要收回。这种因错收回的邮品，因存世量稀少，事后都价值不菲，像大家都熟知的"全国山河一片红"邮票。赵老师当时购买了十几枚"中银错片"，如果找个理由私自留下几枚也是无法追究的，但他都按要求一片不少地退了回去。

赵老师收集有几本解放区邮票，30 年前我曾到他家里欣赏过，邮票放在一个靠墙的小保险柜里。谈起邮票，我们就有说不完的话题，不知不觉过了中午，我要请老人一起吃饭，起初执意不肯，直念叨我们是客人，非要他请，好说歹说才勉强同意。

王景文老师也是我敬重的芝罘集邮人，他的事迹大家已经耳熟能详，几十年来他一直对我关爱有加，惠我邮识，有求必应。大家都尊称他"王老"，我说："还是叫您王老师吧，这样称呼亲切，没有距离感。"

我的《烟台邮话》要出版了，需要有个序言，王老师自然是最佳人选，但我知道，因身体原因，他近年很少动笔了。不想我刚提了个头，王老师就高兴地应承了下来。

2005 年，王老师与哲夫合著的《烟台旧影》出版，因装帧精美，定价较高。当时我要付书款，他说啥也不收，最后把书款放在窗台上才急忙抽身。多年后，他还一直记着此事，而王老师的许多专著都是免费赠送我的。

为了支持烟台的红色文化建设，老人多次捐献多年收藏，各地邮政博物馆也多有捐赠。他多次和我说："卫滨，我的邮品，有你需要的尽管拿！"但我知道每件藏品都是与他有感情的，他几次拿出所藏，让我挑选，我都婉言谢绝了。但年前老人执意送我两件藏品，一件是民国初年的《烟台电话号簿》复印件，一件是民国元年八月二十四号北京出版的《正宗爱国报》，其中有孙中山到访烟台的原始报道。他说："这两件东西你一定要收下，在你手里会发挥更大作用。"

还有 90 高龄的刘方明老人，也是大家熟知的芝罘集邮热心人。前几年，她把多年收集的封片拿出来，无偿支持一些组编邮集的邮友，还拿出一些邮品拍卖，把收入用于芝罘一些民间集邮组织的活动经费。她还嘱咐集邮联谊会的负责人，让我在他拿出的封片中随便挑选一些。

　　刘方明老人也得到了烟台邮人的爱戴，大家以助印的方式帮助她出版了其人生、集邮回忆录《方明人生路》一书。年前，我要把《烟台邮话》送给老人，但大家告知，老人已经糊涂了，听到这个消息，我很难过。

　　我集邮快四十年了，交往了许许多多的芝罘邮友，有的已经作古，但老一辈芝罘邮人的风范至今难忘！我也在不断结识新的芝罘邮友，愿良好的集邮传统得以传承。

我与王景文老师二三事

　　2月3日立春日，时近午时，远在苏州的胶东税票专家孔卫平先生发来一条微信："刚刚看到群里消息，王景文老先生去世了。慨叹啊，烟台邮学标志性人物啊！"我惊住了，不会吧！两个月前我们还见过面，老人身体还很好啊！

　　我连忙求证，果然，看到了烟台市集邮协会的讣告："中华集邮联合会会士、胶东战邮'泰斗'王景文先生于2021年2月3日上午7点49分因病医治无效在烟台逝世，享年90岁。

　　王景文先生生于1931年2月3日，经历了抗日战争、解放战争等艰苦的岁月，他从小参加革命，是当时有名的小先生。王老自幼喜欢收藏，抗战末期就开始收集研究邮票，七十多年来从没有停止收藏研究的脚步，一边不断钻研有关专业知识，一边斥资购进早期战邮邮品。耄耋之年仍笔耕不辍、勤奋努力、辛勤耕耘，取得了丰硕的成果，已出版《胶东邮史邮品研究》《胶东战时邮政》《胶东邮史钩沉》等七部邮书。

　　王老以集邮为事业，毫不懈怠、永不满足，与时俱进，在集邮界享有很高的声誉，受到广泛的尊重；王老平易近人，对晚辈更是爱护备至，赠邮品、邮书、题写赠言等，他无私捐赠红色文史资料给烟台市政府，热心提携后学的高尚邮德，令人钦佩。

　　王老以他执着的精神和人格魅力，深深地感染着身边的人。王老的离世是中国集邮界的重大损失。愿天国里没有疾病，祝王景文先生一路走好！"

　　我知道这是真的，我有些神情恍惚，泪眼蒙眬……

一

我与王景文老师相识也有 30 多年了。刚认识那段时间并没有过多交往，王老师一直潜心收集和研究胶东战邮邮品，而我则是初涉邮坛，喜欢跟时髦，收集些花里胡哨的漂亮集邮品，我们只是在举办集邮活动时见个面。

与王老师见面，通常是在烟台的古董市场，每周日交易一天，地点在原市少年宫后面的那条街上。那时私家车还很少，我从福山坐公交车去，不太方便，所以一年也去不了几次，但每次去，都能看到王老师。那时的旧信封常见，价格也不贵，经常一家出来一百多封，1 块钱 1 枚。

一次，我发现一位摊主那里有一枚巴掌大小的胶东战邮免资封，邮戳不清，索价 100 元。当时我不太懂胶东战邮的邮品，就赶紧告诉王老师，王老师收了这枚封，我看出他很高兴。这对于我来说本是一件小事，但此后几十年间，他几次向人提及："在市场上遇到我俩都喜欢的邮品，卫滨总是让着我。"

我第一次到王景文老师家里拜访，是因为王老师与哲夫合著的《烟台旧影》一书。那时他还住在民生小区的家里，时间是 2005 年秋。也是在那一次，我第一次见到王老师的老伴戚老师。

那本书印制精美，标价也较高，王老师为了这本书的出版，到北京审稿、制版，精力、财力付出都不少，我自然不能白拿。临走我要把书钱留下，老两口执意不肯收，无奈，出门后，我把钱放在走廊的窗台上。这样平常的一件事，王老师多年后仍念念不忘。而他的大部分著作都是签上名送我的。

2017 年我的邮文专集《烟台邮话》要出版了，我请王老师给写篇序言。那时他因为身体原因，已经很少动笔，但听说此事，他很高兴地说："你早应该出书了，这个序言我一定要写。"

据我所知，王老师的著作大多赠送了各地邮友，他还多次将邮品捐赠给国内邮政邮票博物馆，至于他回复的各地邮友的求教信函，就更不计其数了。这些，他很少向人提及，但对别人为他做的一点小事，他总是记在心里挂在嘴上，几十年不忘。

二

王老师被邮界尊崇为"胶东战邮泰斗"，实至名归。他对于胶东战邮的喜爱，是难以用语言表达的。为了撰写集邮文章，研究战邮邮品，他晚年学会了上网、学会了电脑打字、学会了图片扫描、学会了使用微信，而且都是熟练掌握各种功能。他是一个勤奋好学的人，几乎每一次的全国邮展以及在国内举办的世界邮展和亚洲邮展，他都参加，绝不放过任何一次学习的机会。

正是由于王景文老师的不断挖掘、深入研究、大力推广，胶东战邮才得以享誉中国和世界邮坛！

2010 年 12 月，第 14 届全国集邮展览在杭州举办，地点在杭州市民中心。我们住的宾馆是新区，离邮展地有七八里路，交通不太方便。

那时王老师已经 80 岁高龄。记得开幕那天，我们一早来到展场外，这时，便不断有全国各地来的邮友上前与王老师攀谈、合影。进入展场后，这种攀谈、合影一直未间断，王老师一边耐心应对，一边瞅空观看邮集，直到下午 5 点多我们离开展场。

由于打不着车，只好步行回宾馆。一路上，王老师的兴致依然很高。我问他累不累，他说就是腿有些酸，但碰见这么多邮友、看了这么多好的邮集，心里很满足。这天，这个 80 岁的老人足足在外面待了八九个小时，始终保持着旺盛的精神状态。

晚饭后回到房间，我说："王老师，今天您与那么多邮友合影，我俩认识这么多年了，还从来没有单独照个相呢！"他高兴地说："好啊！"于是，留下了我与王景文老师唯一的一张两人合影（图 1）。

图 1

2014 年第 16 届全国邮展在长沙举办，王老师的《胶东战邮》和我的《1937 年"中国飞剪"经转澳门、香港首航封》同时参展，并同获镀金奖。王老师在儿子王晓光的陪伴下参观邮展，这是老人生前最后一次外出观展。在展场上，他语重心长地对我说："卫滨，要多学习。"

2015年，我在《烟台晚报》发表了"追忆我的爷爷林超军"一文。王老师曾与我爷爷共过事，又谙熟烟台党史、文史，对我爷爷比较了解。文章发表后，他批评我文章写得不深。

三

前几年，我加入了芝罘历史文化研究会，研究会里聚集了烟台文史各个领域的专家学者。有道是"邮史即历史"，烟台近代历史在邮史方面均有反映，所以，我也开始关注烟台文史、研究烟台邮史。这与王老师的喜好不谋而合，我与王老师的交集就多了起来，特别是在胶东战邮方面。我也通过邮友转让、拍卖等渠道收集了部分胶东贺年邮品，并想先组个一框邮集。

我把想法请教了王老师，他很支持。在约定好的日子里，我来到他在福利院的家里，这一天是2019年10月16日。王老师在看了我的收藏以后，指出了整个组集思路、还应补充哪些邮品。聊起集邮，他总是兴致勃勃、不知疲倦。我说您的身体还真是不错，他自我感觉也没什么大毛病，还说起自己老家的两个老姐姐都已经90多岁了。我说您家有长寿基因，一定也长寿的。看得出来，他很高兴。

不觉已近午餐时间，我起身告辞。王老师拿出一枚胶东抗日烈士纪念塔贺年信，正是我邮集需要的，他要我一定收下，并说这张品相不好，送我。还有两张因出书制图不知放在哪里，一时找不到。我坚持要他说个价格，他坚辞不说。无奈先收下，约好下次见面再说。

接下来便遇疫情阻隔，我与王老师只能通过电话和微信联系，约好等疫情过后再见面。这一年，王老师也没闲着，在电话微信中我了解到，除了照顾老伴，他在集邮和文史报刊发表学术文章10余篇，为烟台党史、文史部门提供史料10余份，为众多邮友答疑解惑，为杭州集邮家林衡夫提供了"文革"邮品，还分别向宁夏、天津邮政博物馆捐赠了邮品。

这期间，中国免资集邮研究会会长陈森元与我联系，他要修订再版《中国免资片封简图鉴》一书，其中胶东免资邮品占很重要的比重，要我提供资料。我与此人以前没有联系，便向王老师问询。王老师微信回复："此人很执着，年近80岁，你尽量帮助他。"我照办了。

本以为很快会过去的疫情，仍在肆虐，我与王老师见面的约定，一拖再拖。突然，2020年11月16日，我收到了王老师的微信，原来戚老师住院了，18日出院，所以他约我17号在福利院门口见个面，并说那两张烈士塔贺年信找到了，要一起给我。

我知道王老师收集这些邮品不容易，那都是他的心爱之物。我想起王老师曾让给邮友小陈两张片，便向小陈打听价格。我把这个价格报给王老师，他回道："没有那么多，一千足矣。"他知道，不收钱我不会罢休的，便随便说了个价格。

11月17日上午9时，我如约到了福利院门口，王老师已坐在轮椅上等在门口了。由于疫情，我们只能隔门相见。

这次，王老师交给我的除了两枚胶东抗日烈士塔贺年信（图2，签章"王景文珍藏"的胶东烈士塔贺年信），还有4本他的著作，其中两本《胶东解放区票证汇选》，是他和戚老师早年合著，这是为我收集胶东贺年邮品用的，还有两本《山东战邮珍罕邮品图选》，这是烟台芝罘历史文化研究会2019年底出版的系列图书之五，分别签上了王景文、戚力群、王晓光3人的名字，并在封面上写上了这样一句话："感谢您为此书出版所给予的关注！"（图3）

图2

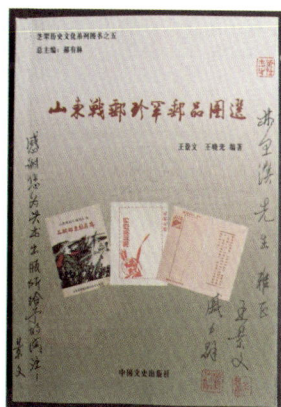

图3

他笑着说："我们一家三口签名，这是唯一的一本哟。"他就是这样，别人为他做的一点小事，也总是记挂在心。

交谈中，他向我表达了晚年想尽力多扶持烟台邮人的愿望，并提到了几个人的名字，希望把烟台集邮发扬光大，邮史研究后继有人。临别，按照王老师给小陈的价格，我把装有现金的信封硬塞到他手里，他叹了口气："像你爷爷啊。"

胶东11月的天气，已经寒意阵阵，我不想耽搁王老师太多时间，说好等下次有机会再聊。没想到，没有下次了，记忆永远定格在了轮椅上老人远去的背影。

就在王景文老师去世的前几天，我收到了陈森元先生寄赠的《中国免资片封简图鉴》一书。当陈森元先生闻知王景文老师去世的消息，悲痛地发来微信："惊悉王老景文先生仙逝，无限痛惜。王老是胶东战邮大师，亦是我请教胶东战邮的老师，知交30余年，并多次晤面、留影，亦师亦友，深受教益。前几天拙编《中国免资封片简图鉴》新版面世，即时赠奉老先生，并在书《跋》中铭谢他老人家及令郎晓光先生，未知他病中是否看到。呜呼！"

王老师走好，愿天堂也有您喜欢的胶东战邮相伴！

我与芝罘历史文化研究会的缘分

时间过得真快，转眼芝罘历史文化研究会成立十周年了，俗话说："五年一小庆，十年一大庆。"研究会从默默无闻到今天声震烟台文史界，可谓成绩斐然，值得好好庆贺一番。

回想与芝罘历史文化研究会的点点滴滴，往事仿佛就在昨天。现在梳理一下，就个人是一段人生阅历的总结，就研究会也算一段历史记录，还有一层意思就是表达对研究会的感恩之情。

147 张明信片

大约在 2009 年前后，当时的《烟台晚报》刊登了一则征集启示，芝罘区地方史志办准备出版芝罘（烟台）历史图片集，向社会有偿征集芝罘（烟台）老图片。我当时正热衷收集烟台老明信片，手里已经有一百多张的收藏。当时，烟台还没有听说有这方面的同好，我有些孤陋寡闻和孤军奋战，对一些烟台老明信片图案所反映的内容知之甚少，急切想有一个交流渠道，在这种情况下，与芝罘区史志办的同志取得了联系，并约好了见面时间。

来访的是两位老同志，介绍了芝罘区政府为了宣传芝罘，准备出版芝罘老图片画册的情况，希望我给予支持。

我拿出我收藏的明信片，他们很感兴趣。其中一位老同志对烟台教会有研究，对一些烟台早期教会题材的明信片一一解说，令我耳目一新。我曾在一位奥地利卖家那里收藏了十几张张裕公司的老照片，但并没有研究，这位老同志看后告知，这批照片可能与张裕公司酿酒师拔宝有关，因为拔宝就是奥地利（当时的奥匈帝国）人，而我当时对拔宝一无所知。

另一位老同志将所有 147 张明信片（照片）全部进行了拍照，并答复按规定给予一定资料费，当时还打了收条，签上了单位和两人名字。

虽然此后人员更替，画册的事至今也未见下文，但从此我与芝罘史志办有了交集。史志办的同志，每有新出版的《芝罘》历史会刊和有关烟台历史方面的书籍都惠赠予我。

这 147 张照片还有一段后续故事。拍照片的老同志后来去世了，其后人把这些资料当成老人私人财产，出让给了本埠某公司，把这些照片放大后，在烟台美术馆举办了专题展览，当时轰动一时。有知情者将此信息提前告知了我，要我维权。我考虑再三，老人已去世，举办老图片展也是好事，让市民了解我们烟台的历史面貌，感受新旧时代的巨大变化，更加热爱烟台。所以，最后我对此事保持了缄默。

不速之客

阅读《芝罘》会刊以及有关烟台历史方面的书籍，探寻老图片背后的故事，使我对烟台老明信片有了更深的了解，并把有关考证资料整理成文，试着投稿《烟台晚报》"烟台街"栏目，随着第一篇《法国客邮在烟台》的发表，一发不可收，每年都有近十篇稿件见报。

随着文章见报，一些读者和单位通过晚报编辑联系我，有交流藏品的，也有索要资料的，我都尽量满足大家的需求。

一天，晚报编辑赵冬梅老师来电话，说有一位芝罘政协的同志想见个面，政协有文史委，估计还是与烟台文史有关。我满口答应，并约好了见面时间。

来人正是时任芝罘区政协副主席郝有林，我在政府部门供职也近 40 年，与各级领导多有接触，但一位副县级领导登门拜访，多少还是有些吃惊。

郝主席介绍了当时负责的烟台朝阳和所城历史文化街区改造工作，他翻看了我的收藏后，在给予肯定的同时，希望以后在烟台文史研究方面多多交流。

这是我与郝主席第一次见面，他平易近人、不耻下问、惜才爱才的作风，给我留下深刻印象。

在随后近 10 年的交往中，我对郝主席有了进一步的了解。龚自珍曾有"不拘一格降人才"的名句，而研究会这些年却是不拘一格广罗人才。但凡对芝罘历史文化研究有一技之长者，郝主席都亲自拜访、纳入门下，这使研究会涵盖了各个方面的人才，而且人尽其用，发挥其特长。郝主席凡事亲力亲为的工作作风，也给我们带了个好头，他不仅是一位指挥者，更是一名实干家。每次见面，他都忙忙碌碌，关注工作的每一个细节。

这种好的工作作风，贯穿研究会成立以来的 10 年，是研究会得以长足发展的宝贵精神财富。

出书

至 2016 年，我在《芝罘》会刊、《烟台晚报》"烟台街"及国家级集邮报刊发表的文稿有近百篇，便有了汇编出书的想法。在给研究会汇报后，得到了研究会的大力支持。

我把 2009 年以来发表的文章，进行了筛选，重点选取与烟台有关的文稿，并就有关内容和所附图片进行了修改和补充。这些文稿都是在国家正式出版物上发表过的，发表前都经过编辑把关修改，我对照发表稿逐字逐句进行了核对，同时在文字和语法方面，又进行了多次梳理，才把书稿转交研究会。

让我吃惊的是，郝主席对书稿通篇校对，对这份我自认为万无一失的书稿，在史实、文字等方面又指出了十余处谬误。

研究会顾问王景文老师为《烟台邮话》所做序言，在《中国集邮报》和《烟台晚报》发表。《烟台邮话》出版后，在集邮界获得较好评价，得到了许多集邮专家的肯定，各地索书者应接不暇。

2018 年，该书参加中华全国集邮联合会举办的"庆祝改革开放 40 周年"全国优秀集邮图书评选。经过层层选拔，全国参选集邮图书 237 部（套），在符合参评条件的 195 部集邮图书中，评出一等奖 8 部、二等奖 20 部、三等奖 31 部，该书荣获三等奖。

2022 年 10 月，中华全国集邮文献展览将在江苏高邮举办，《烟台邮话》已被山东省集邮协会选为参赛文献。

交友

芝罘历史文化研究会成员如水泊梁山上的一百零八将，各怀绝技。有对胶东建筑颇有研究的姜波、解焕新老师，有对朝阳街和所城街区的每一幢建筑都烂熟于心的王建波老师，有对烟台老洋房情有独钟的曲德顺老师，有堪称烟台开埠史专家的魏春洋老师，有烟台重要人物和事件研究专家杨潜老师，有资料挖掘高手、多才多艺的冷永超老师，有烟台老报人、对烟台近代史颇有研究的宋世民老师，有烟台京剧史专家刘乃伦老师，有老烟台武术研究专家姜振友老师，有胶东红色文化收藏家李卫国老师等一大批各路高手。

上面只是与我有过交集的一些老师，因为收藏门类、爱好范围不同，研究会还有许多我不熟知的专家老师。

曲德顺老师不仅对烟台老洋房情有独钟，也是烟台教会历史的研究专家。民国初年，烟台天主教会陆续发行了几套明信片，在曲老师指导下，辨认出其中一枚是福山兜余家后天主教堂明信片，为此，我们专门考察了这座教堂，并寻访当事人，查找资料，写就《福山兜余天主教堂旧事》一文，在《烟台晚报》发表。在我收藏的明信片中，他还指认出烟台主教常明德、罗汉光及有关教会人士。

冷永超老师多才多艺，在故纸堆中翻找出了许多鲜为人知的资料，对烟台历史事件的考察研究缜密细致。他提供的一份烟台基督教青年会拟建烟台邮票研究会的资料，让我写就《老烟台的那些集邮往事》一文。

我与魏春洋老师熟悉也较早，他对烟台开埠历史及人物的研究系列文章，资料翔实、考证严谨，让人读到了不一样的烟台故事。清末民初的许多邮品都是洋人留下的，在考证方面，魏老师给予我很大支持。在我收藏的烟台邮品中，魏老师帮我辨认出郭显德、马若望、马茂兰、艾克夫、海关港务长蒡大威、俄国邮局局长威格斯、美国领事法勒、英国领事雷夏伯等人的实寄邮件。

我还就烟台文史方面的问题，多次请教王建波老师和解焕新老师，他们都竭尽所知，无私赐教。还有幸参观李卫国老师的收藏，他在胶东风俗和胶东红色文化方面的藏品，品类之多、之齐全，让人叹为观止。

正是与芝罘历史文化研究会的这份缘分，让我有机会与这么多的老师学习交流，让我更加热爱烟台的历史文化，决心继续做好烟台地方邮史的研究。

你好！宏伟老师

不知不觉中，《中国集邮报》马上就要30岁了，从她创刊至今，我一直是她忠实的读者，并珍藏着每一期报纸。由于喜欢收集首航封和实寄封片，常写些稿件给"封片戳简"等栏目，故与编辑王宏伟老师相知相识也近30年了。

《中国集邮报》创刊之初，我那时正热衷于收集首航封，应该陆续发表了几篇这方面的小稿。本来想找一下发表的第一篇邮文，无奈邮书、邮品放得太杂，要费些功夫，清理时却无意中翻出一本证书。

这是一本盖有"中国集邮报编辑部"公章的证书，内容是"林卫滨同志：兹收到您赞助款人民币伍佰元整。特发此证，以示谢意！"时间是1995年3月30日（图1）。王宏伟老师为了搞活版面，鼓励集邮者投稿，别出心裁地搞了一些大家喜欢的活动，例如每季度评选几名"优秀作者"，在报

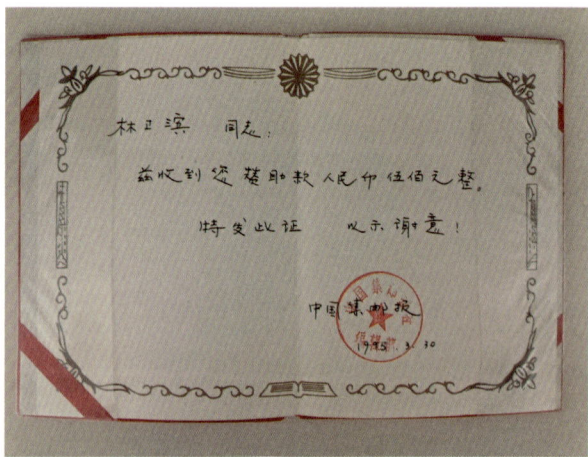

图1

纸上公布名单并颁发证书。记得当时有的集邮者拿出自己出的邮书作为奖品，还有的捐出邮品作为奖品，我当时汇出了500元作为优秀作者的奖励之用。

那时写稿都是手写，不断修改后，再在稿纸上誊写清楚，然后邮寄出去，作者和编辑都比现在要辛苦得多。但不管什么时代，我都是不断修改稿件，争取语句通顺、语法正确、邮史准确，自己觉得没有问题了才发出去，宏伟老师常夸我"认真"。

因为我喜欢邮史研究，所以宏伟老师编辑的"封片简戳""邮海指航""学

术研究"等栏目一直是我喜欢的。宏伟老师是一位在国内外邮展多次获奖的集邮家，邮识丰富，所以这些栏目办得邮味足，拥者众。

随着时代的发展，集邮者不断趋于老龄化，更多的邮人把集邮从侧重于储财增值功能转向一种文化享受，在《中国集邮报》刊发的宏伟老师的大量邮文中，也体现了大环境下的这种集邮渐变，从早期严谨的学术论文，到现在更具文化内涵的系列文章。他的中国东西南北四极系列、长城系列、书信文化系列、邮票上的故宫文物系列、近期的北京跑戳系列等文章，都给邮人留下了深刻印象。

与宏伟老师第一次见面是在哪里，确实没有印象了，但大型集邮活动中，常常看到他端着相机忙碌的身影。记忆较深的有两次，一次是 2010 年杭州全国邮展期间，当时文献集邮研究会举办活动，我当时受烟台市集邮协会的委托，抱着一捆《烟台集邮》杂志到会场发放宣传。在会场外一隅，宏伟老师正在签名售书，看到我马上起身，两只手紧紧握在一起，并签名赠书。嘴里说着："一定要赠书卫滨！"此情此景历历在目，至今难忘（图2）。还有一次是2018年2月，王景文老师米寿生日，已近年关，但宏伟老师风尘仆仆赶来，发表了热情洋溢的贺词。烟台的集邮活动多次邀请宏伟老师参加，他只要有暇，都能尽量参加，给活动以大力支持，令人感动。据我所知，每次往返交通费用都是他自掏腰包。

图 2

图 3

从 2003 年开始，作为《中国集邮报》读者之家的会员，我也像许多读者一样，把这一年的订报收据复印件寄给报社，报社寄给一枚"读者之家"贺年卡，至今一枚不少。但 2011 年的是手写的，并且是 2012 年 1 月寄出的。当时寄出 2012 年收据时，才发现缺少 2011 年的"读者之家"贺年卡，第一时间想到了宏伟老师，去信说明情况后，收到了这枚手写的贺年卡（图 3）。

但不要以为宏伟老师什么事都可以答应你，那你就错了。2021 年第 28 期报纸，不知何故一直没有收到，首先还是想到了宏伟老师，便给他发了电子邮件，希望他补寄一份。他回复到："补报我不方便，不合规矩，按规矩来，请和发行部联系。"

在《中国集邮报》30 岁生日即将到来之时，宏伟老师在他的博客里，刊发了两篇感谢邮文作者的文章，一篇题目是"一路伴我走来的邮文作者"，一篇是"如学生般跪拜这些邮友，如兄弟般拥抱这些邮友，如恋人般亲吻这些邮友"，这里的"邮友"专指邮文作者，可见他对这些邮文作者的感情！

宏伟老师年长我两岁，每次投稿我都是以"宏伟老师"称呼，我觉得这样称呼才显得亲近和我对他的尊重。在《中国集邮报》即将创刊 30 周年之际，宏伟老师也将要退休，一位编辑负责一张报纸的专栏近 30 年，恐怕也不多见吧！在他跪谢一路相伴的作者的同时，他又何尝不是把人生最好的年华和才华奉献给了《中国集邮报》的读者们了！

谢谢！宏伟老师，谢谢！《中国集邮报》的编辑老师们。

我为邮痴狂，一去四十载

近期整理旧物，翻出几枚尘封的首日封，这几枚封是集邮之初收集的，有1982年11月19日自山西大同寄出的辽代彩塑首日封（图1），有1983年12月26日自湖南韶山寄出的毛主席诞辰90周年首日封（图2），还有两枚1985年的首日实寄封。屈指算来，不觉集邮已历四十载。

图 1

图 2

那枚贴有 20 分女排邮票的信封

我是在福山一中读高二时开始喜欢上邮票的，并在 1982 年开始订阅《集邮》杂志，刚开始集邮就订阅了当时唯一的集邮刊物，应该说起点还是比较高的。在以后填写集邮简历时，我一直把 1982 年当做我的集邮之始。

当时的《集邮》杂志每期售价两毛五分钱，一年订阅费 3 元，在两毛钱可以到饭店买三个包子，或者一个四两馒头加一碗菜汤填饱肚子的年代，3 元钱对于一个农家来说并不是一个小数。

我们班唐功军、二班的包伟民也喜欢集邮。当时，学校传达室的窗上有一个信袋，老师学生的信件就插在上面，透过玻璃可以看见收信人名址，当然也可以看到信封上的邮票。每次从办公室门前走过，都要瞄几眼那个信袋。记得有一次，我们班同学安忠仁的姐姐安忠琴的一封信插在信袋里，那是一封挂号信，贴的是 1981 年中国女排获得世界杯冠军纪念邮票中的 20 分那枚，当时挂号信邮资是 20 分。这套邮票共两枚，第一枚图案是一名腾空而起、奋力扣球的女排队员，票名"顽强拼搏"，让人想起"铁榔头"郎平的形象，面值 8 分；第二枚图案是手捧奖杯的运动员，右上角是一面鲜艳的五星红旗，票名"为国争光"，面值 20 分。第一枚 8 分，是当时平信资费，使用比较多，还好找些，但 20 分的很难收集，又没钱到邮局买张新的。

这套邮票曾被评为 1981 年的三套"最佳邮票"之一，深受群众喜爱。女排顽强拼搏、为国争光的精神，曾是那个时代的一个精神符号。

唐功军也看到了这张邮票，俩人垂涎欲滴了好几天，甚至动了把信拿出来揭下邮票的念头，最终还是没敢付诸行动。现在，这套编号为 J.76 的女排邮票在某宝上 15 元左右可以轻易买到，盖戳的旧票也就三五元一套，而在 40 年前，那枚信封上的 20 分票，却让一位爱邮少年魂牵梦萦。

后来，唐功军到当时的大连海运学院就读，学校里有集邮协会，他还没有忘记老同学的这点爱好，曾寄给我几枚纪念封。几年前，朋友相聚，其中一位竟是学姐安忠琴的先生，他们已入籍澳大利亚，我眼前立即浮现出那枚贴有 20

分女排邮票的信封。

老同学早就不集邮了，几十年来，集邮也几经沉浮，现在的年轻人，很多人已经不识邮票为何物了。我这人可能生性专一，一直延续了这一爱好。收藏界常引用一句名言，谓之"人无癖不可与交，以其无深情也"，这应该是一句聊以自慰的话吧。

不管怎样，虽无所成，但因为集邮的原因，养成了我严谨、有条理，凡事较真、有始有终的习惯。

第一次参加佳邮评选

由《集邮》杂志牵头的全国最佳邮票评选活动始自1981年，至今已历42载，每年投票人数在几十万至近百万，这项活动与当年的"中国电影百花奖""体育十佳明星评选"并称最具影响力的三大群众评选活动。每年最后一期的《集邮》杂志，刊登当年发行的全年邮票图谱和选票，选中后寄发评选纪念张，我参加了1981年最佳邮票评选，这是第二届评选。

我没细算，1981年邮票面值大约十元左右，当时别说一个农家孩子、即便城市家庭也没几人能买齐全年邮票。许多邮票是我见所未见的，好在《集邮》杂志上有全年邮票图谱。在父亲的参谋下，按要求选出最佳邮票三套，清楚地记得填写的最佳邮票是：女排夺冠、刘旦宅的"红楼梦—金陵十二钗"、庐山风景。

最后评选结果是"庐山风景"落选，一套三枚的普票《祖国风光》榜上有名，没想到颜色单一的普通邮票也能评上最佳。后来才知道，新中国成立以来的普通邮票都是以天安门、工农兵人物、革命圣地等为图案，而这套普通邮票，是在改革开放后，打破了以往普通邮票设计上的框框，以祖国各地风光为图案，令人耳目一新，赢得了大众的喜爱，所以荣登佳邮宝座。我后悔第一年参选没有经验。

那时要收集一枚邮票真是不容易呀，父母为了我的爱好，在邻里亲戚间帮我搜寻，并在有限的经济条件下，满足我这一爱好，回忆起来不禁有些泪目。

我的第一枚首日封

通过《集邮》杂志，知道集邮不仅是收集邮票，还有其他邮品，首日封就是其中最重要的一项，我便萌生了拥有一枚首日封的梦想。

那时信息不通，像首日封这种邮品根本到不了县城邮局，在县城邮局连成套的邮票都很难买到。后来上班有了工资，我的新邮是根据《集邮》杂志广告，在天津邮票公司预定的，一次性汇款，按季度一年分几次挂号邮寄。

那枚《辽代彩塑》首日封，是我收集的第一枚首日封。《辽代彩塑》邮票发行于 1982 年 11 月 19 日，全套 4 枚，其中 8 分面值 3 枚、70 分一枚，外加一枚 2 元面值的小型张，我只选择了一枚最便宜的贴 8 分邮票的封。

位于山西大同下华严寺内的辽代彩像，是我国现存的辽代彩塑精品。我是在邮票发行前，看到山西大同邮票公司的广告，预定了一枚首日封，那时能够预订首日封的邮票公司极少。

限于当时条件，首日封采用棕色单色印制，与邮票的深棕色调倒很协调，用纸也十分精良，封又是那个年代少见的大尺寸，所以显得高端大气。主图是下华严寺的"薄伽教藏"殿，彩塑即在此殿内。

封上除了一枚盖销邮票的红色纪念邮戳外，还有一枚图文为"薄伽教藏"的方形纪念戳，同时加盖两枚纪念戳，这在早期首日封中是十分少见的。收信名址是"山东省福山县城关镇西留公村 林卫滨同志"，福山县是在 1983 年随着烟台专区撤区改市而改为福山区的，城关镇是由原来的福山镇公社撤社改乡镇更名城关镇，后期又改回福山镇。"同志"也是那个年代的标志性称呼。

背面专门印有"收寄日戳"和"投递日戳"的文字，并留有盖销邮戳的位置，这也是在浩如烟海的首日封中所仅见的。因为加盖收寄、投递日戳是邮章规定必须为之的，而不需特意告知。这也是集邮复苏之初，一个地方邮票公司，不谙邮品之道的留痕。

细观此封中间两端各有一条对称的裂缝，因为那个年代为了节省纸张，信封都是经济适用的小规格，邮局在分拣时，会把一个单位或一个村的信件，用细绳或皮筋拦腰捆扎在一起，而这枚大尺寸的首日封，则被勒损了腰身。

封面另有一枚我的篆字印章，那是 1982 年《集邮》杂志评议《西湖》邮票，我的几句建议有幸被刊用，寄来 1 元稿费，因为领取汇款要盖个人印章，我花费 1 元在县城刻字社刻的。也因为这几句话，让我喜欢上了邮文写作。

集邮界有句名言"今日邮史，明日历史"，这枚小小的首日封，也留下了那个时代的烙印。

帮邮友办邮刊

改革开放初期，被禁锢十余年的集邮活动开始复苏。起初邮票交流仅限于互相交换、互通有无，公开买卖是不允许的，那叫倒买倒卖，与当年的投机倒把一样定罪。各地经常发生邮票市场被封，集邮者被派出所叫去问话的情况。老舍先生在《集邮》杂志上给集邮爱好者的题词是："集邮长知识，嗜爱颇高尚。切莫去居奇，赚钱代欣赏。"正是那个时代人们对待集邮的一种心态。

然而，集邮是一种必须进行交流、互通有无的群众性文化活动，仅仅依靠原始的以物易物形式，根本无法满足需求。在这种情况下，一种油印的集邮刊物，简称"民间邮刊"应运而生，内容一般由两部分组成，一是集邮知识，二是邮品交流（主要是邮品售卖目录）。有的邮刊是纯邮识，有的是纯售卖目录，大部分是两者兼而有之。这种交流方式因为隐秘性强、便于操作，当年如雨后春笋般遍及全国，据不完全统计，这种邮刊先后有几千种之多，是任何一种爱好所无法企及的。

福山有一位集邮较早的人，叫吕道俊，是东留公村的，正好与我邻村，他部队转业后在福山镇粮管所工作。1980 年左右，他在部队服役期间就开始集邮。因为集邮比我早几年，邮识和邮品都比我丰富。在我还在到处找旧信封揭邮票的时候，他已经与全国各地邮友广泛通讯联系互通有无了。

我俩认识后，他与我商议想办一份邮刊。因为当时我在乡镇经管站工作，每年年终，经管站都要把全镇的各项统计资料，如人口、土地面积、粮食产量、农民收入、人均所得等数字按村别编制成小册子，作为下年开展工作以及当时的"三提五统"收缴依据，小册子封面上有"内部资料，注意保存"字样。这本小册子也是油印的，即手工在蜡纸上刻板，然后油印，再装订成册。我正好会蜡纸刻板和油印技术。

当时办的邮刊名字叫《胶东邮箱》，属于邮识与邮品交流二合一那种形式，每期不到十页，一般为双月刊。邮品售卖目录，既有自己的复品、大部分是各地邮友委托售卖的，收取卖家一定比例佣金，好像一般是 10% 吧。

邮刊刻印好后，我俩到东留公联中油印，经常闹得手上、脸上都是黑色的油墨。学校里都是熟悉的老师，看我俩为了一张用过的旧邮票这么卖劲儿，有些不解，便问道："听说攒够一百张旧邮票可以换一辆自行车？"实际上，问这话的，老师们已经不是第一位了。当年寄邮刊写有吕道俊名址的实寄封，现在网上经常可以看到在售卖。

说实话，那个年代邮局是一个好单位，待遇高，但服务远不如现在，信件和报刊丢失是常有的事。由于往来信件很多，吕道俊就极力地讨好送信的邮递员，经常临近中午准备几瓶啤酒、开个罐头，与邮递员喝几杯。那时的乡邮员也不容易，不管风吹日晒、严寒酷暑，都要蹬着自行车，一村接一村地跑。

吕道俊是一位正统的集邮爱好者，以收集邮票为主，有比较齐全的自大龙邮票开始的中国邮票，还有各解放区邮票也有系统收集，而且整理成了数十本邮票贴册。前几年，区里举办邮票展览，他拿出几乎全部邮票供展，让人大饱眼福。他儿子很小的时候，就有意识让他翻看邮票，想培养他的集邮兴趣，记得小家伙称邮票为"邮炮"。现在孙子也到了他儿子当年的年龄，儿子终究也没对邮票感兴趣。

除了吕道俊，当年福山邮局也有几位集邮爱好者，李斌、毕丽萍是其中的佼佼者。李斌的父亲当时是邮局局长，我看过他的邮册，自愧弗如。与李斌也有多年未见面了，听说他早已不玩邮票、改玩奇石并开了店。毕丽萍当时在邮局营业厅，细高个儿，是一位快言快语、性格爽朗的美女。有一次，她送我一袋子邮票，有近百枚，全部是邮局定期销毁包裹单上取下来的，后来听说她找的对象是一位军官，她也调到外地工作了。

改革开放后，爱好集邮的人数呈爆发式增长，集邮高潮时，烟台曾经的几个邮票市场，每到周末用人头攒动、摩肩接踵来形容，毫不为过，那是文化饥渴年代的一种文化现象。现在，人们的文化生活越来越丰富，集邮这种传统的文化活动，已经逐渐淡出人们的视野，但说起邮票，我想还会勾起许多人的美好记忆，记起那个曾经拥有的集邮梦想。